자기로부터의 혁명 2

크리슈나무르티/권동수 옮김

범우사

자기로부터의 혁명 2 ＊ 차 례

▨ 이 책을 읽는 분에게·5

제 1 부 이야기와 질문·9
제 1 장 관찰행위·11
제 2 장 자　　유·21
제 3 장 분　　석·33
제 4 장 단편(斷片)·45
제 5 장 공포와 쾌락·56
제 6 장 사고의 기계적 활동·71
제 7 장 종교에 대하여·82
제 8 장 인간은 변할 수 있는가?·95
제 9 장 인간은 왜 평화롭게 살지 않는가?·112
제10장 삶의 전체상·128

차 례 * 자기로부터의 혁명 2

　제11장　공포에 대하여 · 144
　제12장　초월(超越)에 대하여 · 154

제 2 부　대화편 · 167
　제 1 장　자기탐구 · 169
　제 2 장　공포의 구조 · 194
　제 3 장　습관적 행위와 창조적 행위 · 214
　제 4 장　사고의 메커니즘 · 235
　제 5 장　의식의 활동 · 259
　제 6 장　중심이 없는 마음 · 281
　제 7 장　안　　정 · 296

　부록 : 존재하지 않는 것 · 312

▨ 이 책을 읽는 분에게

　금세기 최대의 사상가이자 성자(聖者)인 이 책의 저자 지두 크리슈나무르티(Jiddu Krishnamurti)는 1922년 8월, 그의 나이 27세 때 미국 캘리포니아 주에 있는 오하이바레에서 3일간에 걸친 깊은 명상 끝에 독자적인 깨달음을 얻었다.
　그리하여 마침내 그는 1929년 8월 3일 네덜란드의 오멘 캠프에서 "진리는 길이 없는 대지(大地)다. 어떤 종교나 단체에 소속되어 있더라도 인간은 진리에 도달할 수 없다.…… 진리를 이해하려고도 하지 않고 그저 선입관에 사로잡혀 만족하고 있는 사람들을 수천 명씩 거느리고 있는들 무슨 소용이 있겠는가.…… 참으로 진리를 이해하고자 하는 사람은 무엇이 위험하고 무엇이 본질적인 것인가에 대하여 항상 주의를 기울여야 한다.…… 그래서 이 모임의 해산을 결정한 것이다.…… 나는 사람들이 모든 조건지어짐으로부터 완전히 자유롭게 되는 일밖에 관심이 없다"는 성명을 발표하고 (이것은 네덜란드 라디오에서도 방송되었다) 당시 3000명 이상의 회원이 가입되어 있던 성(星)의 교단을 해산시켰다. 그 뒤로 신지협회(神智協會)와의 관계도 완전히 단절해 버리고 문자 그대로 자유롭게 된 크리슈나무르티는 오늘에 이르기까지 그 표현법은 달라졌지만 지금도 세계 각지에서 독자적인 계몽활동을 계속하고 있다.
　크리슈나무르티는 말한다. 이 세상은 혼란에 차 있다. 그 혼란의 원인은 인간들의 자기 멋대로의 행동에 있다. 각자의 행동은 각자의 정신적 충동에서 일어난다. 따라서 각 개인의 정신이 근본적으로 변하지 않고서는 참된 '새로운 세계'란 있을 수 없다. 단지 위인(偉人)의 말이나 종교의 교리를 따른다거나 혹은 자신을 분석하더라도 진정하게 자기 자신을 변혁시킬 수는 없다. 아무런 판단도 내리지 않고 무아의 상태에서 거울을 보는 것과 같이 자신의 혼란된 마음의 움직임을 있는 그대로 관찰하고 이해했을 때에만 우리는 존재의 진리를 깨달을 수 있고 참으로 자유롭게 살 수 있다는 것이다.

크리슈나무르티는 우리가 '당연하다'고 생각하고 있는 것들을 모조리 부정하고 있는 까닭에 독자에 따라서는 이 책을 읽는 도중에 불안을 느낀다든가 머리가 혼란해지는 분도 계실지 모르겠다. 그러나 주의깊게 읽으면 알겠지만, 그는 결코 사람들을 절망과 허무 속에 빠뜨리려는 것은 아니고 우리가 보통 생각하고 행동하는 행위 자체가 사고(思考)의 단순한 기계적인 반복에 기초하고 있다는 사실만을 지적하고 있을 뿐이다. 이런 기억만을 되풀이하고 있는 로보트에 불과하다는 사실로부터 도피하지 말고 스스로 그 사고의 움직임을 전체적으로 관찰하고 파악하면 그로부터 자유로워질 수 있다고 말한다. 그리고 그는 "함께 탐구해 보도록 합시다", "스스로의 힘으로 탐구하고 발견하시오"라고 하며 자신의 의견을 강요하지 않는다.

현재 크리슈나무르티의 가르침을 교육에 받아들여 수학·지리·음악과 같은 지적인 교육에는 물론, 특히 학생들의 인간성 향상에 중점을 두는 교육을 하고 있는 '크리슈나무르티 학교'라는 특수학교가 영국(13~20세), 미국(5~14세), 캐나다(13~16세), 그리고 인도의 다섯 학교를 합쳐서 8개 교가 있으며 그는 각 학교를 1년에 한 번씩 방문해서 그곳의 선생이나 학생, 그리고 학부형들과 함께 토론회를 열기도 하고 일반대중을 상대로 강연회를 열기도 한다고 한다.

이 책은 1970년 여름 스위스의 자넨에서 있었던 강연 내용을 수록

한 《The Impossible Question》 전체와 《The Flight of the Eagle》 일부를 번역한 것으로 내용에 알맞게 편집하고 그에 비추어 제목을 달았다. 책 끝에 부록으로 그의 최근의 가르침을 독자에게 알려드리고자 1978년 그가 영국 불록우드 파크(크리슈나무르티 교육 센타)에서 행한 강연 내용을 번역해서 수록했다.

　끝으로 자신의 편견이나 선입관을 버리고 주의깊게 크리슈나무르티의 가르침에 귀를 기울인다면 틀림없이 많은 깨달음을 얻게 되리라는 것을 확신하며, 끝까지 이 책을 읽어주시길 부탁드린다.

1983년 3월　옮 긴 이

제1부 이야기와 질문

제1장 관찰행위 (The Act of Looking)

> 당신이 정말로 진지하게 현상을 관찰할 때 그 낡은 관성(momentum)은 정지한다.

 이 세상은 온통 혼란과 폭력으로 가득 차 있어 '사회개혁', '다른 진실성', '인간의 위대한 자유' 등을 희구하는 갖가지 반란이 일어나고 있습니다. 모든 국가와 모든 지방에서 평화라는 깃발 아래 폭력이 행해지고 있고 진리의 이름 하에 착취와 빈곤이 악순환을 계속하고 있으며 수많은 사람들이 굶주리고 있습니다. 그리고 그 폭정(tyrannies) 하에서 억압과 갖가지 사회부정이 행해지고 있습니다. 전쟁·징병·징병거부 등이 이루어지고 있습니다. 참으로 엄청난 혼란과 무서운 폭력이 아닐 수 없습니다. 증오는 정당화되고, 온갖 형태의 현실도피가 생활의 기준(norm)으로서 인정되고 있습니다. 이런 모든 것을 깨닫게 되면, 사람은 그 행동·사고·활동에 혼란을 느끼면서 망설이게 됩니다. '어떻게 하면 좋을까? 활동가들 틈에 끼여 볼까, 아니면 정신적 고독 속으로 도피해 볼까? 낡은 종교관념으로 되돌아가 볼까? 새로운 조직을 만들어 볼까, 아니면 개인적 선입관이나 기호(嗜好)를 유지해 나갈까?' 하고 생각하면, 자연적으로 무엇을 해야 하며 어떻게 생각해야 하는가, 어떻게 하면 다른 삶을 살 수 있을까 등등을 알고 싶어지게 됩니다.
 나는 이 이야기와 토론을 진행하는 동안 우리들이 자신 속에서 빛(光)과, 폭력없는 삶의 길, 공포를 느끼지 않고 완전히 참된 신념을 가지고 살아갈 수 있는 길, 물질적인 것에 현혹되지 않는 안정된 정신생활을 발견할 수 있다면, 그러한 것들은 대단히 가치있는 일이 될 것이라고 생각합니다. 우리는 우리가 토론하려는 것에 완전하고 민첩한 주의를 다 기울일 수 있을까요? 우리는 평화롭게 살 수 있는 방법을 발견하려고 함께 노력하고 있습니다. 그러나 나는 여러분에게 무엇을 해야 하며 어떻게 생각해야 하는가는 말하지 않겠습니다 —— 왜냐하면 나는 어떠한 권위도, '철학'도 가지고 있지 않기 때문입니다.

문제는, 인간의 두뇌란 마치 같은 곡을 몇 번이고 반복할 수 있는 레코드와 같이 낡은 습관 속에서 계속 활동하고 있다는 것입니다. 그 잡음(습관)이 계속되는 동안에는 아무런 새로운 곡도 들을 수 없습니다. 두뇌는 오늘까지 일정한 방법으로 생각하며, 그 문화와 전통과 교육에 따라서 반응하도록 조건지어져 왔습니다. 따라서 그 두뇌는 새로운 것을 들으려 해도 들을 수가 없습니다. 이것이 우리 앞에 놓여진 장애물입니다. 테이프에 녹음된 것은 지워 버리고 새로이 녹음을 하면 되지만, 불행히도 두뇌라는 테이프에 녹음된 것은 오랫동안 깊이 새겨져 이것을 지우고 새로이 녹음하기란 매우 어렵습니다. 우리는 똑같은 패턴(patterns), 똑같은 이상(ideas), 똑같은 물리적 습관(habits)을 수없이 거듭하고 있는 까닭에 무엇 하나 새로운 것을 파악하지 못하는 것입니다.

그러나 인간은 반드시 그 낡은 테이프, 낡은 사고방식, 낡은 감각이나 반응의 방식, 그리고 그가 갖고 있는 수많은 습관들을 제거해 버릴 수 있다고 나는 확신합니다. 진정으로 주의를 기울이면, 그것은 될 수 있습니다. 아주 진지하고 심각하게 듣고 있으면, 듣는 것에 열중하게 되면서 바로 그 듣는 행위 자체가 낡은 것을 제거하게 됩니다. 시도해 보십시오. 아니, 그렇게 하십시오. 여러분은 깊은 관심을 가지고 있습니다. 그렇지 않다면 여기에 오지도 않았을 테니까요. 아주 주의해서 들어주십시오. 그러면 그 듣는 행위 자체가 낡은 기억이나 습관, 축적된 전통을 모두 제거해 버릴 것입니다.

우리는 이 세계의 혼란·불안·전쟁·파괴에 직면할 때 진지해지지 않으면 안 됩니다. 사회는 성적(性的)·경제적인 것을 완전히 묵인하면서 온갖 가치를 만들어냈습니다. 요컨대 이 사회에는 어떠한 도덕도 종교도 없으며 온갖 것들이 언제나 우리에게 던져지고 있는 까닭에 우리는 철저하게 진지해지지 않으면 안 됩니다. 마음속 깊이 그러한 진지함을 간직한 사람은 귀를 기울일 것입니다. 진지하게 귀를 기울여 결코 그대로 주어지지 않는 빛과, 어떤 이상(idea)이나 환경에도 의존하지 않는 생활방식, 언제나 자유롭고 신선하고 젊음에 찬 살아 있는 생활방식을 스스로 찾느냐 못 찾느냐 하는 것은 말하는 내가 아니라 듣고 있는 당신에게 달려 있습니다.

그것이 어떤 대가를 요구하더라도 발견하기를 원하는 마음을 가지고 있는 사람은 나와 함께 행동하면서 우리의 모든 문제——삶의 일상적인 단조로움에서 가장 진지한 문제에 이르기까지——를 해결할 수 있는 이러한 낯선(strange) 상태에 도달할 수 있게 될 것입니다.

그러면 어떻게 해야 될까요? 거기에는 단 하나의 방법밖에 없다고 생각합니다. 즉 그것은 긍정을 통한 부정, 다시 말하면 '존재하는 것'을 발견하기 위하여 '존재하지 않는 것'을 이해하는 것입니다. 자신이 실제로 무엇인가를 안다는 것은 그것을 초월한다는 것입니다. 우선 세계를 살펴보십시오. 세상에서 일어나는 온갖 사건과 진행되고 있는 것들을 살펴보십시오. 각 사람의 관계가 분리되어 있는지 안 되어 있는지를 살펴보십시오. 사람들은 세상사를 마치 개인적으로는 관계가 없는 듯이 보고 있지만, 거기에 대해서 무엇인가를 하려고 하고 있습니다. 그리고 그러한 방식에 의하여 개인과 세계 사이에 분할(division)이 생깁니다. 인간은 그 경험과 지식, 개인적 특질이나 선입관 같은 것으로 그 분열의 과정을 볼 수 있지만, 그것은 세계의 한 단편(斷片)에서 보고 있는 데 불과합니다. 관찰하는 방법을 발견해야 합니다. 그래야만 자기의 안팎에서 일어나는 사물 전체를 단일한 과정, 즉 총체적인 운동으로서 볼 수 있게 됩니다.

　세계를 보는 데는 두 가지 방법이 있습니다. 즉, 그것은 특정한 관점——이론적으로, 이데올로기적으로 특정한 행동에 치우치는 위치에 섬으로써 그 주위로부터 고립되는 것——에서 세계를 보는 방법과, 이러한 모든 현상(phenomenon)을 살아 있고 움직이는 과정으로 보면서 자신도 그로부터 분리될 수 없는 일부라는 총체적인 관점에서 세계를 보는 방법 두 가지가 있습니다. 현재의 그 사람은 그 문화·종교·교육·선전·기후, 그리고 음식의 결과입니다. 즉 그 사람이 세계이며 세계가 그 사람 자신인 것입니다. 그러면 이 총체성(totality)을 깨달을 수 있을까요?(그것에 대하여 해야 할 일을 안다는 것이 아니라) 여러분은 인류의 전체성(wholeness)이라는 감각을 갖고 있습니까? 그러나 이것은 개인과 세계를 동일화하는(identify) 그런 문제는 아닙니다. 왜냐하면 개인이 세계이기 때문입니다. 전쟁은 개인 그 자신의 결과입니다. 폭력도 선입관도 현재 진행되고 있는 무서운 야만성도 모두가 개인의 일부입니다.

　그렇기 때문에 이것은 정신적으로나 물리적으로 이러한 현상을 어떻게 관찰하느냐, 또한 얼마만큼 여러분이 진지한가에 달려 있는 것입니다. 당신이 정말로 진지하게 현상을 관찰할 때 그 낡은 관성(momentum)——낡은 형식의 반복, 사고·생활·행동의 낡은 방식——은 정지됩니다. 여러분은 진지하게 혼란도 빈곤도 비애도 없는 생활방식을 발견하려 하고 있습니까? '나는 이런 사람이다', '내 자질을 충분히 발휘하고 싶다', '나는 이렇게 되고 싶다', '나 자신의 의견을 믿고 있다', '이것이야말로 바른 길이다', '나는 이 파벌에 속해 있다'——이와 같은 사고의 낡은 습관으로부터 자유로워지기는 매우 어려운 일입니다. 우리는 자신의 의견을 가지는 순간 자기 자신으로부터 분리되기 때문에 총체적인 과정을 볼 수 없게 되는 것입니다.

삶의 단편(fragmentation)이 내적으로나 외적으로 존재하는 한 반드시 혼란과 전쟁이 있게 마련입니다. 마음속 깊이 이것을 깨달아 주시길 바랍니다. 예를 들어 중동에서 일어나고 있는 전쟁을 보십시오. 여러분이 모두 알고 있듯이 이에 관해서는 많은 책들이 있습니다. 어떤 문제든 해설이 해결해줄 것처럼 우리는 해설이라는 것에 속박되어 있습니다. 누가 제공하는 것이든 해설 같은 것에 속박을 받아서는 안 된다는 것을 본질적으로 깨달아야 합니다. 해설에 열중하는 것은 '존재하는 것'을 모르기 때문입니다. '존재하는 것'을 알게 되면, 해설 같은 것은 찾지 않게 됩니다. 그러므로 여러분도 언어에 사로잡히지 말고 근본적으로 이것을 이해하기 바랍니다.

인도에서는 그들의 성전(聖典)인 《기타(The Gita)》를 읽고 그에 따라 모든 것을 해설하는 것이 관습으로 되어 있습니다. 수천 명의 사람들이 어떻게 살아야 할 것인가, 무엇을 할 것인가, 신(神)이란 무엇인가 하는 데 대한 해설에 귀를 기울이며 그럴 듯하게 여기면서도, 그들은 여전히 일상생활을 계속하고 있습니다. 해설이 '존재하는 것'을 실제로 관찰하고 있는 우리를 방해하며 우리의 앞을 가리고 있습니다.

이러한 '존재'의 문제를 관찰하는 방법을 스스로 발견하는 일이 대단히 중요합니다. 여러분은 하나의 해설이나 특수한 관점을 가지고 그것을 보고 있습니까? 아니면 전체적으로(nonfragmentarily) 보고 있습니까? 발견해 보십시오. 자기 홀로 나아가 발견해 보십시오. 자기가 어떤 방식으로 이들 현상을 관찰하고 있는가를 발견하는 데 심혈을 기울여 보십시오. 그때 우리는 일체가 되어서 그 세부(the details)를 탐구할 수 있게 되고, 그 무한한 세계에 이르러 그것을 발견하고 이해하게 될 것입니다. 그러나 그 전에 우리는 단편적인 것에서 자유로워져야 하며, 더 이상 영국 사람도 미국 사람도 유태인도 아니라는 것을 깨달아야 하며, 우리를 조건지우는 특정한 종교나 문화──이것은 우리를 속박하고, 이에 따라 우리는 경험하고 또한 그 경험은 보다 많은 조건을 가져다 주고 있습니다──로부터 자유로워져야 합니다.

　이러한 삶의 전체적(whole)인 운동을 하나로 보십시오. 거기에는 장대(壯大)한 미(美)와 무한한 가능성이 있습니다. 그리하여 그 행동도 대단히 완벽하게 되며 거기에서 자유가 존재하게 됩니다. 그리고 무엇이 진실이며 무엇이 꾸며지고 상상으로 만들어진 진실인가 하는 것을 발견하기 위해서도 마음은 자유롭지 않으면 안 됩니다. 어떠한 단편적인 것도 없는 총체적인 자유가 있어야만 합니다. 그것은 여러분이 참으로 진지할 때 일어납니다. 그러나 이것은 "이것이 진지하게 되는 방법이다"고 말하는 사람을 따른다는 의미는 아닙니다. 그런 말에는 귀를 기울이지 말기 바랍니다. 스스로 발견하도록 하십시오. 노인이든 젊은이든 연령은 관계없습니다.

　질문 없습니까? 질문하기 전에 왜 질문을 하고 있는가, 그리고 누구에게 대답을 기대하고 있는가를 깨닫도록 하십시오. 여러분은 그 대답일 것이라고 생각되는 해설에 단지 만족할 것입니까? 질문을 한다는 것은──사람은 모든 것에 대하여 탐구하지 않으면 안 되지만──함께 탐구하고 공유(共有)하며 행동하고 경험하며 창조한다는 것이 아닐까요?

　질문 : 예를 들어 제멋대로 날뛰는 살인광이 있고, 그리고 나에게 살인 행위를 못하도록 그를 죽여버릴 수 있는 힘이 있다면, 나는 어떻게 해야 할까요?

　크리슈나무르티 : 그렇다면 모든 선입관, 통치자, 폭군을 죽여버리

도록 합시다. 그리고 모든 이웃도 당신 자신도! (웃음) 아니 웃을 일이 아닙니다. 우리는 그 폭력의 일부입니다. 우리는 우리 자신의 폭력으로 현존하는 사회에 공헌해 왔습니다. 그러나 우리는 그런 일을 똑똑히 느끼지 못하고 있습니다. 우리는 소수의 인간을 제거한다든가, 기존체제를 뒤엎어 버림으로써 전체 문제를 해결하고 있는 것으로 생각하고 있습니다. 지금까지의 물리적 혁명──프랑스 혁명이나 공산주의 혁명 같은──은 이러한 방식으로 관료정치나 독재정치를 종식시켜 왔습니다.

여러분, 지금까지와 다른 생활을 한다는 것은 남을 위해서가 아닌 나 자신을 위한 것입니다. 왜냐하면 '타인'이란 곧 나 자신이고 '우리'도 '그들'도 존재하지 않으며 단지 우리 자신들만이 존재하기 때문입니다. 이론적이거나 지적으로가 아닌 진실로 온몸을 통하여 느낀다면, 지금까지와는 완전히 다른 결과를 갖는 총체적인 행위와, 기존체제를 바꾸고 다른 체제를 창조할 필요가 없는 새로운 사회구조가 있을 수 있다는 것을 깨닫게 될 것입니다.

탐구하는 데 있어서는 인내력을 갖고 있어야만 합니다. 그러나 젊은이들은 인내력이 없습니다. 그들은 인스턴트(instant)적인 결과──인스턴트 커피, 인스턴트 차, 인스턴트 명상(meditation)──만을 추구합니다. 즉, 그들은 삶의 전체적인 과정을 이해하지 못하고 있습니다. 삶 전체를 이해하게 되면 이내 싫증이 나는 인스턴트적인 행동과는 전혀 다른 동시적인(instantaneous) 행동이 나타나게 됩니다.

미국을 보십시오. 폭동, 빈곤, 유태인 거리, 전혀 무의미한 교육. 그리고 유럽에서의 분열을 보십시오. 서구 연합(A Federated Europe)을 만드는 데 몇 해가 걸렸는가를. 인도와 러시아와 중국에서 일어나고 있는 일들을 보십시오. 그 모든 것과 다양한 종교의 분열을 볼 때 해답은 단 한 가지밖에 없습니다. 그것은 하나의 행위, 단편적이거나 부분적이 아닌 총체적인 행위입니다. 총체적인 행위는 남을 죽이는 것이 아니라 파괴적인 인간을 만들어내는 '분열'을 깨닫는 것입니다. 이상과 같은 것을 참으로 진지하고 민감하게 깨닫게 될 때 지금까지와는 전혀 다른 행위가 나타나게 될 것입니다.

질문 : 완전한 독재국가에서 태어나서 억압 때문에 자신을 위하여 아무것도 할 수 없는 사람——여기에 모인 사람들로서는 상상도 할 수 없는 일일 것입니다만——이나 또는 그런 부모에게서 태어난 사람은 이 세상에 어떤 혼란을 초래했을까요?

크리슈나무르티 : 아마 아무것도 하지 않았을 것입니다. 인도의 거친 들이나 아프리카의 작은 부락, 그리고 작은 계곡에서 세상 물정을 모르며 가난하지만 행복하게 살고 있는 사람들이 대체 무엇을 해왔을까요? 대체 어떤 방법으로 그들이 이 야만적인 세계구조에 공헌해 왔다는 것입니까? 아마 그들은 아무것도 하지 않았을 것입니다. 가난한 사람이 무엇을 할 수 있겠습니까?

질문 : '진지하다'는 것은 어떤 의미입니까? 나는 나 스스로를 진지하지 않다고 느끼고 있습니다.

크리슈나무르티 : 함께 발견해 보도록 합시다. 끝까지 바르게 나아가고 싶다는 생각, 무엇인가 사명감과 같은 것에 전념하는 것, 즉 '진지하다'는 것은 어떤 의미일까요?
나는 그것을 정의하지도 않지만 어떠한 정의도 받아들이지 않습니다. 지금까지와는 다른——폭력도 없고, 완전히 내적으로 자유로운——삶의 방식을 발견하길 원하며 이에 시간과 정력, 사색 그 모두를 바치는 사람, 나는 그런 사람을 '진지한 사람'이라고 부르고 싶습니다. 그는 즐기고 있어도 그의 방향이 정해져 있기 때문에 쉽

사리 그로부터 떠나지 않습니다. 그러나 이것은 그 사람이 독단적(dogmatic)이라든가 완고하다든가 순응하지 않는 사람이라는 뜻은 아닙니다.

그는 남의 의견에 귀를 기울이고 숙고(熟考)하며 조사하고 관찰합니다. 그는 진지함에 있어서 자기 중심적이 될지도 모르겠습니다. 그리고 그 자기 중심적인 것이 사물을 조사하는 것을 방해할지도 모르겠습니다. 그러나 그는 언제나 타인의 의견에 귀를 기울이며 조사하고 의문을 가집니다. 이것은, 그는 아주 민감한 감수성을 가지고 있어야 함을 뜻합니다. 그는 어떻게 귀를 기울이고 누구에게 귀를 기울이고 있는가를 깨닫고 있어야만 합니다.

그리하여 그는 언제나 귀를 기울이고 추구하며 탐구합니다. 그는 예민한 두뇌·정신·마음——이것들은 분할된 것이 아닙니다——을 이해하고 있습니다. 그리고 그 총체성과 그 모든 것의 감수성을 추구하고 있습니다. 여러분도 자신들의 육체가 민감한가 아닌가를 조사해보고 그 동작과 독특한 습관을 발견해 보십시오. 식사에도 주의하지 않으면 안 됩니다. 과식이나 배고픔, 그리고 단식은 우리를 육체적으로 둔감하게 하기 때문입니다. 우리는 민감한 두뇌를 가지고 있어야 합니다. 즉 우리는 자기 자신의 하찮은 쾌락이나 섹스 같은 것을 추구하지 않는, 그리고 습관적으로 기능을 발휘하지 않는 두뇌를 가지고 있어야 합니다.

질문 : 당신은 해설에 귀를 기울여서는 안 된다고 말씀하셨는데 당신의 이야기와 해설 사이에는 어떤 차이가 있습니까?

크리슈나무르티 : 당신은 어떻게 생각하십니까? 차이가 있다고 생각하십니까, 아니면 똑같은 말이라고 생각하십니까?

질문 : 말은 말입니다.

크리슈나무르티 : 우리는 모두 원인과 결과를 묘사하며 해설합니다. 예를 들어, "인간은 동물로부터 야수성을 물려받았다"는 식입니다. 어떤 사람은 그렇게 지적합니다. 그러나 그것은 지적 자체에 의하여 폭력성(야수성)을 정지시키는 것과는 다른 것이 아닐까요? 행동이란 요구된 것입니다. 그러나 행동이 해설이나 말에 의하여 일어나는 것일까요? 그렇지 않으면 우리가 삶 전체의 운동──그 전체──을 민감하게 관찰할 때 그 총체적인 행위가 나타나는 것일까요?

우리는 여기에서 무엇을 하고 있는 것일까요? 질문의 원인이나 해설을 제공하기 위해서일까요? 그렇지 않으면 말에 의한 삶이 아니라, '실제로 존재하는 것'의 발견──이것은 말에 의존하는 것이 아닙니다──에 기초한 생활을 하기 위해서일까요? 이 두 가지는 전혀 다른 것입니다──비록 내가 지적했다고 해도. 이것은 배고픈 사람에게 음식의 성질이나 맛을 해설한다든가, 메뉴를 보여 준다든가, 윈도우를 통해 진열장 안의 음식을 보여 주는 것과 같습니다. 그가 원하는 것은 실제 음식이지 해설이 아닌 것입니다. 그것이 다른 점입니다.

1970년 7월 16일

제2장 자　　유

> 어떠한 형태의 주관적인 상상·환상·지식에의 의존도 공포를 만들어내고 자유를 파괴한다.

　함께 이야기해야 할 많은 것이 있습니다만 우선 자유란 무엇인가 하는 것을 깊이 생각하지 않으면 안될 것 같습니다. 자유를 외적으로나, 특히 내적으로 깊이 그리고 진지하게 이해하지 않으면——즉 단지 지적(知的)으로뿐만 아니라 실제로 느끼지 못하면——무슨 이야기를 하더라도 별로 의미가 없을 것입니다.
　지난번 우리는 마음의 성질에 대해서 생각해 보았습니다. 삶을 즐기면서 진실로 살아 나가려는 마음이야말로 진지한 마음입니다——단지 오락, 특정한 즐거움, 충족감을 추구하는 마음은 그렇지 않습니다. 자유란 모든 내적·심리적 권위(authority)의 총체적인 포기와 부정을 의미합니다. 젊은 세대들은 경찰관에게 못된 짓을 하거나 아무것이든 마음내키는 대로 하는 것을 자유라고 생각하고 있습니다. 그러나 아무리 외적인 권위를 부정한다 하더라도 내적·심리적인 권위로부터는 완전히 자유로워질 수 없습니다. 우리가 내적인 권위를 이해할 때, 마음도 정신도 완전히 전체적으로 자유롭게 됩니다. 그때 비로소 우리는 자유로운 행동을 외적으로도 이해할 수 있게 될 것입니다.
　외적인 행동의 자유는 전적으로 내적인 권위로부터 자유롭게 된 마음에 달려 있습니다. 그러나 이것은 매우 인내력이 강한 탐구와 숙고를 요구합니다. 이것을 이해할 수 있다면, 우리는 삶과 일상생활과 관련된 여러 가지 일에 전혀 다른 마음가짐으로 접근하게 될 것입니다. 이것이 제일 중요한 문제입니다.

권위라는 말의 의미를 사전에서 찾아보면 '독창적인 생각을 내놓은 사람', '전혀 새로운 것의 창안자'로 되어 있습니다. 누군가가 그 고정관념(ideation)에 따라 패턴이나 체계를 만들어내면, 거기에서 기쁨을 찾아낸 다른 사람들은 그것에 따르게 됩니다. 사람에 따라서는 다른 사람들이 맹목적으로 또는 지적으로 따르는 종교적 생활양식을 만들어내는 사람도 있습니다. 요컨대 사람들은 정치적으로나 심리적으로──외적으로나 내적으로──그 행동이나 생활양식이 정해져 있습니다. 일반적으로 게으른 마음은 남이 한 말을 따르는 것이 편하다는 것을 알고 있습니다. 이와 같은 추종자는 철학이나 고정관념의 특정한 체계에 의해 약속된 것을 달성하는 수단으로서 '권위'를 받아들입니다. 즉 그들은 그것에 집착하고 의존함으로써 '권위'에 완전히 종속되게 됩니다. 따라서 추종자는 2차적인 인간인 것입니다. 그리고 대부분의 사람은 완전히 2차적인 인간이 되어 있습니다. 그들은 그림이나 글 등에 대하여 어떤 독창적인 관념을 가지고 있다고 생각할지 모르지만, 본질적으로는 그들을 추종·모방·적응하도록 조건지어져 있기 때문에 바보 같은 2차적인 인간이 되어버린 것입니다. 이것이 바로 권위의 파괴적인 성질의 일면입니다.

여러분은 인간으로서 심리적으로 타인을 따르고 있습니까? 우리는 지금 법률과 같은 외적인 복종에 대해서가 아니라 내적·심리적인 복종에 대해 이야기하고 있는 것입니다. 만일 복종하고 있다면, 그 사람은 본질적으로 2차적 인간입니다. 비록 훌륭한 일을 하고 대단히 멋지게 살고 있다 해도 그것은 아무런 의미도 없는 것입니다.

그리고 또한 '전통'(tradition)이라는 권위도 있습니다. 전통이란 '과거를 현재로 나르는 것'입니다──종교적 전통, 가족적인 전통,

민족적인 전통이 있습니다. 또한 기억의 전통도 있습니다. 특정한 수준의 전통을 따르는 것은 가치가 있으나, 다른 차원에서는 전혀 가치가 없습니다. 관찰하고 있는 마음의 경계(alertness)에서 생긴 훌륭한 예의라든가, 겸손이나 동정심은 점차 사회의 전통이 될 수 있습니다. 일단 그것이 패턴으로 굳어지면 마음은 그것을 반복하게 됩니다. 남을 위하여 문을 열어주는 사람과 음식에 대하여 까다로운 사람이 있습니다. 그러나 이것은 곧 습관(전통)이 되어버려 더 이상 경계심이나 예민성이나 명석함에서 생겨나지 않게 됩니다.

축적되고 배양된 기억을 갖고 있는 마음은 마치 컴퓨터와 같이 습관에 의하여 몇 번이든 반복하는 기능을 갖고 있습니다. 그것은 결코 새로운 것을 받아들일 수 없고 완전히 다른 방법으로 들을 수도 없습니다. 우리의 두뇌는 마치 테이프 리코더(tape recorder)와 같습니다. 어떤 기억들은 몇 세기에 걸쳐 축적되기도 합니다. 그리고 우리는 이것을 계속적으로 반복하고 있습니다. 반복되는 그 잡음 때문에 새로운 것을 들을 수가 없습니다. 그래서 묻습니다. "어떻게 해야 좋을까?", "어떻게 하면 그 낡은 기계, 낡은 테이프로부터 빠져나올 수 있을까?" 오로지 아무 노력도 기울이지 않고 낡은 테이프가 완전히 침묵할 때, 따라서 진지하게 귀를 기울이고 이해하며 주의를 집중할 수 있을 때 새로운 것을 들을 수 있습니다.

우리가 의존하고 있는 것에는 '타인'이라는 권위, '전통'이라는 권위, 기억이나 지식으로서의 '과거의 경험'이라는 권위 등이 있습니다. 그리고 그 사람이 축적하고 있는 지식에 의하여 인식된 '직접적 경험'이라는 권위도 있습니다. 인식된 것은 이미 새로운 것이 아닙니다. 권위·모방·적응·조정 등에 의해 조건지어진 마음, 즉 두뇌는 어떻게 하면 완전히 새로운 것을 들을 수 있게 될까요? 권위적인 과거에 의하여 정신도 두뇌도 마음도 흐려져 있을 때, 어떻게 하면 삶의 아름다움을 알 수 있게 될까요? 마음이 과거를 짊어지고 있으며 갖가지 권위로 조건지어져 있다는 사실과, 그리고 마음이 자유롭지 못하기 때문에 완전히 볼 수 없다는 사실을 실제로 깨닫는다면, 그 과거는 아무런 노력을 기울이지 않고서도 물리쳐질 수 있을 것입니다.

자유란 모든 내적인 권위가 완전히 정지한다는 것을 의미합니다. 그리고 그 마음의 정적(靜寂)으로부터 외적인 자유──대립이나 저항의 반응과는 전혀 다른──가 생깁니다. 지금 말하고 있는 것은 정말 간단한 일이지만, 이렇게 너무 간단하기 때문에 여러분은 간과(看過)해 버리고 마는 것입니다. 마음, 즉 두뇌는 권위와 모방과 적응에 의해 조건지어져 있습니다. 이것은 사실입니다. 그러나 실제로 자유로운 마음은 어떠한 내적 권위도 갖고 있지 않습니다. 그리고 그러한 마음은 사랑한다는 것, 명상한다는 것의 의미를 알고 있습니다.

자유를 이해하는 사람은 훈련의 의미도 알고 있습니다. 그러나 우리는 일반적으로 자유란 모든 강압적인 훈련으로부터 자유로워지는 것으로 생각하고 있기 때문에 이것을 모순된 것으로 느끼게 될지도 모르겠습니다. 고도로 훈련된 마음의 정적이란 어떤 것일까요? 훈련 없이 자유는 존재할 수 없습니다. 그러나 훈련받지 않으면 자유로워질 수 없다는 의미는 아닙니다. 자유와 훈련은 공존하는 것으로서 둘로 분리되어 있는 것이 아닙니다. 그러면 '훈련'이란 어떤 것일까요? 사전을 찾아보면 그것은 '배운다'는 의미입니다. 그러나 그것은 이데올로기나 신념에 따라 특정 행동양식에 그 자신을 꿰어 맞추는 마음을 배운다는 것은 아닙니다. '배울 수 있는 마음'과 '복종밖에 할 수 없는 마음'은 전혀 다른 것입니다. 배우고 있는 마음, 즉 '존재하는 것'을 실제로 관찰하며 지각하는 마음은 그 자신의 욕망, 그 자신의 조건, 그 자신의 특정한 쾌락에 따라서 '존재하는 것'을 해석한다든가 하지 않습니다.

훈련이란 억압과 통제 그리고 패턴이나 이데올로기에로의 조정 (adjustment)을 뜻하는 것이 아닙니다. 그것은 '존재하는 것'을 알며 '존재하는 것'으로부터 배우는 마음을 뜻합니다. 그런 마음은 특별히 경각심을 갖고 지각적이어야만 합니다. 일반적인 의미로 '자기를 훈련한다'는 말에는 무엇인가에 따라 그 자신을 훈련하고 있는 실체(entity)가 있다는 의미가 포함되어 있습니다. 그러나 거기에는 이중적인 과정이 있습니다. 즉, '아침 일찍 일어나야 된다. 게을러지면 안 된다', '화를 내서는 안 된다' 하며 자신을 타이를 때, 이것은 이중적인 과정을 포함하고 있습니다. 실제로 행해지고 있는 일에 대항해서 자기가 하지 않으면 안될 일을 컨트롤하려는 의지를 가지고 있는 사람에게는 갈등이 존재하게 됩니다.

부모나 사회 그리고 종교단체가 주장하는 '훈련'은 복종을 의미합니다. 그리고 그 복종에는 반항이라는 대상물이 있습니다. 예를 들어 부모는 아이에게 어떤 특정한 일을 해주기를 바라며, 아이는 거기에 반항합니다. 복종과 순응에 기초한 생활이 있기 때문에 그에 대한 '반대'와 '순응 거부', '제멋대로의 행동'이 있게 되는 것입니다. 거기에서 우리는 고도로 훈련된, 순응도 모방도 추종도 복종도 하지 않는 마음의 특질을 발견하려고 하는 것입니다.

훈련이란 배운다는 것이며 순응한다는 것이 아닙니다. 순응이란 영웅이나 성인(聖人)과, 현실적인 자신과 바라고 있는 자신을 대조하면서 남과 자신을 비교하는 것을 의미합니다. 순응이 있는 곳에는 반드시 비교가 있습니다——이 점을 깨달아 주시길 바랍니다. 비교하지 않고, 즉 순응하지 않고 살 수 있는가 없는가를 발견해 보십시오. 우리는 어릴 때부터 비교하도록 조건지어져 있습니다. "형님이나 할아버지처럼 되어라. 성인(聖人)처럼 되어야 한다, 대통령을 본받아라" 등등. 우리는 학교——점수를 매기고, 시험이 있는——에서 서로 비교되고 있습니다. 비교도 경쟁도 없는 삶, 비침략적·비경쟁적 · 비폭력적인 삶이 무엇을 의미하는지 우리는 모르고 있습니다. 남과 자신을 비교한다는 것은 공격적이며 폭력적 태도입니다. 폭력은 사람을 죽인다든가 때린다든가 하는 것만이 아니라 "나도 저 사람처럼 되어야겠다", "나는 완전하지 않으면 안 된다" 등과 같은 경쟁적 정신 속에도 존재합니다. 자기개선(self-improvement)이란 자유나 배움과는 정반대적인 것입니다. 비교하지 않고 살아갈 수 있는 방법을 스스로 발견해 보십시오. 그러면 무엇인가 비상(非常)한 일이 일어나고 있는 것을 깨닫게 될 것입니다. 여러분이 선택하는 일 없이 참으로 깨닫는다면, 비교하지 않고──"이렇게 되고 싶다"는 말을 결코 사용하지 않고── 살아간다는 것의 참된 의미를 알게 될 것입니다.

우리는 "나도 언젠가는 저런 사람이 되겠다"는 것을 의미하는 동사 '되겠다'는 말의 노예가 되어 있습니다. 비교와 순응은 공존하는 것이며 이것들은 억압, 갈등, 끝없는 고통밖에 낳지 못합니다. 따라서 비교가 없는 일상생활의 길을 발견하는 일이 중요합니다. 발견해 보십시오. 그러면 그것이 얼마나 엄청난 일인가를 깨닫게 될 것입니다. 그것은 많은 무거운 짐으로부터 당신을 자유롭게 해줄 것입니다. 그 깨달음이 고도의 감각을 가진 마음을 가져다주고 훈련을 시키며 항상 배우게 할 것입니다. 그러나 그것은 마음이 배우고 싶어하는 것, 쾌락적인 것, 배움의 기쁨 등을 배운다는 것을 의미하지 않으며 '배움 자체'를 의미합니다. 그리하여 당신은 내적인 조건──패턴, 전통, 선전, 남의 말에 대한 순응과 권위로부터 결과하는── 과 민족이나 가정 그리고 자기 자신에게 축적된 경험을 깨닫게 될 것입니다. 이 모든 것이 지금까지 우리의 권위가 되어왔습니다. 그러므로 우리의 마음이 권위를 가지고 있는 한, 결코 발견해야 할 것──영원한, 그리고 완전히 새로운 것──을 발견할 수 있을만큼 자유로워질 수 없습니다.

민감한 마음은 어떤 주어진 패턴에 한정되는 일이 없습니다. 그 마음은 강물과 같이 언제나 움직이고 흐르고 있습니다. 그 연속적인 운동 속에는 어떠한 억압도 순응도 만족을 위한 욕망도 존재하지 않습니다. 자유롭고 따라서 참으로 종교적인 마음의 자연성(nature)을 진지하고 깊고 명백하게 이해한다는 것이 매우 중요합니다. 자유로운 마음은 친구나 남편이나 아내 또는 고정관념이나 권위에 의존하는 것이 공포를 만들어낸다는 것을 알고 있습니다. '거기에' 공포의 원천이 있는 것입니다. 만일 내가 자신의 고독이나 미움〔醜〕, 천박함, 인색함의 탈출구로서 그에 대해 위안을 얻기 위하여 누군가에게 의존한다면, 바로 그것이 공포를 만들어내는 것입니다. 어떤 형태의 주관적인 상상·공상·지식에의 의존도 공포를 만들어내고 자유를 파괴합니다.

"내적인 의존이 있고 공포가 있을 때에는 자유란 없다. 그리고 의존하고 있는 마음은 혼란되어 있으며 흐려져 있다"는 말이 무엇을 의미하고 있는가를 알게 되면, "어떻게 하면 의존으로부터 자유로워질 수 있을까?" 하는 의문이 생겨나게 됩니다. 그리하여 그것은 또다시 별개의 갈등의 원인이 됩니다. 그렇게 하지 않고 만일 당신이 의존하고 있는 마음은 반드시 혼란되어 있다는 것을 관찰하고 그 진리, 즉 어떠한 권위일지라도 거기에 내적으로 의존하고 있는 마음은 혼란밖에 낳을 수 없다는 것을——어떻게 하면 혼란에서 자유로워질 수 있을까를 생각하지 않고——깨닫게 되면, 결코 의존하지 않게 됩니다. 그렇게 되면 마음이 놀랄 만큼 민감해지고 학습할 수 있게 되며 어떤 형태의 억압이나 순응 없이도 그 자신을 훈련하게 됩니다.

조금은 이해가 되십니까? 말로만이 아니고 실제적으로 말입니다. 매우 명확하게 깨달았지만 아주 잠깐 동안이었다고 여러분은 생각하고 있을 것입니다. 명확한 지각의 참된 본질은, 어떠한 의존이나 공포가 있을 때 일어나는 혼란이 없을 때에만 나타납니다. 자신이 권위로부터 자유로운지 어떤지를 정직하고 진지하게 발견할 수 있을까요? 이것은 자신에 대한 아주 깊은 탐구와 비상한 인식을 요구합니다. 그리하여 그 명료성으로부터 전혀 다른 행위가 일어나게 됩니다. 단편적이지도, 정치적으로나 종교적으로 분열되지도 않은 총체적인 행위가 일어나게 됩니다.

　질문 : 당신이 말씀하신 것에 따르면 어떤 점에서는 행위란 어떤 외적 권위에 대한 반응처럼 생각되기도 하고, 어떤 점에서는 타인과 함께 행동하는 총체적인 행위처럼 느껴지기도 하는데요.

　크리슈나무르티 : 우리는 지적으로 또는 이론적으로 서로 경쟁하며 각기 설명할 수는 있어도, 그것은 '사실 자체'를 지적한 것은 아닙니다. 당신에게는 완전한 행위일지라도 나에게는 불완전한 행위처럼 보일 수 있겠지만, 이것이 문제는 아닙니다. 문제는 인간으로서 당신의 마음이 완전히 활동하고 있느냐 하는 것입니다. 세계적인 인간(a human being of the world)——이 의미를 아시겠습니까——은 개인(individual)이 아닙니다. 개인이란 '분할할 수 없는 것(indivisible)'이라는 의미를 갖고 있습니다. 개인이란 그 자신은 분열되지도 않고 비단편적이며 전체적이고 건전하며 건강한 사람을 말합니다. 그리고 또한 전체적(whole)이라는 것은 신성함(holy)을 의미합니다. 그러므로 "나는 개인입니다"라고 말할 때 그 사람은 어떠한 것에도 속하는 사람이 아닌 것입니다. 어떠한 권위도 비교도 없이 살아가도록 하십시오. 그러면 그것이 얼마나 훌륭한 것인가를 알게 될 것입니다. 즉 경쟁도 비교도 억압도 하지 않을 때는 놀랄 만큼 엄청난 에너지를 갖게 됩니다. 그때 진실로 활동적이고 이성적이며 전체적이고 신성해질 수 있습니다.

질문 : 당신의 말씀을 잘 알 수가 없습니다. 나는 무엇을 할 수 있을까요?

크리슈나무르티 : 그것은 내 말이 명확하지 못했든가, 혹은 당신이 정확하게 영어를 이해하지 못했든가, 또는 당신이 계속해서 주의하지 않았기 때문일 것입니다. 1시간 10분씩이나 계속해서 주의를 기울인다는 것은 매우 힘든 일입니다. 완전히 주의를 기울이지 않을 때 "당신의 말을 전혀 이해할 수가 없습니다"라는 말이 나오게 됩니다. 계속 주의를 기울이고 있었는지, 계속 듣고 있었는지, 혹은 딴 생각을 하고 있었는지 스스로 발견해 보도록 하십시오. 어느 쪽입니까?

질문 : 당신은 언제나 계속해서 배울 수 있다고 생각하십니까?

크리슈나무르티 : 자기 자신에 관해 그와 같은 질문을 던질 때 당신은 이미 그것을 어렵게 만들고 있는 것입니다. 당신은 그와 같이 질문을 함으로써 배우는 것을 방해하고 있는 것입니다. 이해가 되십니까? 나는 자기 자신이 언제나 배우고 있는가, 이해하고 있는가에 관해서 이야기하고 있는 것이 아닙니다. 내가 말하고 있는 것은 "나는 지금 배우고 있는가?" 하는 것입니다. 만일 내가 배우고 있다면, '언제나' 하는 것은 문제가 되지 않습니다. 나는 그런 의문은 갖지 않습니다. 배우고 있다면 그런 질문은 빗나간 것입니다.

질문 : 우리는 어떤 것으로부터든지 배울 수 있습니다.

크리슈나무르티 : 자기가 배우고 있다는 것을 깨닫고 있으면 그럴 수 있습니다. 이것은 대단히 복잡한 문제입니다. 이에 대하여 좀 이

야기해 보도록 합시다.

"언제나 배울 수 있을까요?"라는 의문의 중요한 요소는 무엇일까요? '배운다'는 것일까요, 아니면 '언제나'일까요? 그것은 배운다는 것입니다. 배우고 있을 때에는 '나머지 시간'——시간적 간격 등——같은 것은 문제가 되지 않습니다. 문제는 자기가 배우고 있다는 것입니다. 마음이라는 것은 자연히 딴 생각을 한다든가 피로해진다든가 둔감해지게 마련입니다. 주의에 소홀한 마음이 할 수 있는 일이란 우둔한 일뿐입니다. 그러나 문제는 어떻게 하면 그 둔감한 마음을 민감하게 할 것인가 하는 것이 아니라 둔감한 마음이 '둔감하다'는 것을 깨닫게 하는 것입니다.

나무가 흔들리는 것이나 물이 흐르는 것이나 그 밖의 모든 것을 바라볼 때 나는 깨닫습니다. 거기에서 나는 나 자신을 봅니다——선택하지도 않고, "이래야 한다", "이래서는 안 된다"고 말하지도 않고——그저 바라봅니다. 바라보고 있는 마음이 피로해지고 둔감해질 때 갑자기 마음이 그것을 깨닫고 민감해지려고 하는 데서 둔감과 민감 사이에 갈등이 일어나게 됩니다. 말하건대 그렇게 하지 말고 자신이 둔감해 있다는 것을 깨달으십시오. 그것으로 족합니다.

질문 : 당신은 어떻게 해서 자신이 둔감해 있다는 것을 깨닫고 있습니까?

크리슈나무르티 : 나는 나 자신에 대하여 배우고 있습니다. 어떤 심리학자나 전문가에게 의존하는 일 없이 지켜보면서 나 자신에게서 무엇인가를 깨닫습니다. 그러나 나는 그 무엇인가를 비난한다든가 심판한다든가 제거하지 않습니다. 나는 그저 그것을 바라보고 있습니다. 예컨대 우쭐해 하는 자신을 깨달았다고 합시다 그러나 나는 "우쭐해 하는 마음을 가져서는 안 된다. 우쭐해 하는 것은 보기 싫

은 일이다"라고 말하지 않고 그저 지켜보기만 합니다. 나는 지켜보면서 배우고 있습니다. '본다는 것'은 자기 안에 어떤 자만심(pride)이 숨어 있어서 그것이 어떻게 나타나고 있는가를 배우는 것을 의미합니다. "나는 5분 이상은 보고 있을 수 없다. 만일 그 이상 볼 수 있는 사람이 있다면 정말 대단한 사람일 것이다"라고 말하는 순간 둔감해집니다. 민감함을 경험한 일이 있고, 지금 자신이 둔감해 있다는 것을 깨닫고 있는 까닭에 둔감한 자신을 민감하게 하려고 애를 쓰는 것입니다. 그런 짓은 하지 마십시오. 둔감한 자신을 깨닫도록 하십시오——그것뿐입니다. 거기에 머물러 있으십시오. "언제나 민감하지 않으면 안 된다"고 말하지 말고 그저 둔감한 자신을 보고 계십시오. 이 이상 탐구하게 되면 너무 복잡하게 될 것입니다. 비록 배울 것이 아무것도 없을 때라도 언제나 깨어 있고 지켜보는 마음의 특질이 있습니다. 이것은 '대단히 정적(靜寂)한 마음'을 뜻합니다. 대체 배울 수 있는 조용하고 깨끗한 마음 속에는 무엇이 들어 있을까요?

질문 : 말이나 관념으로써의 교류(communicating)가 습관이나 전통이 될 수는 없을까요?

크리슈나무르티 : 말을 중시할 때에만 그렇게 됩니다. 우리가 함께 무엇인가—— 예컨대 공포 같은 것——를 보고 그것을 공유하기 위해서는 말의 교류가 꼭 필요합니다. 그것은 듣고 있는 당신과 말하고 있는 내가 동일한 시간에, 동일한 수준에서, 동일한 열의를 가지고 관찰하고 협력하며 공유하고 있다는 것을 의미합니다. 그렇게 되면 그것이 습관과는 다른 비언어적인 교류를 가져오게 됩니다.

질문 : 총체적(total)이고 전체적(whole)이며 이성적이면서 또한 비

단편적인 개인이 어떻게 남을 사랑할 수 있을까요? 한 사람의 전체적인 인간이 어떻게 단편화된 인간을 사랑할 수 있을까요? 나아가 한 사람의 전체적인 개인이 어떻게 다른 전체적인 개인을 사랑할 수 있을까요?

크리슈나무르티 : 사랑이 무엇인지를 모르는 사람은 전체적인 인간이 될 수 없습니다. 만일 당신이 지금 우리가 말하고 있는 의미에서 전체적이라면 남을 사랑하는 것을 문제삼지 않을 것입니다. 길가에 피어 있는 꽃을 관찰해본 일이 있습니까? 그것은 태양과 바람과 빛과 색(色)의 아름다움 속에서 살아가고 있습니다. 그러나 그 꽃은 결코 당신에게 "이리 와서 향기를 맡아주세요. 저를 즐겨주세요"라고는 말하지 않습니다. 그 꽃은 살아가고 있습니다. 살아가고 있는 그 행위 자체가 사랑인 것입니다.

1970년 7월 19일

제3장 분   석

> 분석은 결코 완전하지 않다. 그
> 불완전한 행위를 부정하는 것이
> 총체적인 행위다.

　우리는 태어나서 죽을 때까지 언제나 갈등 속에서 살아가고 있습니다. 따라서 삶의 전체적인 문제를 이해한다는 것은 참으로 중요한 일인 것입니다. 우리의 정신 내부에서 뿐만 아니라 모든 외적인 관계에 있어서도 언제나 갈등과 긴장과 싸움이 존재합니다. 즉 '연속적인 분열'과 공동생활에 대항하는 '분열된 개인적 존재라는 감각'이 존재합니다. 우리들 개인은 보다 깊은 관계 속에서 비밀히 또는 공공연히 각자의 쾌락을 추구하며 야망과 성취를 달성하려 함으로써 결국 욕구불만을 만들어냅니다. 우리가 말하고 있는 '삶'이란 혼란입니다. 그리고 그 혼란 속에서 우리는 창조적이 되려고 애씁니다. 재능이 있어 책이나 시(詩)를 쓰고 그림을 그릴 수 있다 하더라도──그것이 아무리 창조적인 생활이라고 하더라도──그것은 모두 갈등과 비통과 절망의 패턴 속에서 이루어지고 있습니다. 달나라에 가는 데 있어서도, 해저(海底)에서 사는 데 있어서도, 전쟁을 하는 데 있어서도 언제나 거기에는 인간 대 인간이라는 연속적인 괴로운 투쟁만이 존재할 뿐입니다. 그것이 우리의 삶입니다.
　우리는 이 문제를 깊고 진지하게 탐구하지 않으면 안될 것 같습니다. 그리고 그 탐구가 가능하게 되면 의식의 수준에서는 물론, 의식 밑바닥에서도 어떠한 투쟁도 존재하지 않는 마음의 상태에 이를 수 있는 길을 느끼게 될 것입니다.

　아름다움은 싸움의 결과가 아닙니다. 산이나 계곡의 흐르는 물을 보고 아름다움을 느낄 때 우리는 아무런 힘도 들이지 않고 그것을 직접 지각할 수 있습니다. 그러나 계속하여 투쟁과 노력이 이루어지고 있기 때문에 우리의 삶에서 아름다움을 보기가 어려운 것입니다.

　가장 중요한 것은 지금까지 어떠한 투쟁도 해본 일이 없는 본질적으로 아름답고 깨끗한 마음의 특질을 발견하는 것입니다. 그것을 이론적·지성적으로 뿐만 아니라 일상생활에서 실제로 이해한다면, 우리는 자신과 사회 안에서 평화를 즐길 수 있게 될 것입니다. 아마 오늘 아침 우리는 주저하면서 민감한 주의력을 가지고 자신들이 하고 있는 이러한 투쟁을 이해하고 그로부터 자유로워질 수 있게 될 것입니다.

　그러면 이러한 투쟁과 모순의 근본적인 원인은 무엇일까요? 여러분 스스로 의문을 가져보십시오. 될 수 있는 대로 말을 써서 설명하려 하지 말고 간단하게 이 모순과 분열, 고통과 투쟁의 근본원인을 탐구해 보도록 하십시오. 그 근본원인을 탐구하는 데 있어 당신은 분석적으로 탐구하든가 또는 직접 지각하든가 그 어느 쪽일 것입니다. 분석적으로 조금씩 풀어나감으로써 당신 자신 또는 당신과 국가간의 투쟁의 성질, 구조, 원인 및 결과에 이르게 될지도 모르겠습니다. 혹은 직접적으로 원인을 지각하게 될지도 모르겠습니다. 이런 방법에 따라 우리는 모든 갈등의 원인을 실제적으로 발견하고, 그 진리를 즉시 지각하게 될지도 모르겠습니다.

　그러면 갈등의 원인을 지적·이론적으로 발견하려는 시도, 즉 분석한다는 것이 무엇을 의미하는가를 이해해 보도록 합시다. 왜냐하면 이 분석과정을 일단 이해하게 되면——그 진리와 잘못을 알게 되면—— 우리는 완전히 그리고 영구히 분석으로부터 자유로워질 것이기 때문입니다. 그리고 그것을 이해한다는 것은 당신의 눈과 마음과 정신이 그 문제의 진리를 즉시로 지각한다는 것을 의미합니다. 우리는 언제나 철학자나 심리학자의 분석이나 그 접근 방법에 익숙해 있고 그에 조건지어져 있기 때문에 그것이 습관화되어 있습니다. 즉, 우리는 조건지어져 있는 대로 분석적·지적으로 복잡한 삶의 전체적인 과정을 이해하려고 하고 있습니다. 그렇다고 해서 감정적인 것을 옹호하라는 것은 아닙니다. 그러나 그 분석과정의 성질과 그 구조를 똑똑히 이해한다면 전혀 다른 관점을 갖게 될 것입니다. 즉 이제까지 분석에 사용해왔던 에너지를 이제까지와는 전혀 다른 방향으로 돌릴 수 있게 될 것입니다.

분석은 분열을 의미합니다. 왜냐하면 거기에는 '분석자'와 '분석되어야 할 대상'이 있기 때문입니다. 자기가 자기를 분석한다 하더라도, 전문가에게 분석을 시킨다 하더라도 거기에는 분열이 있기 때문에 언제나 거기에는 투쟁의 시초가 배태되어 있습니다. 위대한 정열과 막대한 에너지가 있을 때에만 우리는 훌륭한 일을 할 수 있으며, 그 위대한 정열만이 우리 자신과 세계 속에 이때까지와는 전혀 다른 삶을 창조할 수 있습니다. 그렇기 때문에 이 몇 세기 동안 우리의 마음을 속박해온 '분석'이라는 문제를 이해하는 것이 대단히 중요한 것입니다.

우리는 자기 안에 있는 많은 단편(斷片)에 대하여 '분석자'라는 권위를 가장하고, 분석당하는 것을 자기 이외의 것으로 만들어버리고 맙니다. 검열관이 된 분석자는 그 축적된 지식으로 '좋은 것'과 '나쁜 것'──억압할 것과 억압하지 않을 것──을 평가합니다. 뿐만 아니라 그는 그 평가와 결론이 부분적으로 되지 않도록 각 분석을 완전하게 하지 않으면 안 됩니다. 그는 모든 각 사고(thought)를 조사하지 않으면 안 됩니다. 그가 생각하는 모든 것이 분석되어야 하며 따라서 시간이 걸리게 됩니다. 금전적인 여유나 취미가 있다든가, 훌륭한 분석자를 만나거나 하여 한평생을 분석으로 소비해버리는 사람도 있을지 모르겠습니다. 당신은 자기의 전 삶을 계속하여 분석할 지는 모르지만 죽을 때의 당신도 역시 또한 분석하지 않으면 안될 '과거의 자기'일 것입니다.

우리는 '분석자'와 '분석대상' 사이에는 분열이 있다는 것과, 분석자는 완전하고 정확하게 분석해야 한다는 것, 그리고 그 결론은 다음의 분석을 방해할 것이라는 것을 분석에서 알게 되었습니다. 그리고 분석은 무한한 시간을 필요로 하며 그 시간 동안에도 다른 많은 것들이 발생할 것이라는 것도 알게 되었습니다. 여기에서 분석의 전체구조를 알게 되었을 때 그 이해가 바로 실제적으로 분석의 부정(否定)인 것입니다. 즉 그것이 무엇을 의미하는가를 이해하는 데에 그 행위의 부정이 있으며 이것이야말로 완전한 행위인 것입니다.

질문 : 당신이 말하는 행위란 무엇을 의미합니까?

크리슈나무르티 : 하나의 이상(idea), 이데올로기, 개인이 축적한 경험에 따른 행위를 말합니다. 행위는 언제나 그 자체를 그 이상과 원형(原型)에 접근시키고 있기 때문에 행위와 이상 사이에는 분열이 있게 마련입니다. 그런 행위는 결코 완전하지 못합니다. 즉 분석은 결코 완전하지 못합니다. 그 불완전한 행위를 부정하는 것이 총체적 행위입니다. 아무리 복잡한 문제라도 분석하는 것은 무의미한 것이라는 것을 알게 되면 마음은 두 번 다시 분석하려고 하지 않을 것입니다.

분석과정을 알게 된 마음은 대단히 예리하고 활발하고 민감해집니다. 왜냐하면 그 마음은 지금까지 우리가 생각해온 방법이나 이해의 수단을 거부해왔기 때문입니다.

남의 이론이나 논리에 강요당하지 않고 여러분 자신이 그 잘못―― 분석의 진리 ―― 을 깨달을 때 그 마음은 자유롭게 되어 지금까지와는 다른 방향을 살펴볼 수 있는 에너지를 갖게 될 것입니다. '다른 방향'이란 무엇일까요? 그것은 총체적인 행위인 '순간의 지각'을 말합니다. "'분석자'와 '분석대상' 사이에는 분열이 있다"고 우리가 말할 때 그것은 '관찰자'와 '관찰대상' 사이에도 분열이 있다는 것을 의미합니다. 이것이 모순의 근본원인인 것입니다. 보통 당신이 관찰하고 있을 때에는 당신은 언제나 중심을 가지고——지식과 경험이라는 배경을 가지고——그것을 행하고 있는 것입니다. 이른바 카톨릭 교도나 공산주의자라는 '전문가'가 관찰하고 있는 것입니다. 그렇기 때문에 '나'와 '관찰대상' 사이에 분열이 생기는 것입니다. 이것은 아주 간단히 이해할 수 있습니다. 이것은 명백한 사실입니다. 여러분이 나무나 남편이나 아내를 볼 때 이러한 분열이 존재합니다. 그것은 당신 자신과 사회 사이에도 있습니다. '관찰자'와 '관찰대상'이 존재하며 따라서 그 분열 속에 모순이 존재하게 됩니다. 이 모순이야말로 모든 투쟁의 근원인 것입니다.

만일 그것이 투쟁의 근본원인이라면 다음과 같은 의문이 일어나게 됩니다. "검열관도 '나'도——모든 축적된 슬픔·투쟁·야만성·교만·절망의 경험도——없이 관찰할 수 있을까?"라는 의문 말입니다. 과거의 모든 기억이나 결론이나 희망 없이 관찰할 수 있을까요? 그 배경——'나', '관찰자'——이 당신을 '관찰대상'으로부터 분리시키고 있습니다. 당신은 배경이 없이 관찰해본 일이 있습니까? 지금 그렇게 해보십시오. 그리고 그것을 즐겨보십시오. 물 흐르는 소리에 귀를 기울여보고, 산봉우리와 외계의 모든 아름다움과 조용함을 객관적으로 보십시오. 과거로서의 '나'의 관찰이 없이 그렇게 하는 것은 매우 간단한 일입니다. 그렇다면 '관찰자'가 없이 자신의 내부를 볼 수 있을까요? 당신 자신을 살펴보십시오. 당신을 조건지우는 것——교육받은 것, 사고방식, 결론, 선입관——을 어떠한 비난도 설명도 정당화도 하지 않고 그저 관찰만 하십시오. 그렇게 관찰을 하고 있을 때, '관찰자'도 없게 되고 따라서 투쟁도 사라지게 됩니다.

그와 같은 생활양식은 다른 생활양식과는 전혀 다른 것입니다. 즉 그것은 다른 생활양식에 대한 반항이나 반응이 아닌 전혀 다른 것입니다. 거기에는 무한한 자유와 풍부한 에너지와 정열이 있습니다. 그것이 '총체적인 관찰', 즉 완전한 행위입니다. 완전히 깨닫고 이해한 사람의 행위는 언제나 명확합니다. 그것은 마치 지도를 보고 있을 때 자기가 가고 싶은 부분만을 보는 것이 아니라 그 전지역을 보아야 하는 것과 같습니다.

어떠한 투쟁도 없이 살아갈 수 있다는 것을 여러분은 인간으로서 스스로 발견하지 않으면 안 됩니다. 그것은 자기 자신의 거대한 혁명을 의미합니다. '그것만이 혁명입니다.' 어떠한 물리적──정치적·경제적·사회적──혁명도 언제나 결국에 가서는 관료주의나 이상론자, 정복자의 독무대로 끝나고 말았습니다. 그렇지만 이 완전하고 총체적인 내적 혁명──그것은 '관찰자'와 '관찰대상'의 분열에 의하여 생긴 모든 투쟁을 이해한 결과입니다──은 이때까지와는 전혀 다른 생활양식을 가져올 것입니다. 그러면 이에 관하여 좀더 이야기해 봅시다. 질문 있으면 하십시오.

질문 : 문제에 둘러싸여 살고 있는 사람은 어떻게 하면 문제의 세계로부터 자신을 분리시킬 수 있을까요?

크리슈나무르티 : 당신은 이 세계와 분리되어 있다는 말입니까? 당신은 이 세계가 아닌가요?

질문 : 나는 바로 이 세계에 살고 있습니다.

크리슈나무르티 : '바로 이 세계에 살고 있는 사람'이란 이 세상에서 일어나고 있는 모든 사건과 분리되어 있으며 그와 관계없다는 말입니까?

질문 : 아니오. 나도 그 일부입니다. 그러나 그로부터 분리되려면 어떻게 해야 합니까?

크리슈나무르티 : 아마 이 세상으로부터 자신을 분리시킬 수는 없을 것입니다. 왜냐하면 당신이 이 세계이기 때문입니다. 가령 당신이 기독교국에 살고 있다면 그 문화·종교·교육·산업 등의 투쟁으로 조건지어져 있을 것입니다. 아마 당신은 이런 세계로부터 분리될 수는 없을 것입니다. 수도사(monks)는 수도원에 숨어 이 세계로부터 떠나려 하지만, 그럼에도 불구하고 그들은 그들이 살고 있는 세계의 결과인 것입니다. 즉 그들은 그들이 생각한 진리나 예수라는 이상에 자신을 맡기거나 세상에서 도피함으로써 그 문화로부터 도피하려고 하는 것입니다.

질문 : 마음에 고민을 가진 채로 돈을 벌거나 집을 팔면서 어떻게 자기를 관찰할 수 있을까요?

크리슈나무르티 : 당신은 어떻게 자신의 직업을 보고 있습니까? 어떻게 생각하고 있습니까?

질문 : 이 세상에서 살기 위한 수단으로 생각합니다.

크리슈나무르티 : '나는 살기 위하여 생계를 꾸려 나가지 않으면 안 됩니다.' 어느 나라의 사회구조도 그 사회가 설정한 일을 하면서

필사적으로 살아가는 데 기초하고 있습니다. 우리는 어떻게 하면 이처럼 분열된 가운데서 영원히 안심하고 살 수 있을까요? 당신은 유럽 사람이고 나는 아시아 사람일 때, 그래서 우리 사이에 분열이 있게 될 때, 서로가 안전을 위하여——살아남기 위하여——경쟁을 하고 또한 개인으로서 또는 집단으로서 서로 싸울 때 어떻게 살아야 할까요? 별수없이 일시적으로 사는 것일까요?

결국 진정한 문제는 살아남는 것이 아니라 이 세상에서 분열되지 않고 살 수 있는가 하는 것입니다. 분열이 없으면 우리는 공포가 없이 완전히 살 수 있습니다. 지금까지 여러 종교전쟁이 있었습니다. 예를 들어 카톨릭과 프로테스탄트는 서로 "우리는 살아남아야 한다"고 말하면서 처참한 전쟁을 해왔습니다. "보라! 한쪽은 이것을 믿고, 다른 쪽은 저것을 믿으면서 분열되는 것이 얼마나 바보스런 일인가"라고 그들은 결코 말하지 않았습니다. 그들은 그들의 어리석게 조건지어진 상태를 깨닫지 못했던 것입니다. 완전한 안전 속에서 완벽하게 살아가기 위하여 분열이 없이 살아갈 수 있는지 없는지를 발견하는 데 여러분은 자신의 사고·감각·정열의 전에너지를 바칠 수 있겠습니까? 그러나 여러분은 이 모든 것에 흥미가 없습니다. 여러분은 그저 살아남고 싶을 뿐입니다. 그러나 그래서는 안 됩니다. 왜냐하면 '살아남을 수 없는데도 살고 있다'는 것이 되기 때문입니다.

보십시오. 각기 군대를 가진 주권국들이 세계를 분열시키고 각국은 그 명성과 경제적 존속을 절규하고 있지 않습니까? 정치가가 없더라도 선(善)한 사람에게 맡겨져 있다면 컴퓨터로써 세계의 전체구조를 바꿀 수도 있을 것입니다. 그러나 사람들은 '인류의 일체성(unity)'에 대하여 흥미가 없습니다. 그것만이 정치적으로 유일한 문제입니다. 이 문제가 해결될 수 있는 것은 어떠한 정치가도, 분열된 종교단체도, 그리고 그런 일을 하고 있는 당신 자신도 사라졌을 때 뿐입니다.

질문 : 그런 결론에 도달하는 데 있어 의식적인 분석 같은 것은 필요 없을까요?

크리슈나무르티 : 이 결론이 분석의 결과일까요? 이 사실을 관찰해 보십시오. 정치나 종교 때문에 세계가 어떻게 분열되어 있는가를 보십시오. 이것이 분석이겠습니까?

질문 : 당신은 그 모든 것을 변화시키기 위해서는 아무래도 물리적인 혁명도 필요하다고 생각하지 않으십니까?

크리슈나무르티 : 정신적인 혁명과 물질적인 혁명은 동시에 존재합니다. 결코 한쪽이 먼저고 다른 한쪽은 다음이랄 수 없습니다. 이것은 동시적인 것입니다. 어느 한편만을 강조하지 않는 즉각적인 내적·물리적 혁명인 것입니다. 이것은 어떻게 일어날 수 있을까요? '정신적 혁명은 물리적 혁명이다'라는 완전한 진리를 깨달을 때 일어납니다──그러나 지적·이론적·이상적으로는 일어나지 않습니다. 당신은 완전한 정신적 혁명을 이루어놓고 있습니까? 그것이 없으면서 외적인 혁명을 바라는 사람은 세계에 혼란을 가져올 것입니다. 그리고 그 때문에 세계는 혼란해 있는 것입니다.

질문 : 당신은 정부나 교회나 민족이 우리가 생각하고 있는 '권력'(power)을 가지고 있다고 말씀하셨는데요.

크리슈나무르티 : 관료(官僚)는 권력을 원하기 때문에 권력을 가지고 있습니다. 당신은 아내에게 권력을 휘둘러보고 싶지 않습니까? 여러분이 '옳다'고 생각하는 결론에 권력이 있기 때문에 결국 모든

사람은 어떤 것이든 권력을 추구하고 있는 것입니다. 따라서 남에게 주어진 권력을 공격해서는 안 됩니다. 자기 자신 안에 있는 '권력의 요구'로부터 자유로워져야 합니다. 그러면 당신의 행위는 전혀 다른 것이 될 것입니다. 우리는 물리적인 권력을 가지고 있는 사람으로부터 그것을 빼앗아서 다른 사람에게 그것을 주려고 합니다. '모든 지배적인 힘과 소유로부터 자유로워지자'라고는 생각하지 않고 있습니다. 만일 당신이 당신의 모든 마음을 모든 형태의 권력으로부터 자유로워지는 데 쏟는다면──즉 입장이 없이 행동한다면──당신은 지금까지와는 전혀 다른 사회를 만들어낼 것입니다.

질문 : 배가 고프다면 당신은 이 이상 그 문제를 다루지 않겠지요?

크리슈나무르티 : 정말로 배가 고프다면 나는 여기에 있지도 않을 것입니다! 우리는 배가 고프지 않기 때문에 듣고 관찰할 시간이 있는 것입니다. "우리와 같이 작은 소집단, 대양(大洋) 중의 물 한 방울 같은 우리들이 무엇을 할 수 있을까?"라고 말씀하실지도 모르겠습니다. 그러나 그것이 이 세상의 너무나도 복잡한 문제에 직면해 있는 우리에게 타당한 질문이라고 할 수 있을까요? "인간으로서 하나의 개인으로서 내가 무엇을 할 수 있을까?"하고 말할 때 이미 그것은 절망의 표증인 것입니다.

질문 : 많은 사람들은 굶주리고 있기 때문에 살기 위한 직접적인 단계를 취하지 않으면 안됩니다. 지금까지의 말씀이 그들에게 어떤 의미가 있을까요?

크리슈나무르티 : 아무것도 없습니다. 배가 고플 때는 먹을 것을 찾습니다. 이 경우에는 지금까지 내가 한 말은 거의 아무런 의미가

없습니다. 그래, 당신의 질문은 무엇입니까?

　질문 : 우리는 수가 적은 작은 집단입니다. 인도와 아시아의 대부분, 그리고 유럽과 아메리카의 일부 사람들은 정말로 굶주리고 있습니다. 우리가 지금 여기서 이야기한 것이 어떻게 하면 그들에게 영향을 줄 수 있을까요?

　크리슈나무르티 : 인원이 적다고 해도 그것은 당신, 즉 당신이 무엇을 하느냐에 달려 있습니다. 세계적인 거대한 혁명은 변화된(changed) 소수의 사람들에 의하여 창조됩니다. 당신은 빈곤·타락·기아 등의 이 세상의 고통에 관심을 갖고 있으면서 "내가 무엇을 할 수 있을까?"하고 말하고 있습니다. 당신은 무분별하게 외적인 혁명에 참가해서 그 모두를 파괴하고 새로운 사회구조를 만들든가──그리고 그 과정에서 당신은 똑같은 고통을 또다시 만들어낼 것입니다──그렇지 않으면 단순히 부분적이고 물리적인 혁명이 아닌 지금까지와는 전혀 다른 사회와의 관계(relationship) 속에서 행동하는 혼(psyche)의 구조가 가져오는 '총체적 혁명'을 생각하든가 두 가지 중의 한 가지일 것입니다.

　질문 : 당신은 마치 정신적 혁명이 갑자기 일어나는 것처럼 말씀하고 계신데 정말 그런 식으로 일어납니까?

　크리슈나무르티 : 정신적 혁명이 시간적인 문제, 즉 서서히 일어나는 내적 변화일까요? 이것은 대단히 복잡한 문제입니다. 우리는 "점차적으로 정신적 혁명을 통해서 변화될 것이다"라고 받아들이도록 조건지어져 있습니다. 정신적 혁명은 서서히 일어나는 것일까요? 아니면 그 문제의 진리를 깨닫는 순간에 즉각 일어나는 것일까요? 당

신은 갑자기 위험을 느낄 때 순간적으로 행동하지 않습니까? 그때 당신의 행위는 단계적이거나 분석적이지 않습니다. 즉 위험이 있으면 즉각적인 행위만이 있게 됩니다. 우리는 위험한 것들을 지적해 왔습니다. 분석의 위험, 권력의 위험, 연기(延期)나 분열의 위험 등을 말입니다. 그리고 이 같은 위험을 정말 깨닫는다면——이론적이 아니라 실제적·물리적·심리적으로 깨닫는다면——즉각적인 행위, 즉 즉각적인 혁명의 행위가 있게 됩니다. 그리고 이와 같은 심리적인 위험성을 깨닫기 위해서는 민감하고 경계적이며 주의깊은 마음이 필요합니다. 그러나 "어떻게 하면 그 경계적이고 민감한 마음을 가질 수 있을까?"하고 생각하게 되면 다시금 단계적인 과정에 놓이게 됩니다. 그러나 당신이 "사회는 위험하다. 내가 관계하고 있는 모든 것이 위험 속에 놓여 있다"라고 그 위험에 직면해서 그 필요성을 깨달을 때 비로소 총체적인 행위가 일어나게 됩니다.

1970년 7월 21일

제4장 단 편 (Fragmentation)

> 문제는 단지 삶이 단편적(斷片的)으로
> 보일 때 일어난다. 이 점을 깨달으라.

 우리는 수많은 문제에 직면하게 되면, 각 문제를 그 자체로서 해결하려고 하는 경향이 있습니다. 예를 들면 우리는 섹스 문제를 다른 문제와는 전혀 관계없는 것처럼 취급해 버립니다. 이 같은 방법으로 폭력이나 기아의 문제도 정치적·경제적·사회적으로 해결하려고 합니다. 왜 우리는 각 문제를 그 자체로서 해결하려고 하는 것일까요? 세계는 폭력으로 둘러싸여 있습니다. 이것은 마치 각 문제를 삶의 다른 부분과는 분리되어 있는 것처럼 해결하려고 하는 여러 가지 다양한 권력이 있다는 것을 말합니다. 우리는 이 문제들이 서로 깊은 관련을 갖고 있고 고립되어 있지 않다는 것을 알면서도 전체적으로 생각하려고 하지 않습니다.
 우리들 내부에 있는 폭력은 우리의 동물적 유산(遺産)의 일부입니다. 인간의 거의 모든 부분은 동물 그것입니다. 그리하여 전체적인 인간으로서의 자신들의 구조를 이해하지 못하고 폭력을 폭력 자체로서 해결하려 함은 더 많은 폭력을 초래할 뿐입니다. 나는 이것이 우리들 각자에 의해 명백하게 이해되지 않으면 안 된다고 생각합니다. 서로 관련되어 있다고 생각되지 않는 문제, 즉 고립되어 있는 것처럼 보이는 수많은 문제들이 있습니다. 그러나 어떤 문제든지 고립된 것으로 다루어서는 그 문제를 해결할 수 없습니다. 우리는 삶을 크든 작든 문제와 위험의 연속적인 운동으로서 다루어야 합니다. 이 문제를 주의깊게 탐구해 나가도록 합시다. 왜냐하면 공포나 죽음이나 명상이나 진실성 같은 것을 서로 토론할 때 이것을 똑똑히 이해하고 있지 않으면, 그것들이 어떻게 서로 관련되어 있는지를 이해하지 못하게 될 것이기 때문입니다. 또한 헤아릴 수 없이 거대한 생명의 아름다움, 즉 황홀감(ecstasy)은 우리의 일상문제와 결코 분리된 것이 아니기 때문입니다. "나는 명상과 진리밖에 흥미가 없다"고 말하는 사람은 결코 그것을 발견하지 못할 것입니다. 그 문제들이 어떻게 서로 관련되어 있는가를 이해하도록 하십시오.

예컨대 기아(starvation) 문제에 대해서 말하면 그것은 그 자체로서는 해결이 안 되는 문제입니다. 왜냐하면 그 문제에는 인간과 인간 사이의 국가적·정치적·경제적·사회적·종교적·심리적 분열이 포함되어 있기 때문입니다. 즉 우리가 안고 있는 문제는 개인적인 관계, 육체적·심리적인 고통, 개인적·세계적인 고통, 그리고 혼란 등입니다. 특정한 문제에 대한 해답을 찾으려 한다면 그것은 보다 많은 분열과 모순을 가져올 뿐일 것입니다. 참으로 진지하고 성숙한 사람은 왜 마음이 마치 다른 문제와는 관계없는 것처럼 각 문제를 해결하려고 하는가를 묻지 않으면 안 됩니다. 왜 인간의 마음, 즉 두뇌는 언제나 '나'와 '나의 것', '우리'와 '그들', '종교'와 '정치' 등으로 분리하는 것일까요? 각 문제를 고립된 것으로서 해결하려는 분열에 언제나 모든 노력이 기울여지는 것일까요?

이 문제를 해결하려면 우리는 사고의 기능, 즉 그 의미·실체·구조를 탐구하지 않으면 안 됩니다. 왜냐하면 사고 그 자체가 분열되어 있으며, 사고와 추리를 통해 해답을 발견하려고 노력하는 과정 그 자체가 고립을 초래한다고 생각되기 때문입니다.

사람들은 물리적인 혁명의 참된 의미도 잊어버리고 인간의 전체적인 심리적 성격도 잊고 있으면서 보다 좋은 질서를 가져오기 위하여 물리적 혁명을 요구하고 있습니다. 그러므로 우리는 다음의 문제를 탐구하지 않으면 안 됩니다. 즉 '그 반응은 무엇인가?', '그것은 사고의 반응인가, 아니면 인간생활의 이러한 거대한 구조의 총체성을 이해한 반응인가?'

왜 이런 분열이 존재하는 것일까요? 지난번 우리는 '관찰자'와 '관찰대상'으로써 이 문제를 탐구했습니다. 그러나 오늘은 다른 측면에서 이 문제에 접근해 보도록 합시다. 이 분열은 사고에 의하여 초래된 것이 아닐까요? 만일 그렇다면, 그 이유는 다른 문제들과 분리해서 특정한 문제의 해답을 찾으려고 했기 때문일 것입니다.

원컨대 나와 의견을 같이하지 말아주십시오. 이것은 의견을 같이 할 문제가 아닙니다. 이것은 그 진리나 잘못을 여러분 스스로 발견해야 할 문제인 것입니다. 어떤 상황하에서든 어느 때를 막론하고 내가 말하는 것을 그대로 받아들이지 말기를 바랍니다. 우리는 권위 같은 것을 가지고 있지 않습니다. 우리는 서로 탐구하고 관찰하며 보고 배우고 있을 뿐입니다.

만일 사고가 바로 그 자체의 성격과 구조에 의하여 삶을 많은 문제로 분열시키고 또한 그 해답을 고립된 해답밖에 내놓을 수 없는 사고를 통해서 발견하려고 한다면, 그것은 더 많은 혼란과 고통을 가져올 것입니다. 우리는 아무런 편견도 결론도 가지지 말고 자유로이 스스로 그것을 발견해야 합니다. 그러나 대부분의 사람들은 지적으로나 감정적으로 발견하려고 애쓰든가, 혹은 직관적으로 해답을 발견한다고 말하기도 합니다. 우리는 '직관(intuition)'이라는 말에 주의해야 합니다. 그 말에는 많은 속임수가 숨어 있습니다. 왜냐하면 우리는 자신의 희망·공포·고통 등에 의해 지시된 직관도 가질 수 있기 때문입니다. 우리는 마치 지성(intellect)과 감정(emotion)은 별개이며 감정도 육체적 반응과는 별개인 것처럼 지적 또는 감정적으로 해답을 찾으려고 애쓰고 있습니다. 철학적 개념을 수반하는 우리의 교육과 문화는 삶에 대한 이러한 지적(知的) 접근에 기초를 두고 있습니다. 즉 우리의 사회구조와 도덕은 이러한 분열에 기초를 두고 있는 것입니다.

 그렇게 만일 사고가 분열되어 있다면 대체 이것은 어떻게 분열되어 있는 것일까요? 만일 당신이 당신 자신 속에 있는 이것을 있는 그대로 관찰한다면 당신은 엄청난 것을 발견하게 될 것입니다. "이렇게 하라", "이렇게 생각하라"하고 가르쳐주는 사람이 없더라도 당신은 당신 자신에 대한 '빛(light)' 그리고 '총체적 인간(an inte-grated human being)'이 될 것입니다. 사고는 뛰어나게 이성적일 수 있기 때문에 이것은 일관적이고 논리적이며 객관적으로 건전하게 논증하지 않으면 안 됩니다. 그것은 어떠한 방해도 모순도 없이 돌아가는 컴퓨터와 같이 완전히 작동해야 합니다. 논증은 필요합니다. 건전하다는 것은 논증할 수 있는 능력의 일부입니다.

 그러면 사고는 새롭고 신선해질 수 있을까요? 모든 인간적인 문제──기계적·과학적인 문제는 제외하고──는 언제나 새로우며, 사고는 그것을 이해하고 개조하며 해설하려고 애씁니다.

 우리가 말로만이 아니라 참으로 사랑을 서로 깊이 느끼고 있다면 이 모든 분열은 없어질 것입니다. 그리고 그런 사랑은 어떠한 조건도 '나'나 '당신'이라는 중심이 없을 때에만 이루어집니다. 그러나 두뇌나 지성의 활동인 사고는 사랑할 수 없습니다. 사고는 이해되어야 합니다. 그리고 우리는 사고가 새로운 것을 발견할 수 있는지 없는지에 대해서 의문을 품어야 합니다. 그러나 삶이란 항상 새롭게 제기되는 문제에 직면할 때 사고는 그 자신이 놓여진 조건에서 그 문제를 해결하려고 하기 때문에 그것이 새로운 것이라는 것을 알 수 없습니다. 그것은 '새로운' 사고라는 것은 언제나 낡은 것이기 때문이 아닐까요?

 이미 알고 있는 바와 같이 사고라는 것은 '나'와 '내가 아닌 것'

으로 분열되어 있어, 예컨대 폭력의 문제까지도 다른 문제와 관련시키지 않고 분리해서 해결하려 한다든가 하지만, 그러나 사고는 필요한 것입니다. 테이프 리코더와 같이 온갖 정보와 경험을 축적한 두뇌가 없다면 우리는 생각한다든가 반응한다든가 하지 못할 것입니다. 사고는 언제나 과거입니다. 새로운 문제에 직면할 때 사고는 반드시 그 자신의 과거의 관점에서 이것을 해설합니다. 그리고 여기에서 분열이 일어나게 됩니다.

여러분, 잠깐 동안만이라도 모든 것을 제쳐놓고 자기 자신의 사고를 관찰해 보십시오. 그것은 과거의 반응입니다. 사고가 없다면 과거도 없을 것입니다. 즉 그것은 하나의 기억상실 상태일 것입니다. 사고는 필연적으로 삶을 과거와 현재와 미래로 갈라놓습니다. 과거라는 사고가 있는 한, 삶은 반드시 시간으로 분열됩니다. 사고를 폭력으로부터 완전히 자유롭게 하기──폭력의 문제를 완전히 총체적으로 이해하기──위해서는 사고의 구조를 이해하지 않으면 안 됩니다. 즉 사고의 구조를 이해하지 못하면 폭력을 이해할 수 없습니다. '나의 집', '나의 아내', '나의 나라', '나의 신념' 같은 것은 정말 무의미한 것입니다. 왜냐하면 그러한 사고가 폭력을 만들어내기 때문입니다. 다른 것에 대항하고 있는 영원한 '나'란 누구일까요? 이것은 어디에 기인한 것일까요? 교육일까요? 사회일까요? 아니면 기존체제일까요? 또는 교회일까요? 이 모든것과 나 자신도 이에 기초하고 있습니다. 사고는 뇌의 구조(뇌세포) 안에 존재하며, 어떤 경우에든──종교적·심리적·사회적으로──뇌가 활동할 때 그것은 반드시 조건지어져 있는 과거의 일정한 상태 속에서 활동하게 마련입니다. 따라서 문제는 사고에 있습니다. 우리는 사고가 분열되어 있는 것을 알고 있습니다. 그리고 사고는 본질적인 것이며, 절대적으로 이론적·객관적·비인격적으로 기능해야 한다는 것도 알고 있습니다.

동의를 구하려는 것은 아닙니다만, 여러분은 사고가 필연적으로 분열되어야만 한다는 것은 알고 있습니까? 세계 안에서 일어나고 있는 것들을 살펴보십시오. 국가가 모든 전쟁과 재해의 원인이라는 것을 깨달은 사고는 "그러면 모두 단결하여 국가연합을 만들자"고 말합니다. 그러나 사고는 여전히 활동을 계속하면서 그 분열을 유지하고 있습니다. 예를 들어 당신이 이탈리아인이라면 당신은 이탈리아인으로서의 주권(sovereignty)을 유지하고 있다는 말입니다. 그리고 위선이라는 분열을 유지하면서도 형제애에 대하여 서로 말하고 있습니다. 그 자체 속에서 두 가지 게임을 할 수 있는 것이 사고의 특징입니다.

따라서 사고는 우리가 갈 길이 아닙니다. 그러나 그것은 마음을 없애버린다는 뜻은 아닙니다. 그러면 어떤 문제가 일어났을 때 그것을 총체적으로 보는 것은 무엇일까요? 성(性)의 문제는 그 문화와 개인의 성격과 다양한 삶의 문제와 관련된 총체적인 문제입니다. 즉 그 문제만이 고립되어 있는 단편적인 것이 아닙니다. 어떤 마음이 각 문제를 총체적으로 볼까요?

질문 : 알겠습니다만, 아직 이해되지 않는 것이 있는데요.

크리슈나무르티 : 사고가 높은 수준이나 낮은 수준에서 무엇을 하는지 알고 있으면서도 당신은 아직도 의문을 갖고 있군요. 그러면 그 질문을 하고 있는 것은 누구일까요? 마음——두뇌, 전신경계(全神經系)——이 "나는 사고의 성질을 이해하였다"고 말할 때, 그 다음 단계는 이러한 마음이 거대하고 복잡하며 영원한 슬픔을 갖고 있는 듯한 삶 전체를 볼 수 있느냐 없느냐를 아는 일입니다. 그것만이 유일한 문제인 것입니다. 사고는 그러한 의문을 제기하지 않습니다. 마음은 사고의 전구조를 관찰한 뒤에 이것의 상대적인 가치를 알게

됩니다. 그러면 이 마음은 과거에 의하여 결코 더럽혀지지 않은 눈으로 볼 수 있을까요?

이것은 참으로 진지한 문제이며 장난삼아 던지는 문제가 아닙니다. 이것을 발견하기 위하여 자신의 에너지와 정열 그리고 삶 전체를 바쳐야 합니다. 왜냐하면 이것만이 야만과 슬픔과 타락과 부패된 모든 것으로부터 빠져나올 수 있는 유일한 길이기 때문입니다. 시간을 따라 점점 부패해가는 마음——두뇌——이 삶을 전체로 보면서 문제를 소멸시킬 수 있을 정도로 정적(靜寂)해질 수 있을까요? 문제는 단지 삶이 단편적으로 보일 때 일어납니다. 이 점을 깨달아 주시길 바랍니다. 삶을 전체적으로 보면 어떠한 문제도 일어나지 않습니다. 단편화된 마음과 정신이 문제를 만들어냅니다. 그리고 그 단편의 중심은 '나'입니다. '나'는 사고를 통해서 제공됩니다. 즉, '나' 자신은 아무런 실체도 없습니다. '나'의 집, '나'의 실망, '나'의 욕망——그 '나'는 분열된 사고의 산물입니다. 마음은 '나'가 없이 관찰할 수 있을까요? "나는 예수 또는 부처님에게 헌신하고 있다", "나는 전세계에 관심을 갖는 민주주의자가 되고 싶다"라는 등 '나'가 말하지 않으면서 관찰할 수 있을까요? 위대하다고 생각되는 것과 동일화하고(identify) 있는 '나'도 여전히 '나'인 것입니다.

여기에서 의문이 생깁니다. "나의 마음·두뇌·정신·전존재는 '나'가 없이 관찰할 수 있을까?", '나'는 과거입니다. 현재의 '나'는 없습니다. 현재란 시간적인 것이 아닙니다. 마음이 '나'로부터 해방되어 거대한 삶의 전모를 볼 수 있을까요? 여러분이 자신의 전 존재를 가지고 사고의 성질을 근본적으로 이해했을 때 완전하게 그렇게 될 수 있습니다. 사고가 무엇인가를 발견하는 데 자기의 주의, 즉 가지고 있는 모든 것을 쏟지 않으면 '나' 없이 관찰하는 일이 가능한가 아닌가를 발견할 수 없습니다. '나' 없이 관찰할 수 없다면 문제는——다른 문제와 대립하는——계속될 것입니다. 모든 인간이 지금까지와 다른 삶을 살 때, 즉 세계를 총체적인 운동으로 볼 수 있을 때에만 이러한 모든 문제는 사라지게 될 것입니다.

질문 : 당신은 서두에서 무엇이 문제를 개별적으로 해결하도록 만드는가에 대하여 말씀하셨는데 그 원인의 하나로 우리의 충동(urgency)을 들 수 있지 않을까요?

크리슈나무르티 : 사람은 위험에 직면하면 행동하게 됩니다. 거기에는 충동이란 문제도 성미가 급하다든가 하는 것도 없이 그저 행동만이 있을 뿐입니다. 그 충동과 즉각적인 행동에 대한 요구는 사고로서의 '나'가 그 위험성을 깨달을 때에만 일어납니다. 당신이 세계를 분할하고 있는 사고의 총체적인 위험성을 깨닫게 될 때 그 지각이 바로 그 충동과 행위인 것입니다. 인도 같은 데서 일어나고 있는 기근상태를 진실로 알게 되었을 때, 또한 인간이나 정부의 무감각 또는 정치가의 무능력 때문에 그런 일이 어떻게 일어났는가를 알게 되었을 때 당신은 대체 어떻게 하겠습니까? 기아 문제 한 영역만 가지고 이 문제를 다루겠습니까? 그렇지 않으면 이 모든 것은 심리적인 문제이며 사고가 만들어낸 '나'에게서 비롯된 것이라고 말하겠습니까? 만일 기아 문제를 완전히 총체적으로 이해한다면——심리적인 기아뿐만 아니라 사랑이 없는 인간적인 기아까지도——당신은 올바른 행동을 발견하게 될 것입니다. 바로 그 변화가 충동인 것입니다. 그 변화가 충동에 의해서 일어나는 것은 아닙니다.

질문 : 사고는 활동하지 않으면 안 된다고 하면서 동시에 그것은 활동할 수 없다고 당신은 말씀하시는 것 같은데요.

크리슈나무르티 : 사고는 정적(靜寂)해져야 하는 것이지만 논리

적・비개인적으로는 활동해야만 합니다. 어떻게 하면 그것이 가능할 수 있을까요?

전문가나 나에게 의존함이 없이 당신은 참으로 사고의 성질을 이해했습니까? 당신은 어떻게 자신의 사고가 움직이고 있는지 깨달았습니까? 관찰해 보십시오. 자기가 잘 알고 있는 문제가 나오면 즉시 반응하게 되지만, 좀 복잡한 문제가 나오면 반응을 일으키는 데 시간이 걸립니다. 그러나 두뇌가 그 기억이나 책을 찾아봐도 해답을 알 수 없는 문제가 나오면 "모르겠다"는 대답이 나오게 될 것입니다. 사고가 지금까지 "모르겠다"고 말해왔을까요? "모르겠다"고 말할 때의 마음은 해답을 찾지도 않고 기대하지도 않는 상태에 있는 것입니다. "모르겠다"고 말하는 마음은 지식을 가지고 작동하는 마음과는 전혀 다릅니다. 마음이 지식의 영역 내에서 기능적으로 작용하면서도 지식으로부터 완전히 자유로워질 수 있을까요? 그러나 이 두 가지는 분리되어 있는 것이 아닙니다. 무엇인가 새로운 것을 발견하고 싶을 때는 과거를 제거해야 합니다. 기억으로부터 자유로워졌을 때에만 새로운 것이 나타납니다. 그리고 마음이 완전히 정적해지고 무(nothingness)로 존재할 수 있을 때, 그 자유는 영속적일 수 있습니다. 그 무(無)와 정적은 엄청난 것이며 그로부터 지식은——기술적 지식——언제나 작용할 수 있는 상태에 있을 수 있게 됩니다. 그리고 또한 그 정적으로부터 '나'가 없이 삶의 전체를 관찰할 수 있게 됩니다.

질문 : 당신은 서두에서 물리적인 것의 변화를 추구하는 것은 소수의 독재를 초래하게 될 것이라고 말씀하신 바가 있습니다. 그러나 현재도 우리는 돈(money)과 산업(industry)의 독재하에 살고 있는 것이 아닐까요?

크리슈나무르티 : 그렇습니다. 권위가 있는 곳에는 항상 독재가 있게 마련입니다. 그러나 사회적·종교적, 그리고 인간적인 변화를 가져오기 위해서는 우선 권력을 추구하고 있는 '나'——또는 타인——라는 사고의 전체구조를 이해하지 않으면 안 됩니다. 권력을 추구하지 않고서도 마음이 존재할 수 있을까요? 대답해 보십시오.

질문 : 권력을 추구하는 것은 자연적인 것이 아닐까요?

크리슈나무르티 : 분명히 그것은 이른바 '자연적인' 것입니다. 예를 들어 개〔犬〕는 다른 개에게 권력을 휘두릅니다. 그러나 우리는 문명화되고 교육받고 지성적이 되도록 길러지고 있습니다. 천 년 이전부터 인간은 명백히 권력적으로 살아가도록 배워왔습니다.

질문 : 마음이 진작 알지 못하는 것에 대하여도 의문을 가질 수 있는지 어떤지 알고 싶은데요.

크리슈나무르티 : '나', 즉 분열되어 있는 사고인 마음이 그 자신에 대하여 의문을 가진다면 그것은 이미 해답을 발견해내고 있는 것을 뜻합니다. 왜냐하면 그것은 그 자신에 대하여 이야기하고 있기 때문입니다. 다시 말해서 그것은 다른 해머로 때린 동일한 벨(bell) 소리인 것입니다.

질문 : '나'가 없이 행동할 수 있을까요? 그렇다면 그것은 명상하면서 사는 것이 아닐까요?

크리슈나무르티 : 당신은 명상하면서, 즉 고립해서 살 수 있겠습니까? 당신에게 먹을 것이나 입을 것을 주는 것은 누구입니까? 수도원

이나 많은 종교적 사기꾼들은 그렇게 해왔습니다. 인도에는 이렇게 말하는 사람들이 있습니다. "나는 명상을 계속하고 있다. 나를 먹여주고 입혀주고 돌보아 달라. 나는 출가(出家)해 있다." 그러나 그것은 완전히 미성숙한 생활방법입니다. 당신은 아마 스스로를 고립시킬 수 없을 것입니다. 왜냐하면 당신은 언제나 과거와 주위의 사물과 관계하고 있기 때문입니다. 명상을 하며 고립해서 산다는 것은 단순한 도피이며 자기 기만입니다.

1970년 7월 23일

제5장 공포와 쾌락

> 만일 공포를 이해하고 그로부터 해방되길 원한다면 쾌락을 이해해야만 한다. 그들은 서로 관련되어 있기 때문에.

　지난번 우리는 어떻게 사고는 분열하며 그에 따라 얼마만큼 인간관계에 엄청난 갈등을 가져오는가, 즉 사고의 구조와 활동에 관해서 이야기를 나누었습니다. 오늘은 공포와 쾌락의 성질 그리고 슬픔으로부터 완전히 자유로워질 수 있느냐 하는 등의 문제에 관하여 생각해보려고 합니다. 우리는 이 문제를 다루면서 '시간'이라는 문제 전체를 주의깊게 살펴보아야 합니다. 남에게 무엇인가를 전달한다는 것은 가장 어려운 일 중의 하나입니다. 왜냐하면 그것은 말의 정확한 사용뿐만 아니라 말로써는 표현할 수 없는 정확한 지각과, 진실성과 밀접한 관련을 갖는 감각을 요구하기 때문입니다.
　내 말에 귀를 기울이고 있을 때 만일 여러분이 자신들의 편견에 따라 그 말을 해석한다는 것을 깨닫지 못하고 그저 자기 좋을 대로 나의 말을 해석한다면, 그 말은 여러분의 감옥(監獄)이 되어버릴 것입니다. 불행하게도 대부분의 사람들은 그런 감옥에 갇혀 있습니다. 여러분이 말의 의미와 그 말 속에 숨어 있는 것을 깨달을 때 비로소 서로 대화(communication)를 할 수 있게 됩니다. 서로 대화를 한다는 것은 말에 대한 이해력만이 아니라 함께 나아가고 함께 탐구하며 함께 나누고 함께 창조해간다는 것을 의미합니다. 이것은 특히 '슬픔', '시간', '공포와 쾌락의 성질'에 관하여 이야기할 때 매우 중요합니다. 이것들은 대단히 복잡한 문제입니다. 모든 인간적 문제는 대단히 복잡하기 때문에 그것을 지각하기 위해서는 엄격함과 단순성이 있어야 합니다. '엄격한(austere)'이라는 말의 의미는 일반적으로 사용되는 '엄하다(harsh)'라는 의미도, '냉담'·'규율'·'억제'라는 의미도 아닙니다. 이 '엄격한 단순성'에는 조사와 대화에 대한 이해라는 의미가 내포되어 있습니다. 마음은 진실로 민감해야 합니다. '민감성'은 지혜(intelligence)란 뜻으로서, 그것은 지적인 해석이나 감정(emotion)이나 열광(enthusiasm)을 초월한 것입니다. 시간·쾌락·공포·슬픔의 문제에 대하여 조사하고 듣고 관찰하고 배울 때에는 이러한 민감성을 갖추고 있어야 합니다. 왜냐하면 민감성만이 무엇이 진실이고 잘못인가를 즉석에서 지각시켜주기 때문입니다. 그러나 만일 지성(intellect)이 사고의 활동 속에서 분열하고 사물을 해석하게 되면, 그러한 지각은 불가능해집니다. 오늘의 이야기가 끝날 때 여러분이 사고는 이성적이고 분별력이 있으며 명확하므로 객관적으로 사고할 때는 필요하지만, 사고가 본질적으로 어떻게 인간적인 관계를 분열시키고 있는가를 이해하게 되기를 바랍니다.

　우리들 대부분에게 있어 공포는 언제나 우리를 따라다니고 있습니다. 비록 여러분이 그것을 깨닫지 못하고 있다 하더라도 그것은 각자의 마음속 깊이 숨어 있습니다. 그렇기 때문에 우리는 마음이 그 무거운 짐으로부터 완전히 총체적으로 자유로워질 수 있느냐 없느냐를 묻고 있는 것입니다. 비록 이 문제는 내가 제시하고 있지만, 그러나 이것은 당신의 문제이며 당신이 대답해야 할 일입니다. 따라서 여러분은 아주 끈기있고 섬세하게 그것을 깨닫도록 끝까지 추구해야 합니다. 그리하여 이 텐트를 나갈 때에는 여러분의 마음이 문자 그대로 공포로부터 자유로워져 있어야 합니다. 대단히 어려운 일일지 모르겠습니다만, 그것은 될 수 있는 일입니다. 신경의 복잡한 활동 결과에 의하여 공포를 만들어 내도록 조건지어져 있는 마음에 대하여 공포로부터 완전히 자유로워질 수 있느냐 없느냐를 물어보는 것조차 그 자체로서 문제인 것입니다. 문제라는 것은 해결할 수 없을 때, 그냥 지나칠 수가 없어 우물쭈물하고 있을 때에만 일어납니다. 당신은 공포의 문제를 해결했다고 생각할지도 모르겠지만, 그것은 여러 가지 다른 형태로 몇 번이고 일어나는 것입니다. "그것을 해결하는 것은 불가능하다"고 말하는 사람은 이미 벌써 스스로 자신을 그 가능성으로부터 봉쇄시키고 있는 것입니다. 우리는 공포의 문제와 그것의 완전한 해결에 이르는 길을 스스로 가로막거나 봉쇄하지 않도록 주의해야 합니다.

어떠한 공포도 심리적·정신적·물리적으로 갖가지 해로운 활동을 만들어냅니다. '안전'이라는 문제는 모두가 육체적으로나 심리적으로 일어납니다. 이 점을 깨달아 주십시오. 왜냐하면 우리는 주의──당신의 동의나 해석이 아닌 당신의 지각, 당신이 있는 그대로 사물을 본다는 것──를 필요로 하는 것에 대하여 조사하고 있기 때문입니다. 해설자 같은 것은 필요없습니다. 여러분 스스로 조사하며, 스스로 발견하도록 하십시오.

대부분의 사람들은 물리적인 공포를 갖고 있습니다. 예컨대 온갖 고뇌와 권태로운 고통을 주는 병에 대한 공포, 혹은 물리적 위험과 직면할 때의 공포 등이 있습니다. 당신은 어떤 물리적 위험과 직면할 때 공포를 느낍니까? 인도나 아프리카의 오지에서 곰이나 뱀이나 호랑이를 만났을 때 취하는 사람의 행동은 의식적으로 신중하게 생각해낸 것이 아닌 본능적인 것입니다. 그러면 그 행동은 공포에서 나오는 것일까요? 또는 지혜에서 나오는 것일까요? 우리는 지금 공포에서 나오는 행위와 비교하면서 지혜있는 행위를 찾으려고 하고 있습니다. 뱀을 만나면 도망을 가든가, 땀을 흘리든가 아무튼 어떻게 해보려는 직접적인 물리적 반응만을 하게 됩니다. 즉 조건반사적인 반응만을 보이게 됩니다. 왜냐하면 우리는 옛부터 뱀이나 야수에 주의하라는 말을 들어왔기 때문입니다. 두뇌, 즉 신경계통은 본능적으로 그 자신을 지키기 위해 자연적이고 지혜있는 반응을 하게 됩니다. 육체적인 생리기관을 지키는 것은 필요한 일입니다. 즉, 뱀은 위험한 것이며 그로부터 몸을 지키려는 반응은 지혜있는 행위인 것입니다.

그러면 다음에는 육체적인 고통을 살펴보도록 합시다. 우리는 전에 고통을 겪은 경험이 있어 그런 고통을 또다시 겪게 되지는 않을까 하고 두려워합니다. 공포는 어제 혹은 몇 년 전에 일어났던 일을 생각하고 내일 혹시 그런 일이 일어나지 않을까 하고 생각하는 것, 즉 사고에 의하여 일어납니다. 조사해 보십시오. 당신의 반응과 지금까지의 당신의 활동을 살펴보십시오. 공포는 의식적 또는 무의식적인 시간(time)으로서의 사고의 산물입니다. 이때의 시간은 연대기(年代記)적인 것이 아니라 이전에 일어났던 일을 생각하며 또다시 그것이 일어나지 않을까 하는 공포를 낳게 하는 시간을 말합니다. 요컨대 사고는 시간인 것입니다. 그리고 그 사고가 공포를 만들어냅니다. '내일 죽을지 모른다', '과거에 경험했던 일의 영향을 받을지도 모른다'라는 생각이 공포를 길러주는 것입니다. '영향을 받고 싶지 않은 일이 일어났다', '현재 불가능한 일을 언젠가는 해보고 싶다'——이 모든 것은 시간적 사고의 산물입니다.

그러면 시간적인 간격을 두고 공포를 길러내고 있는 이러한 시간으로서의 사고의 운동을 정지시킬 수 있을까요? 이런 나의 질문을 이해할 수 있겠습니까? 한편으로는 자기 보호, 즉 자연적이고 지혜있는 반응——살아 남기 위한 육체적 필요조건——과 '자기 방어'라는 지혜있는 행위가 있습니다. 그리고 다른 한편으로는 무엇인가를 생각하며 미래에 일어날지도 모를 일이나 일어나지 않을지도 모르는 일의 가능성을 투영해서 공포를 길러내는 사고가 있습니다. 따라서 문제는 '그처럼 성급하고 끈기있고 교묘한 이러한 사고의 운동을 자연스럽게 정지시킬 수 있을까?' 하는 것입니다. 그것도 반항하지 않고 말입니다. 만일 반항한다면 이것 또한 사고의 산물인 것입니다. 의지(意志)로써 그것을 정지시키려 해도 이것 또한 여전히 사고의 산물인 것입니다. "나는 결코 그런 식으로 사고하지 않겠다" 라고 할 때 그 "나는…… 하지 않겠다"고 말하는 실체는 누구일까요? 무엇인가 다른 것을 달성하기 위하여 그러한 사고의 운동을 정지시키려고 하는 것도 여전히 사고의 산물입니다. 사고는 그것을 투영할지도 모르며 그 목적을 달성할 수 없을지도 모릅니다. 따라서 거기에서 또다시 복잡한 공포가 일어나게 됩니다.

그래서 우리는 묻습니다. "이처럼 많은 심리적 공포를 만들어온 사고의 전활동을 자연스럽고 간단하게 정지시킬 수는 없을까?" 하고 말입니다. 만일 노력을 기울인다면, 그것은 여전히 사고이기 때문에 공포를 낳게 됩니다. 즉 그것은 시간적인 것입니다. 우리는 사고가 자연스럽게 정지되어서 두 번 다시 공포를 만들어내지 않는 길을 발견해야 합니다.

우리는 단순히 말뿐만이 아니라 진정으로 대화를 하고 있을까요? 여러분은 물론 이 생각을 명확하게 알고 있을 것으로 생각합니다만, 우리는 이 생각을 말로서만이 아니라 우리의 일상적인 공포와의 관련 속에서 이해하려고 하고 있는 것입니다. 우리는 자신들의 삶에 관한 묘사에 대하여 말하고 있는 것이 아닙니다. 묘사된 것은 현실이 아닙니다. 즉 해설은 해설되는 것이 아니며, 말은 사물 자체가 아닌 것입니다. 여러분의 삶──즉 공포──은 나의 말에 영향을 받지 않습니다. 따라서 여러분 스스로 귀를 기울이며 공포 속으로 뛰어들어야 합니다. 그리고 어떤 방식으로 사고가 그 공포를 만들어내고 있는가를 깨달아야 합니다.

우리는 지금 공포를 낳고 기르며 유지하고 양육하고 있는 사고의 활동이 어떠한 저항도 하지 않고 자연히 정지할 수 있는가 없는가를 조사하고 있습니다. 그러나 우리는 그에 대한 참된 해답을 얻기 전에 '쾌락의 추구'라는 것을 탐구하지 않으면 안 됩니다. 왜냐하면 쾌락을 요구하는 것 역시 사고이기 때문입니다. 당신이 어제 멋진 저녁 노을을 보고 거기에서 커다란 즐거움을 느꼈다면, 사고는 이에 개입해서 이렇게 말했을 것입니다. "어쩌면 저렇게 아름다울까. 내일 또 한 번 보았으면 좋겠다"고 말입니다. 그것은 저녁 노을이라도 좋고, 누구에게서 칭찬받은 것이라도 좋고, 섹스의 경험이라도 좋고, 하고 싶었던 일을 달성한 것이라도 좋습니다. 이것은 모두 동일한 것으로서 당신에게 쾌락을 제공합니다. 과거에 성적(性的)으로나 예술적으로 경험했던 일을 반복함으로써 무엇인가를 성취한다든가 성공했을 때, 또는 자기의 미래를 예상할 수 있을 때 쾌락이 있게 됩니다.

사회적 도덕이란 쾌락에 기초를 둔 것이며, 따라서 그것은 전혀 도덕이 아닌 것입니다. 사회적 도덕은 부도덕한 것입니다. 그러나 이것은 사회적 도덕에 저항해야 도덕적이 된다는 뜻은 아닙니다. 좋아하는 일을 하며 좋아하는 사람과 함께 잠을 자야 도덕적인 인간이 될 수 있다는 뜻이 아닙니다. 공포를 이해하고 그로부터 자유로워지려는 사람은 또한 쾌락도 이해해야 합니다. 이것들은 서로 상관관계에 있습니다. 그러나 이것은 쾌락에 굴복하라는 의미는 아닙니다. 모든 종교단체──이들은 지금까지 문명의 독(毒)이었습니다──는 "결코 쾌락도 섹스도 추구해서는 안 된다. 고민하는 인간으로서 하느님을 가까이 해야 한다. 여인을 보아서도 안 되며, 섹스 등을 연상시키는 것은 그 어느 것도 보아서는 안 된다. 쾌락도 욕망도 가져서는 안 된다"고 말해왔습니다. 그리하여 욕망이 생길 때는 성서를 읽고 기타(Gita) 성전의 말을 반복하면서 그런 욕망을 억제시키려고 하지만 이런 일은 무의미한 것입니다.

공포와 쾌락은 동전의 양면과 같아서 한쪽에 자유가 없으면 다른 쪽에도 자유가 없습니다. '언제나 쾌락을 누리고 싶지만 공포로부터 자유로워지고 싶다'——이것이 여러분이 관심을 가지고 있는 모두입니다. 그러나 내일의 쾌락이 부정되면 욕구불만—— 불성취감·분노·걱정·죄의식—— 을 느끼고 온갖 심리적인 고통이 일어난다는 것을 여러분은 깨닫지 못하고 있습니다. 그러므로 우리는 쾌락과 공포를 함께 보아야 합니다. 그리고 쾌락을 이해하는 동시에 기쁨도 이해해야 합니다. 쾌락은 즐거움일까요? 산다는 즐거움과 쾌락은 전혀 다른 것이 아닐까요?

우리는 공포와 쾌락을 만들어내고 유지시키는 마음을 어떠한 노력의 기울임도 없이 자연적으로 정지시킬 수 있느냐 없느냐 하는 것을 물었습니다. 공포에는 인간이 깨닫고 있는 것보다 훨씬 더 중요한 부분으로 작용하고 있는 무의식적인 공포가 있습니다. 여러분은 어떻게 그 무의식적인 공포를 발견할 것입니까? 또는 분석할 것입니까? "공포를 분석해 보자"고 말하는 그 분석자는 누구일까요? 그 사람도 공포의 일부가 아닐까요? 그러므로 그 자신의 공포에 대한 그의 분석은 전혀 아무런 가치도 없는 것입니다. 여러분이 정신분석가에게로 간다 하더라도 그 역시 '프로이트(Freud)'나 '융(Jung)'이나 '아들러(Adler)' 등에 의해 조건지어져 있어 그런 조건에서 여러분을 분석하기 때문에 그도 여러분을 자유롭게 해줄 수는 없습니다. 전에도 몇 번 말했듯이 분석이란 행동의 부정인 것입니다.

그러면 분석에는 조금도 가치가 없다는 것을 알게 된 여러분은 어떻게 무의식의 공포를 발견하시겠습니까? 자신의 꿈을 조사해볼 생각이라면 또다시 같은 문제가 일어나게 될 것입니다. 꿈을 조사하고 있는 실체는 누구일까요? 그것은 많은 단편 중의 하나가 아닐까요? 따라서 여러분은 이와는 완전히 다른 의문을 가져야 합니다. 즉 '도대체 왜 나는 꿈을 꾸는 것일까?'라는 의문을 말입니다. 꿈이란 낮에 있었던 여러 가지 행동의 단순한 연속에 불과합니다. 그러면 어떻게 그 행동을 이해하고 정지시킬 수가 있을까요? 어떻게 하면 마음이 그 동기라든가, 충동, 복잡성, 프라이드, 야심, 욕구불만, 성취하고 싶은 마음, 목표로 삼고 있는 인간 등에 대하여 일상적으로 깨달을 수 있을까요? 관찰자가 없이 그 사고의 운동을 언제나 지켜볼 수 있을까요? 왜냐하면 만일 관찰자가 있다면 그 관찰자는 사고의 일부이며 다른 부분으로부터 그 자신을 분리해서 관찰하는 척하는 권위만 보이게 되기 때문입니다.

여러분이 언제나 전체적인 자기의 활동——사고나 감각——을 해석하지 않고 관찰한다면 꿈에는 거의 의미가 없다는 것을 알게 될 것입니다. 그리고 결코 꿈 같은 것은 꾸지 않게 될 것입니다. 대낮에 잠에 빠져 있지 않다면——즉 자기의 신념이나 선입관이나 헛된 자부심이나 얼마 되지 않는 지식을 자랑삼지 않는다면——꿈은 꾸지 않게 되고 사고가 정적해진 것을 깨닫게 될 것입니다.

사고는 언제나 공포를 추구하고 유지하며 회피하기도 합니다. 그리고 쾌락적이었던 것을 계속 생각하면서 쾌락을 만들어내고 있습니다. 슬픔을 만들어내는 공포와 쾌락에 속박되어 있으면서 이 모든 것을 종식시킬 수 있을까요? 온갖 이러한 쾌락과 공포의 운동을 만들어내고 있는 기계적인 마음이 어떻게 하면 저절로 정지될 수 있을까요? 그것이 문제인 것입니다. 어떻게 하시겠습니까? 단념하겠습니까? 그렇지 않으면 머리를 길게 기르고 다리 밑에서 잠을 자든가, 반항을 하든가, 싸움을 하든가, 혹은 익숙해진 전쟁을 계속하면서 '평화'를 외칠 뿐인, 결국은 이제까지와 같은 쾌락과 공포라는 부르주아적인 마음 바로 그 성질 속에서 살겠습니까? 여러분이 생각하고 있는 일은 모두가 공포와 쾌락에 기초하고 있는 것으로 바로 부르주아적인 마음의 성질 그것인 것입니다. 그것에 직면하십시오! 여러분은 이 문제를 어떻게 해결할 것입니까? 여러분이 참으로 완전히 다른 삶이나 사회, 도덕을 원한다면 이 문제를 해결하지 않으면 안됩니다. 그러나 젊은 사람은 이렇게 말할지도 모릅니다. "그런 것은 중요한 문제가 아니다. 나는 '인스턴트'적 쾌락, '인스턴트'적 공포를 원하므로"라고. 그러나 결국 그것은 똑같은 것으로서 그런 것을 얻고난 뒤에 자신이 속박되어 있는 것을 깨닫게 됩니다. 이것은 여러분 자신의 문제이기 때문에 어떤 권위자도 이것을 대신하여 해결할 수 없습니다. 목사나 심리학자와 같은 권위자도 지금까지 이 문제를 해결하지 못해 왔습니다. 그들은 당신에게 약이나 신앙이나 의식(儀式)과 같은 종교의 이름 하에 행해진 온갖 서커스――갖가지 도피구――를 제공해왔지만, '공포와 쾌락'이라는 근본적 문제는 해결하지 못했습니다. 여러분이 그것을 해결해야 합니다. 어떻게 하시겠습니까? 그 누구도 이 문제를 대신하여 해결하지 못할 것이라는 것을 명심하십시오. 그 누구도 대신하여 해결하지 못할 것이라는 것을 알게 되었을 때 당신은 이미 부르주아 세계로부터 자유로워지기 시작한 것입니다.

공포와 쾌락의 문제를 해결할 때까지는 슬픔――개인적인 슬픔도, 세계적인 슬픔도――은 불가피하게 존재하게 됩니다. 당신은 세계적인 슬픔을 알고 있습니까? 세계에서 무엇이 일어나고 있는지 알고 계십니까? 그것은 외면적인 것만이 아니라 내면적인 것도 포함하고 있습니다. 전쟁이나 정치적 재난뿐만 아니라, 개인의 거대한 고독감, 깊은 욕구불만, 이와 같이 거대하고 비정하고 냉담한 세계의 완전한 사랑의 결핍 등을 포함하고 있습니다. 이 문제를 해결할 때까지 슬픔은 불가피하게 계속 존재하게 됩니다. 그리고 시간은 그것을 해결해 주지 못합니다. "이런 일들은 내일 생각하자. 인스턴트적 쾌락을 즐기고 싶다. 그로부터 생기는 공포는 참겠다"는 식으로 말할 수는 없습니다. 누가 당신에게 해답을 가르쳐 주겠습니까? 이와 같은 의문을 제기한 후 그 문제의 복잡성을 깨닫고 이 지상의 그 누구도, 전에 당신이 믿어왔던 어떠한 신성한 힘도 이러한 본질적인 문제를 해결하지 못하리라는 것을 깨달았을 때 여러분은 이에 대해 어떻게 반응할까요? 이와 같이 중대한 문제에 직면했을 때 여러분이 참으로 정직하여 위선적인 체한다든가 그것을 피하려고 꽁무니를 뺀다든지 하지 않는다면 여러분은 어떠한 대답도 하지 못할 것입니다. 그러면 그것을 자연적으로 종식시킬 수 있는 길을 여러분은 어떻게 발견할 예정입니까? 그것도 어떠한 방법도 사용하지 않고 말입니다. 왜냐하면 방법에는 시간이 포함되어 있기 때문입니다. 누군가가 제공한 방법을 채용한다면 그 마음은 점점 더 기계적으로 되어서 그 '방법'과 '존재하는 것' 사이에 더욱 커다란 모순을 초래하게 됩니다. 방법은 무엇인가를 약속합니다. 그러나 현실적으로 당신은 공포를 갖고 있습니다. 즉 방법의 실행은 당신을 '존재하는 것'으로부터 점점 더 멀어지게 하며 의식적으로나 무의식적으로 모순이 증가하게 합니다. 자아, 어떻게 하시겠습니까?

지금까지 이 모든 것을 들어온 마음, 즉 뇌에 무엇이 일어났습니까? 들어왔다는 것은 조금밖에 듣지 않았다는 의미가 아니라 실제로 들었으며 공유하고 교류하며 배웠다는 의미입니다. 매우 주의를 기울여 이 문제의 복잡성에 대해서 듣고 나서 그 자신의 공포를 깨닫게 되고 또한 사고가 어떻게 공포와 쾌락을 길러왔고 유지시켜왔는가를 깨닫게 된 당신의 마음에 무엇이 일어났습니까? 지금까지 들어온 그 마음의 본질에 무엇이 일어났습니까? 여러분의 마음의 본질이 오늘 아침 우리가 이야기를 시작했을 때와 전혀 달라졌습니까? 그렇지 않으면 당신의 마음은 쾌락과 공포에 사로잡혀 아직도 전과 똑같이 되풀이되고 있습니까? 마음에 새로운 변화가 일어났습니까? 당신의 마음은 '공포와 쾌락은 정지되어야 된다'고 말하지 않으며 단지 관찰에 의하여 배우고 있습니까? 공포와 쾌락을 짊어지고 있을 때보다 마음이 좀더 민감해지지 않았습니까? 그 무거운 짐에 대해 배웠으므로 다소 그 짐을 내려놓게 되었습니까? 그 짐을 내려놓지 않아서 지금 조심해서 걷고 있습니까?

　어떠한 결심이나 노력을 통해서가 아닌 단지 관찰만으로 이 문제를 참으로 추구해왔다면 그 마음은 민감하며 매우 지혜있게 되어 있을 것입니다. 그렇게 되면 공포가 생기더라도 당신은 쾌락적이거나 억압적이거나 도피적으로 되지 않고 지혜가 이에 반응하게 됩니다. 그 무거운 짐을 보게 되면 지혜와 민감성이 나타나면서 그 무거운 짐을 제거해 버립니다. 그리고 그것은 놀랄 정도로 활동적이 되면서 '지금까지와 같은 쾌락이 삶의 길이 아니라면 삶은 하찮은 것일까? 나는 결코 삶을 즐길 수 없는 것일까?' 하는 지금까지와는 전혀 다른 의문을 제기할 수 있게 됩니다.

　쾌락과 즐거움은 다른 것일까요? 여러분은 지금까지 쾌락과 공포 속에서 살아왔습니다. 섹스라든가 음식이라든가 동물을 죽여서 그 고기를 먹는다든가 하는 '인스턴트'적 쾌락 속에서 말입니다. 그것이 당신의 지금까지의 생활방식이었습니다. 그러나 조사에 의하여 쾌락이 살아가는 길이 아니라는 것을 갑자기 깨닫게 되었습니다. 왜냐하면 쾌락이 인도하는 것은 공포·욕구불만·고통·슬픔, 그리고 사회적·개인적인 혼란 등이기 때문입니다. 그리하여 당신은 전혀 다른 의문을 제기하게 됩니다. '사고나 쾌락과 관련이 없는 기쁨이 있을까?' 왜냐하면 그것이 사고와 관련을 맺고 있다면, 그것 또한 쾌락과 공포가 되어버리기 때문입니다. 그러면 쾌락과 공포를 이해하고 난 다음 매일매일 쾌락과 공포에 휩쓸리지 않는 기쁨이 넘치는 삶의 길이 있을까요? 저 산이나 계곡의 아름다움, 저 언덕의 불빛, 저 나무나 흐르는 강물을 보고 즐거워하게 됩니다. 그러나 이때는 "저것은 어쩌면 저렇게 아름다울까"라고 말할 때도, 사고가 쾌락의 수단으로 사용될 때도 아닙니다.

　우리는 저 산이나 나무의 움직임이나 남자나 여자의 얼굴을 보고 즐거워할 수 있습니다. 그것뿐이라면 그것으로 끝납니다. 그러나 그것을 사고로 끌어들이기 때문에 고통과 쾌락이 시작되는 것입니다. 당신은 보는 것만으로 끝내버릴 수 있습니까? 이 점에 유의해 주십시오. 저 산을 보고 충분히 즐길 수 있습니까? 그것을 사고에 끌어들여 내일까지 연장시키지 마십시오. 이것은 그것이 위험하다는 것을 당신이 깨닫는다는 것을 의미합니다. 당신은 대단히 많은 쾌락을 갖고 있어서 "이제는 그만"이라고 말할지도 모릅니다. 그러나 정말 "이제는 그만"일까요? 마음이 의식적이거나 또는 무의식적으로 '다시금 그 일이 일어났으면' 하고 생각하며 바라고 있는 것은 아닐까요?

여기서 사고는 아무런 즐거움도 가지고 있지 않다는 것을 알 수 있습니다. 이것은 우리 자신들에게 있어 굉장한 발견입니다. 이것은 지금까지 들은 말도 글도 해설도 아닙니다. '즐거움'·'기쁨'·'행복감' 사이에는 커다란 차이가 있습니다.

서양의 초기 종교적 그림에서는 감각에 호소하는 쾌락은 모두 기피되고 있다는 사실을 알고 있습니까? 고통을 받는 육체나 성모 마리아 이외에는 아무런 풍경도 그려져 있지 않습니다. 그 이유는 풍경은 쾌락이므로 눈이 그곳으로 쏠리지 못하도록 하기 위해서였을 것입니다. 단지 훨씬 후에야 중국과 인도에서 풍경이 도입되어 생활의 일부분이 되게 되었던 것입니다. 여러분은 이 모든 것을 관찰할 수 있으며, 아무런 노력 없이도 황홀하고 쾌락도 공포도 사고도 섞이지 않은 삶의 아름다움을 발견할 수 있습니다.

질문 : 나는 때때로 미래에 일어날 일을 꿈에서 보곤 합니다. 그리고 그것은 정확합니다. 당신이 이 모임에 와서 갈색 코트를 그곳에 벗어놓고 마이크를 조절하는 것도 꿈에서 보았습니다. 어제 꿈에서 정확하게 보았습니다.

크리슈나무르티 : 당신은 그것을 어떻게 설명합니까? 대체 왜 미래에 일어날 일을 그처럼 중요시합니까? 무엇 때문입니까? 점성가나 예언자나 손금 보는 사람들의 말이 적중할 때 우리는 왜 그다지도 마음이 끌리는 것일까요? 왜 당신은 현실의 일상생활에 관심을 갖지 않습니까? 당신은 '깨닫지 못하고' 있지만 거기에 모든 보배가 있습니다. 지금 여기에서 귀를 기울여온 까닭에 당신의 마음은 다소라도——'완전'하게는 아니지만——민감하게 되어 자연히 오늘이나 내일, 그 어느 쪽을 보다 세밀히 관찰하게 될 것입니다. 그것은 마치 비행기 위에서 강의 양 기슭을 지나가는 두 척의 보트를 보고 있는 것과 같은 것으로 그 두 척의 배가 마주치는 장소가 미래인 것입니다. 다소나마 민감한 마음은 현재에 일어나고 있는 것을 지각하는 것과 같이 내일 일어날 일도 지각합니다. 대부분의 우리들은 현재에 일어나는 일보다 내일 일어날 일을 중요시하고 있습니다. 그러나 깊이 탐구해 보면 전혀 아무것도 '일어나지 않는다'는 것을 알게 될 것입니다. 즉 '일어난다'는 것 모두가 삶의 일부인 것입니다. 왜 당신은 '경험'을 추구합니까? 민감하고 활발하고 명석한 마음이 '경험'을 추구할까요? 스스로 자문자답(自問自答)해 보십시오.

질문 : 당신은 우리에게 우리 자신의 일상생활의 행동을 관찰하라고 말씀하셨는데, 관찰해야 할 것과 관찰할 시간을 결정해 주는 실체는 무엇입니까? 그리고 관찰할 것인가 안할 것인가를 결정하는 것은 누구입니까?

크리슈나무르티 : 당신은 관찰하려고 결심했습니까? 아니면 단순히 관찰할 뿐입니까? 당신은 결심하고 나서 "나는 이제부터 관찰하며 배우려 한다"고 말합니다. 그렇기 때문에 '결심하고 있는 것은 누구인가?'라는 의문이 나오게 되는 것입니다. "하지 않으면 안 된다"고

말하고 있는 것은 당신의 의지입니다. 그리고 그것이 실패하면 그 자신을 더욱더 꾸짖으면서 "하지 않으면 안 된다, 하지 않으면 안 된다, 하지 않으면 안 된다"고 말합니다. 이렇게 거기에는 갈등이 존재하게 됩니다. 그러므로 관찰하겠다고 결심한 마음은 전혀 관찰하고 있지 않은 것입니다.

길을 걷다가 누군가를 지나칠 때 당신은 그 사람을 관찰하고 이렇게 말할지도 모릅니다. "어쩌면 저렇게도 못생겼을까?", "어쩌면 저렇게 냄새가 날까?", "저 사람은 저런 일을 하지 않는 것이 좋을 텐데"라고. 그리고 당신은 지나가는 사람에 대한 자기의 반응을 깨닫습니다──즉 심판한다든가 비난한다든가 정당화하고 있는 자기를 깨닫습니다. 그때 당신은 관찰하고 있는 것입니다. "심판해서는 안 된다", "정당화해서는 안 된다"라는 등의 말은 하지 마십시오. 자신의 반응을 깨닫고 있는 동안에는 어떠한 결심도 존재하지 않습니다. 어제 자신을 모욕한 사람을 만나면 우리는 즉시 화를 내거나 신경질을 내거나 그 사람을 미워하기 시작합니다. 이와 같은 당신의 좋고 나쁜 점을 모두 깨달아 주십시오. 결코 깨달으려고 결심해서는 안 됩니다. 관찰하십시오. 그러나 '관찰자'와 '관찰대상'이 존재하지 않는 태도로 말입니다. 그렇게 하면 관찰만이 있게 됩니다. 당신이 관찰을 축적할 때에만 '관찰자'는 존재합니다. 즉 "그는 나를 칭찬했으니 친구다", "그는 나를 화나게 하든가 내가 싫어하는 말만 했으니 친구가 아니다"고 말할 때 '관찰자'가 존재하게 된다는 말입니다. 그 관찰의 축적이 '관찰자'입니다. 축적이 없이 관찰하면 판단은 없게 됩니다. 당신에게도 이것은 언제나 가능합니다. 그런 관찰은 한정된 결심을 자연히 낳지만, 그것은 지금까지 관찰해온 것을 축적해온 관찰자가 만든 것이 아니라 자연적인 결과인 것입니다.

질문 : 당신은 서두에서 야수에 대한 자기 보호라는 본능적 반응은

공포가 아니라 지혜이며, 공포를 만들어내는 사고와는 전혀 다른 것이라고 말씀하셨는데요.

 크리슈나무르티 : 그러면 다른 것이 아니라는 말입니까? 당신은 공포를 만들어내며 유지시키는 사고와 '주의하라'고 말하는 지혜와의 차이를 관찰하고 있지 않습니까? 사고는 국가주의, 인종차별, '특정한 도덕적 가치의 수용'을 지금까지 만들어 왔으면서도 그 위험성을 깨닫지 못하고 있습니다. 그러나 만일 그 위험성을 깨닫는다면 뱀을 만났을 때와 같이 공포에 의한 반응이 아닌 지혜에 의한 반응이 일어나게 될 것입니다. 뱀을 만나면 '자기 보호'라는 자연적 반응이 일어납니다. 그러나 사고의 산물이고 사람들을 분열시키며 전쟁 원인의 하나인 국가주의를 만나도 사고는 그 위험성을 전혀 깨닫지 못합니다.

1970년 7월 26일

제6장   사고의 기계적 활동

> 사고의 전체운동을 이해하고 있는
> 마음은 대단히 정적해져서 절대적
> 으로 침묵한다.

　우리는 지금까지 사고의 중요성과 비중요성에 대하여──사고는 여러 가지 활동을 하고 있지만, 그 자신의 영역 안에서는 한정된 자유밖에 없다는 것──말해 왔습니다. 그리고 우리는 총체적으로 조건지어지지 않은 마음의 상태에 대해서도 말했습니다. 그러므로 오늘 아침에는 조건지어짐이라는 문제에 대하여 이야기해 보도록 합시다. 그것도 '문화적인 조건지어짐'이라는 표면적인 것만이 아니라 어떻게 해서 조건지어지게 되는가 하는 데 대해서도 얘기해 보도록 합시다. 우리는 조건지어져 있지 않은, 조건지어진 것을 초월한 마음의 본질을 탐구할 수 있습니다. 사랑을 발견하기 위해서는 이 문제를 깊이 탐구하지 않으면 안 됩니다. 사랑을 이해하게 되면, 아마 죽음의 의의도 이해할 수 있게 될 것입니다.
　그러므로 우선 우리는 마음이 조건지어진 것에서 총체적으로 완전하게 자유로워질 수 있느냐 하는 것을 발견해 보도록 합시다. 우리가 표면적으로 그 문화·사회·유행·애국주의·특정한 종교나 교육, 또는 환경의 영향 등으로 조건지어져 있는 것은 명백합니다. 나는 그 나라나 민족에 관계없이 많은 사람들이 각각 특정한 문화나 종교로 조건지어져 있는 것은 명백하다고 생각합니다. 사람들은 그렇게 일정하게 틀이 잡혀 있지만 그런 조건지어짐은 간단하게 제거될 수 있습니다.

　그리고 다음으로는 삶에 대하여 공격적인 태도를 취하고 있는 보다 깊은 조건지어짐이 우리들에게 있습니다. '공격적'이라는 의미는 '우월적인 정신'——권력·재산·명성을 추구하는 정신적 태도——이라는 뜻입니다. 그로부터 완전히 자유로워지기 위해서는 매우 깊이 탐구해야 합니다. 왜냐하면 그런 정신은 대단히 교묘하고 또한 수없이 다른 형태를 취하기 때문입니다. 그런데 여러분은 자기는 공격적이 아니라고 생각하고 있을지도 모르겠습니다. 그러나 그것을 말로 표현하든 안하든 간에 여러분은 하나의 이상, 의견, 또는 평가를 가지는 순간 '독단'이라는 감각을 갖게 되며 그것은 차츰 공격적이며 폭력적인 것으로 되어 갑니다. 우리는 이것을 우리 자신 속에서 볼 수 있습니다. '공격'이라는 말의 이면에는——아무리 그것을 우아하게 말한다고 해도——폭력이나 속임수나 지배적이며 강제적인 행위가 있으며 거기에서 잔혹한 행위나 폭력이 초래하게 됩니다. 동물로부터 유래되었든가, 독단적인 쾌락으로 그렇게 되었든 간에 자기 안에 있는 그 공격적인 조건지어짐을 발견하지 않으면 안 됩니다. 우리는 '전진한다'는 것을 의미하는 그 말의 총체적인 의미에서 공격적인 인간이 된 것일까요?

　또 다른 형태의 조건지어짐으로서는 '비교'라는 것이 있습니다. 사람들은 자기가 생각하고 있는 '훌륭한 일'이나 '영웅적인 일'에다 자기를 비교해 보기도 하고, '희망적인 자기'와 '현실의 자기'를 비교하기도 합니다. 비교해 보면서 추구한다는 것은 조건지어짐의 형식의 하나로서 대단히 교묘한 것입니다. 인간은 자기보다 약간 지성적인 사람이나 더 아름다운 사람과 자기를 비교합니다. 명확하게 혹은 은밀하게 연속되는 독백이 '비교'라는 형식으로 우리에게 말을 걸고 있는 것입니다. 당신 내부에서 그것을 관찰해 보십시오. 비교가 있는 곳에는 '달성해 보자'라는 공격이 있는 것입니다. 그리고 달성하지 못할 때에는 불만이나 열등감이 생깁니다. 우리는 어릴 때부터 비교해 보도록 교육을 받아 왔습니다. 우리의 교육체계는 비교, 즉 시험의 채점에 기준을 두고 있습니다. 자기와 똑똑한 다른 사람을 비교해볼 때 거기에서 선망이나 질투 같은 여러 가지 투쟁이 생기게 됩니다. 훌륭하다고 생각되는 것과 자기를 대조해 보는 일, 즉 비교는 측정을 의미합니다.

  마음은 사회적·문화적인 조건지어짐이라든가, 측정하며 비교해 보는 마음이라든가, 공포와 쾌락, 보상과 벌과 같은 조건지어짐으로부터 자유로워질 수 있을까요? 우리의 도덕과 종교는 전체적으로 이런 것에 기초하고 있습니다. 왜 우리는 조건지어져 있을까요? 여기에 있는 여러분은 자신을 조건지우는 외적 영향과 '조건지어졌으면 좋겠다'는 자발적인 정신적 요구를 깨닫고 있습니다. 그러면 왜 우리는 조건지어짐을 받아들이고 있는 것일까요? 왜 마음은 그 자신을 조건지우도록 하는 것일까요? 대체 그 이면에 있는 요소는 무엇일까요? 왜 나는 나를 '인도 사람'이라고 부르는 특정한 나라와 문화 속에서 태어났으며, 가정이나 사회에 의해 부여된 온갖 미신이나 전통을 따르도록 조건지어진 상태를 받아들이고 있는 것일까요? 그 이면에는 어떤 충동이 숨어 있는 것일까요? 언제나 그런 조건지어짐을 요구한다든가 묵인한다든가 혹은 거기에 저항하게 하는 요소는 무엇일까요? 우리는 특정한 형식을 따르고 있는 나라 속에서 무사하며 안전한 것을 추구하고 있는 자신을 깨달을 수 있습니다. 만일 그 형식에 따르지 않게 되면 나는 일자리도 잃고 수입도 없는 쓸모없는 인간이 될지도 모릅니다. 그리고 그런 형식에 대해 저항하기도 하지만, 이 또한 저항이라는 것에 조건지어져 있는 것입니다. 요즘 젊은 이들은 이렇게 하고 있습니다. 우리는 자기 자신을 순응시키고 있는 충동을 깨달아야 합니다. 당신 자신이 그것을 발견할 때까지는 당신은 언제나 표면적 또는 내면적으로 조건지어져 있는 상태 그대로 살게 되며 그리고 그것은 태어나서 죽을 때까지 계속됩니다. 여러분은 거기에 반항하거나 혹은 또 다른 철학이나 수도원 같은 데 투신해서 또 다른 조건지어짐으로 피신할 지도 모릅니다. 그러나 그것은 전혀 동일한 행동인 것입니다. 언제나 여러 가지 조건지어짐을 받아들이려고 하는 그 행동의 기계성은 무엇일까요?

사고란 영원히 조건지어진 것입니다. 왜냐하면 그것은 과거의 기억의 반응이기 때문입니다. 사고는 언제나 기계적이기 때문에 간단히 '형식'이나 '관습'에 빠져서 '공산주의 형식'이나 '카톨릭적 관습'에 의한 행동을 하며 그것을 활동적이라고 생각합니다. 행동은 가장 간단하고 기계적인 것입니다. 그리고 우리는 자신들이 살아 있다고 생각합니다. 아무리 사고가 그 안에서 특정한 자유를 누리고 있다고 해도 사고가 행하는 것은 어디까지나 기계적인 것입니다. 달나라에 가는 것도 결국은 몇 세기에 걸친 지식의 축적에 불과한 것입니다. 기계적인 사고의 추구가 우리를 달나라나 바다 밑으로 보내주는 것입니다. 사고는 형식 같은 것을 따르기 좋아하며 기계적이고 안전하고 방해가 없는 길을 좋아합니다. 우리의 사회도 기계적으로 사는 것을 장려하고 있습니다. 왜냐하면 살기 위해서는 그것이 가장 간단하기 때문입니다.

그래서 기계적이며 반복적인 추구를 하고 있는 사고는 그 기계적인 활동을 계속할 수 있는 여러 가지 조건지어짐을 받아들이는 것입니다. 사상가나 경제학자가 새로운 이론이나 방법을 발견하게 되면 사람들은 그것을 받아들이며 따라갑니다. 우리의 사회도 문화도 종교적 격려도――여기에는 특정한 자극이 있기도 합니다만――모두 기계적으로 기능하고 있습니다. 미사(카톨릭)에 참석해보면 거기에는 특정한 흥분과 감정이 있지만, 그것은 곧 형식화됩니다. 그런 경험이 있습니까? 그런 일을 해보면 그 재미를 알게 될 것입니다. 매일 아침 작은 헝겊 위에 막대기나 돌을 놓고 그 앞에 꽃을 놓아보십시오. 그렇게 한 달쯤 하면 그것이 종교적 상징으로 습관화되어 그것과 일체화되기 시작하는 자신을 깨닫게 될 것입니다.

사고는 과거의 반응입니다. 공학을 전문적으로 배운 사람은 그 지식을 늘리거나 조정하고 있을 뿐입니다. 그것은 의사(醫師)든 누구든 마찬가지입니다. 사고는 일정한 영역 내에서는 다소간 자유롭기는 하지만 그것은 그 기계적 기능의 한계 내에서의 일일 뿐입니다. 지적이나 이론적으로뿐만 아니라 현실적으로 그것을 아시겠습니까? (지나가는 기차 소리) 저 기차 소리를 듣고 그것을 아는 것과 같이 당신은 그것을 알 수 있습니까?

마음은 그 자신이 만들어낸 습관 ──특정한 의견·심판·태도·가치──으로부터 자유로워질 수 있을까요? 즉 마음은 사고로부터 자유로워질 수 있을까요? 여러분이 이것을 완전히 이해하지 못한다면 이제부터 내가 이야기하려는 것은 아무 의미도 없게 될 것입니다. 이 문제를 깊이 탐구하게 되면, 거기에서 생긴 이해(understanding)는 필연적으로 다음과 같은 의문을 갖게 할 것입니다. 사고라는 것이 기계적이며 필연적으로 마음의 조건지어짐에 따라야 하는 것이라면 사랑이란 무엇일까요? 사랑은 사고의 산물일까요? 사랑은 사고에 의하여 길러지며 그에 의존하는 것일까요?

사랑이란 무엇일까요? 표현은 표현되는 대상과 다르고 말은 대상과 다르다는 것을 명심하면서 이 문제를 생각해 보십시오. 마음은 사랑을 발견할 수 있도록 사고라는 기계적인 활동으로부터 자유로워질 수 있을까요? 사랑이란 거의 모든 사람에게 있어 섹스와 관련되어 있든가 또는 섹스와 동일한 것으로 되어 있습니다. 그것은 하나의 조건지어짐의 형태입니다. 따라서 여러분은 이와 같이 복잡하고 대단히 아름다운 것을 탐구할 때는 '섹스'라는 말이 어떻게 마음을 조건지우는가를 발견해야 합니다.

우리는 월남이나 기타 전쟁터로 살인하러 간다고는 말하지 않으면서도 동물을 죽이는 것에는 아무런 마음의 부담도 느끼지 않습니다. 비록 먹기 위하여 동물을 죽여야 하지만 죽이는 것이 싫다고 생각될 때 당신은 그것을 먹을 수 있겠습니까? 나는 이것을 대단히 의심스럽게 생각합니다. 그러나 여러분은 자기가 고기를 먹을 수 있도록 해주는 푸주한에 대해서는 별로 신경을 쓰지 않고 있습니다. 즉 거기에 커다란 위선이 있는 것입니다.

사람은 사랑뿐만 아니라 동정에 대해서도 묻습니다. 기독교 세계에서는 동물에게는 혼이 없으며 인간이 먹기 위하여 하나님이 이 땅에 보낸 것으로 되어 있습니다. 기독교는 그렇게 조건지어져 있습니다. 인도의 어떤 지역에서는 파리든 동물이든 살아 있는 것을 죽이는 것은 나쁜 일로 되어 있습니다. 그들은 어떠한 것이든 죽이지 않는다는 극단적인 과장(誇張)을 행하고 있으며 그렇게 조건지어져 있습니다. 또한 생체 해부(生體解剖)를 반대하면서도 모피로 만든 멋진 옷을 입고 있는 사람도 있습니다. 이 세상은 이런 위선으로 가득 차 있습니다.

'인정이 많다'는 것은 어떤 의미일까요? 이론적으로뿐만 아니라 실제적으로 인정이 많다는 것은 어떤 의미일까요? 그것은 친절하고 예의바르고 착한 것의 기계적인 반응, 즉 습관과 사고의 문제일까요? 그 자신의 조건지어짐──기계적인 반복이라는 사고활동──에 사로잡혀 있는 마음에 인정이 있을 수 있을까요? 마음은 인정에 대하여 말할 수도 있고, 사회혁명을 촉구할 수도 있고, 이교도에게 친절히 할 수도 있습니다. 그러나 이것이 인정일까요? 사고가 지시하며 활동하고 있을 때 인정이 생길 수 있을까요? 동기도 자기관심도 공포도 쾌락도 없는 '활동적인 인정'이 있을 수 있을까요?

그리하여 '사랑은 쾌락인가?'라는 의문이 생기게 됩니다. 물론 섹스는 쾌락입니다만. 우리는 폭력·업적·주장·공격에서 쾌락을 느낍니다. 그러나 그것은 모두 사고의 산물이며 측정의 산물입니다.

"나는 저랬었다", "나는 이렇게 되고 싶다"와 같이 내가 지금까지 말해온 쾌락이 사랑일까요? 습관이나 측정이나 비교에 사로잡혀 있는 마음이 어떻게 사랑을 알 수 있을까요? 사람들은 "사랑이란 이러저러한 것이다"고 말하지만 그것들은 모두 사고의 산물인 것입니다.

 이와 같은 관찰에서 다음과 같은 의문이 생겨납니다. '죽음이란 무엇인가?' 죽는다는 것에는 어떤 의미가 있는 것일까요? 그것은 가장 놀랄 만한 경험임에 틀림없습니다. 그것은 무엇인가가 완전히 끝나버리는 것을 의미합니다. 그것이 시작되는 순간에 모든 절망과 불만──싸움·고통·혼란──이 갑자기 끝나버리게 됩니다. 유명해지려고 하는 사람도 독단적이고 폭력적이며, 야만적인 사람도 그 활동이 단절되게 됩니다. 심리적으로 계속되고 있는 것은 모두 기계적이며 반복적이라는 것을 깨달아본 적이 있습니까? 완전히 새로운 것은 오로지 그 심리적인 계속성이 끝날 때 생깁니다. 당신도 당신 자신 속에서 그것을 찾아볼 수 있습니다. 창조는 '존재하고 있는 것'이나 '존재했던 것'의 연속이 아니라 그것이 끝나는 것입니다.

 그러면 심리적으로 죽을 수 있을까요? 내 질문을 이해하시겠습니까? 우리는 기억──지금까지의 일──을 죽일 수 있을까요? 그러나 이것은 무엇인가가 되기 위해서가 아니라 '앎의 정지'와 '앎으로부터의 자유'를 뜻합니다. 요컨대 이것이 죽음의 의미인 것입니다.

 육체는 자연적으로 죽습니다. 육체는 지금까지 혹사되고 학대받고 실망도 해왔으며 여러 가지를 먹기도 하고 마시기도 해왔습니다. 여러분도 자신이 그와 같이 살다가 죽게 되리라는 것을 알고 있습니다. 육체는 사고·나이·질병, 또는 매일매일의 감정적인 싸움에서 오는 과로 같은 것 때문에 점점 구부러지고 보기 싫게 되고 그리고 죽게 됩니다. 그 죽음에는 자기에 대한 연민이 있고, 또한 누군가가 죽을 때에는 그 타인에 대한 연민이 있습니다. 자기가 사랑하던 사람이 죽었을 때 그 슬픔 속에는 커다란 공포가 있지 않습니까? 그것은 당신이 외톨이가 되어서 더 이상 의지할 사람도 안심시켜줄 사람도 없게 되었기 때문입니다. 우리의 슬픔은 자기 연민과 공포로 물들어 있는 까닭에 그 불안 속에서 우리는 자연히 여러 가지 신앙을 받아들이게 되는 것입니다.

아시아에서는 '다시 새로 태어난다'는 것을 믿고 있습니다. 다시 새로 태어난다는 문제를 탐구해나가다 보면 장애물에 부딪치게 됩니다. 그것은 무엇일까요? 우리 자신이 아닐까요? 수많은 말과 의견과 자기 재산이나 가구나 조건지어짐에 애착을 갖는 '당신'은 무엇일까요? 우리가 혼이라고 부르는 것이 후생(後生)에서 새로 태어나는 것일까요? 새로 태어난다는 것은 오늘의 당신이 후생에서의 당신을 결정한다는 말입니다. 그러므로 올바르게 행동해야 합니다. 그것도 내일이 아니라 오늘부터. 왜냐하면 오늘의 당신의 행동이 후생으로 연결되기 때문입니다. 새로 태어나는 것을 믿고 있는 사람들이 자기의 행동에 대해서는 전혀 생각하지 않고 있습니다. 이러한 신앙은 아무런 가치도 없습니다. 후생에서가 아니라 오늘부터 새롭게 실천하십시오. 지금 즉시 열정을 가지고 당신을 완전히 변화시키십시오. 마음으로부터 모든 것을 제거하도록 하십시오. 모든 조건지어짐, 모든 지식, 마음이 '옳다'고 생각하는 모든 것을 제거하여 텅 비도록 하십시오. 그러면 죽음의 의미를 알게 될 것입니다. 그리고 사랑을 알게 될 것입니다. 왜냐하면 사랑은 과거나 사고나 문화에 속하는 것도 쾌락도 아니기 때문입니다. 사고의 전체 운동을 이해하고 있는 마음은 절대적으로 침묵합니다. 그 침묵이 새로운 것의 시작인 것입니다.

질문 : 선생님, 사랑은 대상을 가질 수 있을까요?

크리슈나무르티 : 누가 그런 의문을 제기하고 있습니까? 사고입니

까? 사랑입니까? 사랑은 그와 같은 의문을 제기하지 않습니다. 사랑하고 있을 때에는 사랑하고 있을 뿐입니다. 그때에는 "대상이 있는가, 없는가?"라든가, "그것은 개인적인 것인가, 비개인적인 것인가?"와 같은 의문은 생기지 않습니다. 자아, 이것이 의미하는 바의 그 아름다움을 이해해 주십시오. 우리의 사랑은 대단히 엄하며 서로의 인간관계는 혼란되어 있습니다. 우리의 사랑은 나에 대한 당신의 이미지와 당신에 대한 나의 이미지에 기초하고 있습니다. 주의깊게 그것을 살펴보십시오. "우리는 사랑하고 있어요"라고 할 때 두 개의 고립화된 이미지의 상호관계를 보십시오. 그 이미지는 '과거', 즉 기억——당신이 나에게 말한 것이나 내가 당신에게 말한 것——의 산물입니다. 필연적으로 그 두 개의 이미지의 상호관계는 고립된 상태가 되어버립니다. 그것을 우리는 '상호관계'라고 말합니다. '관계한다'는 것은 '접촉하고 있다'——그것은 단지 육체적 접촉만을 의미하지는 않습니다——는 의미이며 '나'나 '당신'이라는 사고의 자아 고립 상태나 이미지가 있을 때에는 불가능한 일입니다. 그런데 우리는 "사랑에는 대상이 있는가?"라든가, "사랑은 신성한 것인가, 속된 것인가?"하며 생각합니다. 아시겠습니까? 당신이 사랑하고 있을 때는 당신은 주지도 받지도 않습니다.

질문 : '아름다움'과 '사랑'이라는 말의 진정한 의미를 탐구하면 모든 분열이 사라지지 않을까요?

크리슈나무르티 : 당신은 공상도 하지 않고 아주 정적하며 완전한 지각상태로 있어본 적이 있습니까? 그런 지각상태에는 어떠한 언어 표현도 선택도 억제도 명령도 없습니다. 몸이 완전히 휴식상태에 들어갔을 때 당신에게 정적이 찾아온 것을 깨달아본 적이 있습니까? 그것을 깨닫기 위해서는 상당한 탐구가 필요합니다. 왜냐하면 우리

의 마음은 언제나 떠들고 있는 탓으로 분열되어 있기 때문입니다. 우리는 삶을 단편화하고 있습니다.

　이런 단편화를 모두 없애버릴 수 있을까요? 이런 단편화는 사고에 그 책임이 있다는 것을 알게 되면 다음으로 "사고는 필요할 때의 반응 이외에는 폭력적이 아니고 객관적이며 건전하게 이성적으로 완전히 정적해질 수 있을까?"하는 의문이 생기게 됩니다. 그리고 이것이 아무런 단편화도 없이 '당신'이나 '나'에 의하여 파괴되지 않는 마음의 정적을 스스로 발견할 수 있는 유일한 길인 것입니다.

　질문 : 선생님, 파리를 죽이는 것은 인간이나 동물을 죽이는 것과 같은 것입니까?

　크리슈나무르티 : 당신의 '죽인다'는 것에 대한 이해는 어디에서 시작된 것일까요? 비록 당신은 전쟁터에는 가기 싫다, 사람을 죽이고 싶지 않다고 말하지만 나나 당신의 그룹을 편들고 있는 자신에 대해서는 고민하지 않습니다. 무엇을 믿는다든가 믿고 있는 것에 집착하고 있는 자신을 당신은 개의치 않고 있습니다. 말이나 태도로 타인을 죽이고 있는 데 대해서는 개의치 않습니다. 그래서 당신은 파리를 죽이지 않도록 주의하지 않고 있습니다. 몇 해 전에 나는 불교가 성한 나라에 살고 있었습니다. 알고 계시겠지만 불교 교리의 하나로 "죽여서는 안 된다"라는 것이 있습니다. 두 사람이 내게 와서 말했습니다. "우리는 고민하고 있습니다. 우리는 불교도로서 죽이는 것을 원치 않습니다. 그러나 우리는 달걀을 좋아하는데 그것은 산 생명을 죽이는 것을 뜻합니다. 어떻게 하면 좋겠습니까?" 죽인다는 것──권총으로뿐만 아니라 말이나 태도나 분열, 즉 '나의 나라', '당신의 나라', '나의 하느님', '당신의 하느님'과 같은 것들──의 의미를 내적으로 분명히 알게 될 때까지는 필연적으로 여러 가지 형

태의 살인이 있게 됩니다. 파리를 죽이는 것을 크게 떠들어대지 말고 한 마디로 이웃을 '죽이십시오'.

　나는 지금까지 고기를 먹은 일이 없기 때문에 그 맛이 어떤지를 모릅니다만 가죽신은 신고 있습니다. 사람은 살아야 합니다. 그래서 어떤 것이든 죽인다든가 상처를 입힌다든가 하고 싶지 않다고 생각하면서도 야채를 죽이지 않으면 안 됩니다. 사람은 어떠한 선택도 선입관도 없이 스스로 분명하게 발견해야 합니다. 고도로 민감하고 지적이어야 합니다. 자기의 남편에게는 야만적으로 마구 말하면서 "나는 파리를 죽이고 싶지 않다"와 같은 말은 하지 말고 그 지혜가 활동하도록 하십시오.

1970년 7월 28일

제7장 종교에 대하여

> 종교란 어떠한 단편적인 것도 존재하지 않는 삶을 만드는 본질을 말한다.

　오늘 아침에는 종교에 대하여 말해보도록 합시다. 그러나 대부분의 사람들은 그 말을 싫어하며 그것은 오히려 낡은 것으로, 현대에 있어서는 거의 의미가 없는 것으로 생각하고 있습니다. 또한 주말에만 신도가 되어 일요일 아침에만 단정하게 차려 입고 한 주일 동안은 마음대로 행동하는 사람도 있습니다. 그러나 내가 지금 사용하고 있는 '종교'라는 말은 조직화된 종교나 교회, 교의(敎義), 의식(儀式), 권위있는 구세주, 또는 하느님의 사자등과는 아무런 관계가 없습니다.
　옛날도 지금도 똑같이 인간은 매일매일의 폭력과 절망과 슬픔이라는 정해진 일정한 행동보다 좀더 진실성이 있고 초자연적인 삶의 길이 없는가 하고 항상 그것을 찾고 있습니다. 그러나 그것을 발견하지 못한 채 우상을 대단히 의미깊은 것으로 숭배하고 있습니다. 무엇인가 진실하고 신성한 것——나는 오히려 주저하면서 이 말을 사용하고 있습니다만——을 발견하기 위해서는 욕망이나 희망, 공포나 동경하는 것의 집합이나 그 환경, 또는 문화나 교육에 좌우되지 않고, 또한 마음이 접촉한 일도 없고, 완전히 이해할 수 없는 새로운 것을 찾아야 합니다. 이제부터 우리는 거대하고 황홀하고 또한 결코 소멸시킬 수 없는 삶을 발견하면서——그리고 어떤 고귀한 것도, 규칙적인 것도, 비폭력적인 것도, 무의미한 삶도 발견함이 없이—— 그것을 탐구할 수 있을 것입니다. 종교란——우리가 그 말을 공포심이나 신앙심이 없이 사용할 경우——어떠한 단편적인 것도 존재하지 않는 삶을 만드는 본질을 말합니다. 그러나 그것을 탐구하기 위해서는 이른바 '신앙'으로부터 자유로워야 하고 또한 노력이나 명령이나 의지라고 하는 모든 왜곡된 요소에 대하여 명석해야 합니다. 당신이 이 문제를 진지하게 다루려고 한다면 노력이라는 것이 얼마나 직접적인 지각을 왜곡시키고 있는가를 이해하는 일이 중요하다는 것을 깨달아야 합니다. 어떠한 억압도 각자의 욕망으로 만들어낸 선택이나 확립된 의도에서 생긴 명령처럼 사물을 왜곡시켜 버립니다. 즉 이 모든 것은 마음이 있는 그대로를 완전히 보지 못하게 만들어 버립니다.

'진리란 무엇인가?', '깨달음 같은 것은 있는 것인가?', '시간과 관계없는 것이 있을 수 있는가?', '우리가 요구하고 있는 것과 무관계한 진실성이 있을 수 있을까?' 와 같은 문제를 탐구할 때에는 자유와 어떤 질서가 있어야만 합니다. 보통 우리는 '질서'라고 하면 훈련——융합이나 조정을 하는 훈련, 특정한 원인이나 도덕적이라고 생각되는 형식을 마음이 추구하도록 인도하는 훈련——을 연상합니다. 그러나 지금 말하는 '질서'란 그런 것이 아닙니다. 그것은 우리의 안팎에서 일어나고 있는 모든 혼란이나 투쟁——즉 모든 방해적 요소——을 이해했을 때 자연히 나타나는 것을 의미합니다. 질서란 그 혼란을 깨달았을 때, 즉 모든 해악——증오한다든가, 비교하는 일——을 관찰하고 그것을 이해했을 때 나타나는 것이며 그것은 어떠한 훈련도 요구하지 않습니다. 여러분은 질서를 가져야 합니다. 결국 질서는 덕(德)을 말하는 것입니다. 여러분은 이 말을 좋아하지 않을지도 모르겠습니다만 덕은 길러지는 것이 아닙니다. 만일 그것이 사고나 의지나 억압의 결과라면 그것은 덕이 아닙니다. 그러나 자기 생활의 혼란이나 투쟁 또는 우리가 존재하는 가운데 전혀 무의미한 것을 참으로──단순히 지적이나 이론적이 아닌──이해한다면, 그리고 그것을 비난한다든가 도피하지 않으며 생활 속에서 그것을 똑똑히 관찰한다면, 그 지각과 관찰로부터 자연히 질서가 생겨나게 됩니다. 이것이 덕인 것입니다. 그 덕은 사람들로부터 존경을 받는 사회적인 덕도 아니고, 종교에서의 위선적인 죄의 용서도 아니며, 자신에게 강요하는 훈련과는 완전히 다른 것입니다.

 시간에 속하지도 않고, 부패하지도 않고, 어떤 것에도 편중하지 않는 진리라는 것이 있느냐 없느냐를 발견하기 위해서는 질서를 가지지 않으면 안 됩니다. 만일 당신이 이 일에 대하여 진지하다면──생활비를 번다든가, 쾌락을 추구하는 것과 같은 정도의 흥미를 가지고 있다면──그것은 명상(meditation)에 의해서만 발견된다는 것을 알게 될 것입니다. '명상'의 의미를 사전에서 찾아보면 "사색하는 것, 생각하는 것, 탐구하는 것"으로 나와 있으나, 그것은 "관찰할 수 있는 지성 있는 이성적인 마음을 갖는다"는 뜻으로 왜곡되어 있다든가, 신경질적이라든가, 무엇으로부터 어떤 것을 바라는 것과 같은 마음을 갖는 것이 아닙니다.

 그러면 명상이나 실체에 대한 지각을 이해할 수 있는 방법이 있을까요? 동양에서 온 사람들은 불행하게도 여러 가지 방법을 갖고 와서 "이렇게 하라", "저렇게 하지 말라", "선(禪)을 하면 깨달을 것이다"라고 말하고 있습니다. 여러분들 중 몇 사람은 인도나 일본에 가서 발끝이나 코끝에 주의를 집중시키면서 몇 해씩 '자기 공부', 즉 훈련을 쌓았을지도 모르겠습니다. 혹은 사고를 초월한 것을 지각하려고 마음을 진정시키기 위해 같은 말을 수없이 반복한 사람도 있을지 모르겠습니다. 그러나 이런 일은 대단히 둔한 마음에 의해 실행된 트릭(술책)일 수도 있습니다. 내가 말하는 '둔함'이란 '멍청한 마음'을 의미합니다. '멍청한 마음'이면 그런 술책을 훈련받을 수 있습니다. 여러분은 이런 일에 흥미가 없을지도 모르겠지만 이것을 발견해야만 합니다. 주의 깊게 들은 사람은 세계로 뛰어나가서 사람들에게 그것을 가르치게 되고 그것이 그 사람의 천직이 될 수도 있습니다. 이것이야말로 내가 바라는 바입니다. 사람은 존재하는 모든 실체의 의미와 아름다움과 풍부함과 황홀함을 알아야 합니다.

'훈련'을 받고 둔해진 마음은 어떠한 상태에서도 진실성을 이해할 수 없습니다. 우리는 사고라는 것으로부터 완전히 총체적으로 자유롭지 않으면 안 됩니다. 비뚤어진 마음이나 둔해진 마음이 아닌, 또한 명령이나 의지에 따르지 않는 맑은 마음이 필요합니다. 여러분은 이렇게 물을지도 모르겠습니다. "경험이 없는 마음의 상태를 가질 수 있을까?"라고. '경험한다'는 말에는 '경험하고 있는 실체'라는 것이 포함되어 있습니다. 따라서 거기에는 이중성이 있게 됩니다. 즉, '경험자'와 '경험당하는 것', '관찰자'와 '관찰되고 있는 것'이 있게 된다는 말입니다. 많은 사람들은 깊고 훌륭하고 신비로운 경험을 추구하고 있습니다. 왜냐하면 우리의 일상경험이 사소하고 평범하며 피상적인 것들이기 때문입니다. 그같이 놀라운 경험을 하고 있을 때의 기묘한 사고 속에는 '경험자'와 '경험'이라는 이중성이 존재합니다. 그리고 그 이중성이 있는 한 반드시 왜곡이 존재하게 됩니다. 왜냐하면 그 경험자는 그 사람의 지식이나 기억으로 축적된 과거이기 때문입니다. 그리고 거기에 불만이 있을 때에는 더욱 훌륭한 것을 찾아 그것을 이상(理想)으로 투영해서 그 영상을 발견할지도 모르지만, 그러나 거기에도 이중성과 왜곡은 존재하게 됩니다.

진리는 경험한 것을 말하는 것이 아닙니다. 그것은 당신이 찾아낼 수도 발견할 수도 없는 것으로 시간을 초월한 것입니다. 시간에 속해 있는 사고는 그것을 찾을 수도 없고 파악할 수도 없습니다. 그렇기 때문에 '경험의 추구'라는 문제를 깊이 이해하지 않으면 안 됩니다. 부디 이것의 중요성을 이해해주기 바랍니다. 어떠한 노력이나 요구나 진리의 추구일지라도 경험을 필요로 하는 것은 모두가 '초자연적인 것'을 추구하며 노력하는 '관찰자'이며 따라서 그 마음은 흐려져 있고 복잡하고 기계적입니다. 아무리 훌륭한 경험을 추구하고 있는 마음일지라도 그 중심에는 욕구불만이나 슬픔이나 희망으로 가득 찬 '과거'라는 '나'가 그것을 추구하고 있는 것입니다.

여러분도 자신들의 두뇌가 어떻게 활동하고 있는가를 관찰해 보십시오. 그곳은 기억과 과거의 창고입니다. 기억은 24시간 "저것은 싫다, 이것은 좋다"라고 심판도 하고 비난도 하면서 반응하고 있습니다. 기억은 그 자신의 조건지어짐──그 문화·종교·교육 등 지금까지 축적해온 것──에 따라서 반응하고 있습니다. 사고가 생겨나는 그 기억의 창고가 우리 생활 거의 모두를 유도하고 있습니다. 그것(기억)이 의식적으로 또는 무의식적으로 우리의 삶을 쉴 사이 없이 지시하거나 왜곡시키고 있으며, 결국 그것이 사고나 말의 진정한 본질인 '나'를 태어나게 하는 것입니다. 그러면 낡은 내용으로 가득 차 있는 두뇌는 지껄인다든가, 행동한다든가, 활동을 하는 데 필요한 때 이외에는 완전히 정적해질 수 없을까요?

명상한다는 것은 두뇌의 활동이 완전히 정적해지느냐 아니냐 하는 것을 발견하는 것입니다. 그러나 무리하게 그렇게 한다는 것은 아닙니다. 왜냐하면 무리하는 순간 '훌륭한 경험을 하고 싶으므로 두뇌를 억지로라도 정적하게 해야 한다'라는 실체, 즉 이중성이 또다시 나타나기 때문입니다. 여러분은 결코 그런 일을 해서는 안 됩니다. 그러나 여러분이 자기의 모든 사고의 움직임──조건지어짐, 추구, 공포, 쾌락──을 탐구하고 주목하고 관찰하며 귀를 기울이기 시작한다면, 즉 자신의 두뇌의 작용을 관찰한다면, 그 두뇌가 놀라울 정도로 정적해지는 것을 깨닫게 될 것입니다. 더욱이 그 정적은 잠자고 있는 것이 아니라 놀라울 만큼 활동적이기 때문에 정적한 것입니다. 완전히 회전하고 있는 발전기는 거의 소리를 내지 않습니다. 잡음은 마찰이 있을 때에만 일어납니다.

 사람은 자기의 몸을 무리하지 않고 완전히 조용하게 앉든가, 또는 옆으로 눕든가 그 어느 쪽이 될 수 있는가를 발견해야 합니다. 정신신체의학적(병을 정신적 요소와 신체적 요소의 상관관계에서 연구하는 의학)으로 상호관계가 있는 육체와 두뇌를 정적하게 할 수 있을까요? 마음을 정적하게 하는 훈련은 여러 가지가 있습니다만, 그것은 모두 억압을 의미합니다. 몸은 움직이고 싶어하는데 그 사람은 "가만히 있어"라고 말합니다. 거기에서——움직이고 싶어하는 것과 가만히 있고 싶어하는 것 사이에서——투쟁이 시작됩니다.

 '요가(yoga)'라는 말은 '함께 있다'라는 뜻입니다. 그러나 '함께 있다'라는 말은 이중성을 의미하는 잘못된 것입니다. 특정한 훈련이나 호흡을 하는 요가는 아마 수천 년 전에 인도에서 발명된 것으로 생각되지만, 그 본래의 의미는 약 같은 것을 사용하지 않고 선(腺)이나 신경 같은 육체조직의 모든 기능을 고도로 건전하고 민감하게 유지하는 것입니다. 육체가 민감하지 못하면 맑은 두뇌를 가질 수 없습니다. 건전하고 민감하며 정신차리고 있는 몸과 맑은 두뇌——감정적이거나 독단적으로 되지 않고 완전히 정적해질 수 있는 두뇌——를 가질 필요가 있다는 간단한 사실을 여러분은 알고 있습니까? 그러면 어떻게 하면 이런 상태를 가져올 수 있을까요? 자고 있을 때도, 일어나 있을 때도 활발하게 작용하고 있는 두뇌가 어떻게 하면 완전한 휴식상태로 정적해질 수 있을까요? 그것은 어떠한 방법으로도 할 수 없습니다. 그 이유는 '방법'이라는 것은 기계적인 반응을 의미하는 것이며, 그것이 두뇌를 멍청하게 만들고 둔하게 하기 때문입니다. 그러나 사람들은 그런 상태를 놀라운 체험이라고 생각합니다.

 언제나 남이나 자기에게 지껄이고, 심판을 하며, 좋고 나쁜 것을 평가하며, 생각에 잠겨 있는 두뇌를 어떻게 하면 정적하게 할 수 있을까요? 여러분은 "두뇌는 완전히 정적해야 한다"는 중요성을 스스로 느끼고 있습니까? 두뇌가 활동하고 있다는 것은 사고의 표현에 의한 과거의 반응인 것입니다. 완전히 정적한 마음만이 구름이나 나무나 흐르는 물을 관찰할 수 있습니다. 산 위의 찬란한 빛을 보고 두뇌가 완전히 정적해진 상태——당신은 이것을 체험해본 적이 있습니까? 어떻게 해서 그런 상태가 일어났습니까? 컴퓨터와 같이 대단히 복잡한 기계나 대단히 경탄스러운 노을 같은 것을 직면했을 때의 마음은 순간적이라고는 해도 완전히 정적해집니다. 장난감을 받은 아이는 거기에 정신이 없습니다. 그와 마찬가지로 나무나 강물의 위대함이나 웅대함이나 아름다움이 마음을 사로잡아서 정적하게 하는 것입니다. 그러나 이런 경우의 두뇌는 '무엇인가'에 의하여 정적하게 된 것입니다. 그러면 어떤 외적 요소나 방법을 사용해서 두뇌를 정적하게 할 수 있을까요? 사람들은 하느님의 은혜를 바라고 기도하고 믿으며 예수나 이것저것에 정신을 쏟습니다. 우리는 이런 외적인 것에 열중하는 것은 둔한 마음에서 일어난다는 것을 알고 있습니다. 두뇌는 아침부터 밤까지 일을 하고 있으며 자고 있을 때조차도 활동을 계속하고 있습니다. 꿈속에서의 활동은 낮의 활동이 잠속으로 운반되었을 뿐인 것입니다. 두뇌는 쉰다든가 "내 일은 이제 끝났다"고는 절대로 말하지 않습니다. 그것은 우리가 깨어나 있을 때 쌓아올린 문제를 계속 운반하고 있습니다. 즉 아침에 일어나면 또다시 그 문제는 움직이기 시작합니다. 이 같은 악순환을 계속합니다. 정적해지려는 두뇌는 어떠한 꿈도 꾸어서는 안 됩니다. 그리고 잠자는 동안 두뇌가 정적해 있다면 그 마음속에는 전혀 이질적인 것이 들어 있게 됩니다. 어떻게 하면 언제나 열광적으로 활동하고 있는 두뇌를 어떠한 노력도 억압도 가하지 않고 자연히 간단하게 정적하게 할 수 있을까요? 그러면 그것을 설명해 보도록 합시다.

앞에서도 말한 바와 같이 두뇌는 하루종일 쉬지 않고 활동하고 있습니다. 당신은 아침에 일어나서 창밖을 내다보며 혼자 이렇게 말합니다. "아아, 몹시 비가 오는군", "덥기는 해도 좋은 날씨다"——그 때 당신은 시작해버린 것입니다. 그러므로 밖을 내다본 그 순간 아무 말도 하지 마십시오. 그러나 그것은 '말을 억누른다'는 의미가 아닌 "얼마나 좋은 아침인가"라든가, "얼마나 좋지 않은 날인가"라는 말에 의하여 두뇌가 활동하기 시작했다는 것을 단순히 깨닫는다는 의미입니다. 그러므로 만일 당신이 창밖을 내다보더라도 혼잣말을 하지 않고——말을 죽여버린다는 뜻이 아닙니다——활발해진 두뇌의 활동 밖에서 그저 관찰만 하고 있으십시오. 거기에 이 문제의 열쇠, 즉 실마리가 있습니다. 낡은 두뇌가 반응하지 않을 때 새로운 두뇌의 특질이 나타납니다. 여러분들도 저 산이나 강물, 계곡이나 그림자, 사랑스런 나무들, 산 저쪽에서 빛나는 구름 같은 것을 비교하지 않으며 관찰할 수 있습니다.

그러나 이런 일은 남을 보게 되는 경우에는 대단히 어려워집니다. 즉 이미 당신은 그에 대한 이미지를 확립해 버리게 되기 때문입니다. 그저 관찰하십시오. 당신이 아주 똑똑하게 관찰했을 때 그 행위가 대단히 활발해지는 것을 깨닫게 될 것입니다. 결국 그 행위는 다음 순간에는 운반할 수 없는 '완전한 것'으로 됩니다. 이해가 되십니까?

사람은 여러 문제를 안고 있어서 잠이 잘 안온다든가 아내와 싸운다든가——하는 문제를 매일 되풀이하고 있습니다. 꿈은 그런 문제——즉, 공포와 쾌락——의 반복입니다. 그것이 마음을 흐르게 하며 두뇌를 둔하게 합니다. 그러면 어떤 문제가 일어났을 때 그 문제를 미루지 않고 즉시로 끝낼 수 있을까요? 예컨대 누군가가 나를 바보취급하며 "너는 바보다"라고 말한 것을 문제로 다루어 봅시다. 그런 말을 듣는 순간 나의 낡은 두뇌는 즉시로 "너야말로 바보다"라고 반응합니다. 그러나 만일 내가 그 두뇌가 반응하기 전에 들은 말을 완전히 깨닫는다면 나는 '잠깐의 시간'을 가지게 되며, 따라서 나의 두뇌는 즉시 싸움에 뛰어들지 않게 됩니다. 즉 당신이 행동하면서도 그 사고의 움직임을 보고 있으면, 사고가 문제를 조장하며 그 문제를 해결할 수 없을 정도까지 유도하는 불완전한 것이라는 것을 깨닫게 될 것입니다. 그러나 완전히 정적해진 두뇌로 보게 되면, 행동이 완전히 솔직해지면서 어떠한 문제――모욕을 당했다든가, 칭찬을 받았다든가――라도 남김없이 끝낼 수 있다는 것을 알게 될 것입니다. 그렇게 되면 잠자는 사이에 그 두뇌는 완전한 휴식을 취하게 되며 이미 낮에 있었던 낡은 활동을 계속하지 않게 될 것입니다. 잠자는 사이 두뇌가 정적해 있을 때에는 그 전체구조에서 젊음이 되살아납니다. 즉, 어떤 순수한 특질이 나타나면서 철학자나 목사들이 가지고 있는 복잡한 마음이 아닌 순수한 마음이 진리를 알 수 있게 됩니다.

이 순수한 마음이란 육체와 정신, 두뇌와 마음 전체를 의미합니다. 그리고 이와 같이 절대로 사고가 접촉한 일이 없는 순수한 마음은 '헤아릴 수 없는 것(진리·진실성)'이 있는지 없는지를 알 수 있습니다. 그것이 명상입니다. 이런 진리의 훌륭한 아름다움과 황홀감에 도달하기 위해서는 어디에든 기초를 두지 않으면 안 됩니다. 그 기초란 공포를 조장하며 쾌락을 유지시키고 있는 사고라는 것을 이해하는 일이며 질서, 즉 덕을 이해하는 것입니다. 그렇게 되면 모든 투쟁·공격·야만·폭력으로부터 자유로워질 수 있습니다. 일단 여기에 기초하게 되면 최고의 지혜가 있는 감수성이 열리며 그 사람의 전생명이 그때까지와는 전혀 다른 이질적인 것이 됩니다.

질문 : 나는 당신의 말을 이해하기 위해서는 당신을 이해하는 것이 중요하다고 생각합니다. 나는 당신이 하루에 두 시간씩이나 요가를 연습한다는 말을 듣고 놀랐습니다. 나에게는 그것이 한정된 훈련같

이 생각됩니다. 그러나 그것보다 중요한 것은 '순수'에 대해서입니다. 저는 당신 마음의 순수성에 흥미를 가지고 있습니다.

크리슈나무르티 : 마음의 순수성을 찾기 위해서는——당신의 마음이든, 나의 마음이든——우선 당신이 순수하지 않으면 안 됩니다. 나는 말로 당신을 이기려는 마음은 없습니다. 마음의 순수성을 찾기 위해서는 자유로워야 하며 그리고 아무 노력도 기울임이 없이 기능하는 두뇌가 가져다주는 특질을 가져야 하며 공포를 갖지 말아야 합니다.

매일 두 시간씩 요가를 하는 것이 훈련일까요? 아시다시피 피로했을 때에는 육체가 '오늘은 그만두자'라고 말해옵니다. 폭음·폭식·흡연 등으로 육체를 혹사하여 그 자신의 지혜를 못쓰게 만들면 육체는 점점 둔감해집니다. 그리고 '그것을 해야만 된다'고 사고가 말하게 됩니다. 즉 그와 같이 육체를 계속 움직이게 한다든가 강요하는 것이 훈련인 것입니다. 반면에 그런 일에 노력을 기울이지 않고 규칙적으로 편안하게 할 때 그 규칙적인 행동은 육체의 감수성에 기초하게 됩니다. 예컨대 어제 그 일을 하고 오늘 아침에는 몸이 피곤하므로 '좋다, 오늘은 그만두자'라고 생각하는 것은 기계적인 정규적 행동이 아닌 것입니다. 그러나 그렇게 하기 위해서는 마음과 육체의 특정한 지혜가 필요합니다. 그렇게 되면 그 지혜가 '해야 할 일'과 '안 해도 좋은 일'을 말해주게 됩니다.

질문 : 저는 마음이 정적해지기를 원하고 있지만 때로는 결심도 해야 합니다. 이것이 나를 곤경에 몰아넣으며 여러 가지 문제를 초래하고 있습니다.

크리슈나무르티 : 마음이 확실하게 결심할 수 없을 때, 문제가 생

깁니다. 즉, 문제는 '결심' 그 자체인 것입니다. '이것이냐, 저것이냐'로 결심했다는 것은 선택했다는 말입니다. 선택이 있게 되면 싸움이 있게 되고 그로부터 문제가 생깁니다. 분명하게 알고 있으면, 즉 선택이 없으면 어떠한 결심도 없게 됩니다. 여러분은 여기에서 자기 집까지의 길을 알고 있습니다. 돌아갈 때는 아는 길을 따라가면 될 것입니다. 그것은 습관적으로 다니는 길이기 때문에 선택할 필요가 없습니다. 이제부터 지름길을 찾아낼지도 모르겠습니다만. 아무튼 그것은 기계적인 것이기 때문에 문제가 생기지 않습니다. 두뇌는 자동적이며 기계적으로 활동할 수 있게끔, 즉 문제가 일어나지 않도록 같은 일이 몇 번이고 일어나기를 요구합니다. 두뇌는 기계적으로 활동하고 싶어하기 때문에 "기계적으로 활동할 수 있도록 훈련시키자", "신념을 가지자", "의지와 요령을 갖자"하며 편한 길을 걷습니다. 그렇게 되면 어떻게 될까요? 온갖 일이 일어나고 있는 삶이 그런 것을 허락할 리가 없습니다. 그래서 사고는 '신념'이라는 장벽을 쌓고 저항하면서 문제를 만드는 것입니다.

 어느 쪽을 결정해야 할 때 이것은 혼란을 의미합니다. 나는 무엇을 해야 좋을지를 모를 때에는 단지 그 문제를 나 자신에게 맡겨둡니다. 우리는 명석함 속에서가 아니라 혼란 속에서 선택하고 있습니다. 맑아 있을 때의 행위가 완전한 것입니다.

 질문 : 그러나 언제나 완전할 수는 없습니다.

 크리슈나무르티 : 왜 그렇습니까?

 질문 : 그것은 때때로 복잡한 선택도 있어서 그것을 보는 시간이 필요하기 때문입니다.

크리슈나무르티 : 그것은 그렇습니다. 인내력을 가지고 관찰할 시간이 필요합니다. 예컨대 푸른색과 흰색 이 두 가지를 비교한다고 합시다. 당신은 어느 색을 선택하고 어느 색을 버릴까 하고 생각합니다. 그리고 결심합니다. '오늘은 이쪽을 선택하고, 내일은 저쪽을 선택하자.' 무엇을 할 것인가 하며 내부(혼)에서 처리할 때 문제가 일어납니다. 그러므로 우선 결정이 무엇을 의미하는가를 관찰해 보도록 합시다. 이것이냐 저것이냐를 결정하는 그 결정의 기반은 무엇일까요? 분명히 선택입니다. '이것을 할 것인가, 저것을 할 것인가?' 나는 선택이 있을 때 반드시 혼란이 있다는 이 진리, 사실, 그리고 '존재하는 것'을 나는 알았습니다. 그러면 왜 나는 혼란 속에 있을까요? 그 이유는 내가 모르기 때문입니다. 혹은 아주 즐겁고 좋은 결과를 낳을 것같이 보이는 것과 대립되고 있는 다른 한쪽 것을 내가 선택해 버렸기 때문입니다. 그래서 나는 그것을 선택하는 것입니다. 그러나 그렇게 하고 있는 사이에 나는 그곳에도 '고통'이라는 불만이 있는 것을 알았습니다. 그래서 나는 또다시 공포와 쾌락에 사로잡히게 됩니다. 나는 그것에 사로잡힌 것을 깨닫고 이렇게 묻습니다. "선택없이 행동할 수 없을까?"라고. 그것은 모든 혼란의 의미와 모든 결심의 의미를 깨달아야 한다는 것입니다. 왜냐하면 거기에는 '결정자'와 '결정되는 것' 사이에 이중성이 있기 때문입니다. 그래서 투쟁과 혼란의 영속화가 있게 되는 것입니다.

당신은 이 모든 복잡한 움직임을 깨닫기 위해서는 시간이 걸린다고 생각할지 모르겠습니다. 거기에 시간이 필요할까요? 그렇지 않으면 그것은 즉시 깨달을 수 있어서 즉시로 행동할 수 있는 것일까요? 그 대답은 그것을 깨닫지 못했을 때에만 시간이 걸린다는 것입니다. 조건지어져 있는 두뇌는 "결정하지 않으면 안 된다"고 말하며 과거에 따라서 결정합니다. 이것이 두뇌의 습관입니다. "무엇이 선이고 무엇이 악인가, 무엇이 더러운가, 책임이란 무엇인가, 사랑은 무엇인가 하는 것을 나는 결정하지 않으면 안 된다", 즉 이와 같은 두뇌의 결정이 더욱 많은 투쟁을 초래합니다. 세계의 정치가들은 이렇게 하고 있습니다. 그러면 이 '혼란'이라는 문제를 즉석에서 발견하고 행동할 수 있도록 그 두뇌가 정적해지고 맑아질 수 있을까요? 그때 어떠한 결정도 사라지게 될 것입니다.

질문 : 우리는 경험에서 배울 수 있을까요?

크리슈나무르티 : 결코 그렇지 않습니다. '배운다'는 것은 '자유' · '호기심' · '탐구'라는 의미입니다. 어린아이가 무엇인가를 배우고 있을 때 그는 흥미가 있어 알고 싶어합니다. 그것은 자유로운 행동입니다. 그리고 그것은 '얻고 싶다'는 충동도, 얻은 것에서 행동하는 충동도 아닙니다. 우리는 헤아릴 수도 없는 많은 경험을 해왔습니다. 5천 년 동안이나 싸움을 계속했습니다. 우리는 싸움에서 사람을 죽이는 데 사용하는 복잡한 기계의 발명을 제외하고는 그 경험으로부터 아무것도 배우지 못했습니다. 우리는 친구나 아내나 남편이나 국가와 함께 수많은 경험을 해왔지만 아무것도 배우지 못했습니다. 실제로 배움이라는 것은 경험으로부터 자유로울 때에만 존재하는 것입니다. 무엇인가 새로운 것은 마음이 낡은 것으로부터 완전히 자유로워졌을 때에만 발견할 수 있습니다. 그러므로 명상이라는 것은 경험을 통해서 알고 있는 것을 텅 비우게 하는 마음을 말하는 것입니다. 왜냐하면 진리는 사람이 만드는 것이 아닌 완전히 새로운 것이며 '앎'이라고 하는 과거의 것이 아니기 때문입니다. 그 신선함은 낡은 것과 대립하지 않는 믿을 수 없을 만큼 새로운 것입니다. 즉 경험을 수반한 마음으로서는 그것을 결코 알 수 없습니다.

1970년 7월 30일

제8장 인간은 변할 수 있는가?

인간의 에너지, 갈등에 의한 낭비.

　현대 세계에 만연되고 있는 사태를 관찰하며, 거기에서 일어나고 있는 것들을 관찰해 보도록 합시다. 학생소요, 계급투쟁, 흑백갈등, 전쟁, 정치분쟁, 국가와 국가 사이 또는 종파와 종파 사이의 대립 등 여러 가지가 있습니다. 이와 동시에 마음의 내부에서도 갈등·항쟁·걱정·고독·절망·애정 결여·공포 등을 찾아볼 수 있습니다. 우리는 왜 이런 사태를 감수하고 있을까요? 이런 것이 전혀 부도덕하다는 것을 알면서도 우리는 왜 이와 같은 부도덕한 사회환경을 묵인하고 있는 것일까요? 특별히 정서적이거나 감정적으로 되지 않더라도 이 세계와 자기 자신을 관찰하기만 해도 문제의 소재를 알 수 있습니다. 교육제도를 정비하고 있는데도 거기에서 참된 인간을 육성하지 못하고 일에 적당한 기계적인 성격만 길러 생애를 끝내도록 하고 있는 것은 무엇 때문일까요? 교육도 과학도 종교도 모두 현대적 과제를 해결해주지 못하고 있습니다.
　이런 혼란을 목격하면서도 사람들이 자기의 안팎에서 일어나고 있는 전체적 움직임을 배제하려 하지 않고 오히려 이런 움직임에 영합하는 것은 무엇 때문일까요? 우리는 이 문제를 지적으로만 추구하려 하지 맙시다. 또한 절대자를 상정한다든가, 어떤 현실에 의존한다든가, 여러 가지 도피에 불과한 기묘한 만족감을 만들어낸다든가 하지 않는 것이 중요합니다. 조용히 있는 그대로를 관찰하도록 합시다. 판단이나 평가는 하지 말고 말입니다. 사람은 왜 이와 같은 방법으로 살면서 투쟁 속에서 죽어가는지를 성숙한 인간으로서 물어보도록 합시다. 이 문제를 참으로 이해하려고 진지한 자세를 취하게 될 때에는 철학이나 사상 또는 사변적 관념론 같은 것은 아무 소용도 없게 됩니다. 따라서 '어떻게 할 것인가? 어떻게 존재할 것인가? 어떤 원리를 따를 것인가? 어떤 이상을 가지면 좋을까? 어떤 종교와 어떤 지도자를 찾아야 하는가?' 하는 것은 중요한 것이 못됩니다. 이와 같은 문제제기는 우리가 실제로 혼란이나 비참, 그리고 끊임없는 투쟁에 직면하게 되면 아무런 의미도 없게 된다는 것을 쉽게 알 수 있습니다. 우리의 삶은 마치 전쟁터와 같습니다. 그리하여 가족·단체·국가간의 싸움이 그칠 날이 없는 실정입니다. 이런 사태를 눈앞에 두게 되면, 이념으로서가 아니라 실제로 목격하고 또한 직면하게 되면 우리는 도대체 왜 이럴까 하고 자문자답하게 됩니다. 이처럼 참으로 살아 있다고도 사랑한다고도 할 수 없는 생활, 죽을 때까지 두려움과 공포에 차 있는 생활을 어째서 모두 계속하고 있는 것일까요?

　이런 질문을 던진 당신은 어떻게 하시겠습니까? 만일 사람이 사회통념이라고도 할 수 있는 안전한 나의 집, 그리고 조금 돈을 모아 멋진 부르주아 생활을 하는 데 만족하게 되면 이런 의문을 제기할 필요도 없을 것입니다. 그러나 이런 질문을 던지게 되는 것은 그런 사람일지라도 그 자신의 행복 여하에 따라서는 이 질문의 뜻을 알 수 있기 때문입니다. 즉 이런 질문은 우리가 인간인 이상 흔히 있는 문제이며 빈부와 노약을 가릴 것 없이 모든 사람의 생활과 관계되는 것이기 때문입니다. 우리는 단조롭고 무의미한 생활――40년씩이나 회사에 다니고 연구소나 공장에서 일을 하고 아이를 몇씩 길러서 쓸데없는 교육을 시키고 그러다 죽어가는――을 왜 계속하고 있는 것일까요? 이런 의문은 자기의 전존재를 걸고 물어보아야 하며 또한 그 해답을 발견해야 합니다. 그러면 다음의 문제로 넘어갑시다. 대체 인간은 근본적으로 변할 수 있을까요? 새로운 시야와 감성을 가지고 세계를 새롭게 관찰하고 증오나 적의나 편견이 없는 마음――명석하고 위대한 추진력을 가진 마음으로 세계를 관찰할 수 있는 인간으로 변할 수 있을까요?

이제까지 말한 것을 모두 관찰하고――전쟁, 불합리한 종교적 대립, 개인과 사회의 분열, 적대하는 것에 포위된 가정, 편견투성이의 개인, '너'와 '나', '우리'와 '그들'로의 분열――객관적이고 주관적인 이 모든 것을 밝힌다 하더라도 여전히 유일한 기본문제가 남게 됩니다. 그것은 조건지어져 움직일 수 없게 된 인간의 마음이 변할 수 있느냐 하는 문제입니다. 그것도 저 세상에서 새로 태어난다든가 죽을 때 마음을 바꿔먹는다든가 하는 문제가 아니라 지금 즉시 근본적으로 변해서 새롭고 신선하고 싱싱하고 순진하며 무거운 짐이 없는 마음으로 변할 수 있느냐 하는 것입니다. 사랑한다는 것의 의미, 평화롭게 산다는 의미를 알 수 있는 사람으로 변할 수 있느냐 하는 것입니다. 이 문제만 해결되면 그 밖의 문제――경제적·사회적인 문제로서 전쟁을 통해서밖에 해결할 수 없는 모든 문제――는 사라지게 됩니다. 그리하여 거기에서 새로운 사회질서가 싹트게 될 것입니다.

여기서 우리의 문제는 지능과 감성을 포함해서 우리의 마음이 처음으로 오염되지 않은 순결한 마음으로 깊은 사랑에 잠기어 행복하게 산다는 의미를 알게 될 것인가 하는 것입니다. 비유적인 말에 귀를 기울일 때는 위험이 있게 됩니다. 그러나 이 물음은 비유가 아닙니다. 그것은 우리의 삶의 문제입니다. 우리는 말이나 관념에 관심이 있는 것이 아닙니다. 많은 사람들이 말에 관심을 가지고 있습니다. 그리고 말과 실제는 다르다는 것, 즉 말이나 표현된 것이 곧 사실은 아니다는 것을 이해하지 못합니다. 그래서 내가 말하는 중에서 심각한 문제──인간의 마음은 실제로 두뇌와 감성을 포함해서 수백 년에 걸쳐 선전과 공포에 영향을 받아왔고 조건지어져 왔다는 문제──를 여러분이 이해할 때 비로소 '그러면 그와 같은 마음은 근본적인 변화를 가져올 수 있을까? 또한 세계의 모든 사람들이 평화롭게 깊은 사랑에 싸여서 행복하게 사는 헤아릴 수 없이 훌륭한 세계가 실현될 수 있을까?' 하는 문제로 넘어갈 수 있게 되는 것입니다.

　과거의 기억이나 전통이라는 무거운 짐을 지고 있는 인간의 마음이 노력한다든가 버틴다든가 하지 않고 자연적으로 변화를 일으켜서 과거에 오염됐던 것을 깨끗이 씻어낼 수 있을까요? 이런 문제는 진지하고 사려가 깊은 사람이면 누구나 제기해볼 만한 것이라고 생각합니다만 그 문제에 이어서 '어디서부터 실천을 시작하면 좋을까?'라는 문제가 나오게 됩니다. 외부적인 일부터, 즉 사회구조라든가 관료조직과 같은 것으로부터 시작할 것인가, 아니면 마음의 내면, 즉 심리적인 영역부터 시작하는 것이 좋을까요? 전자의 입장에 서서 인류가 과학분야에서 성취한 기적, 즉 기술적 지식을 사용해서 외부적 세계변혁부터 시작하는 것이 좋을까요? 인류는 이 방법도 시도해 보았습니다. 이 입장에 따르면 만일 외부적인 사물을 근본적으로 개혁하게 되면──역사상 유혈혁명이 그랬던 것과 같이──인간도 달라지게 되고 행복하게 된다는 것입니다. 공산주의 혁명에 있어서는 외부적인 질서확립이 우선이며 인간 자체의 질서회복은 그 뒤에 있어야 하는 것이라고 설명합니다. 동시에 인간 내부의 질서 같은 것은 문제가 아니다, 중요한 것은 외부적인 새 질서를 확립하는 것이라고 강조합니다. 이것은 하나의 이데올로기에 의한 질서이며 또한 유토피아로서 이 목적 때문에 수많은 인명이 희생되었던 것입니다.

　그러므로 내부적인 변혁, 즉 마음의 변혁부터 시작해 보도록 합시다. 그렇다고 해서 혼란한 사회의 현질서를 그대로 방치하자는 것은 아닙니다. 그런데 내부적이라든가 외부적이라는 구분이 존재할까요? 그런 것이 아니고 하나의 움직임이 있어서 거기에 내부적인 것과 외부적인 것이 부착되어 있는 것은 아닐까요? 어디까지나 분리되어 있는 두 가지가 아닌 하나의 움직임인 것입니다. 만일 우리가 단지 말에 의한 전달뿐 아니라——영어를 공용어로서 서로가 알고 있는 용어를 사용한다는——이런 것과는 다른 전달을 하려고 한다면 지금까지 말한 것은 중요한 것입니다. 즉 우리는 진지하고 신중하게 사물을 규명하려고 하는 까닭에 말에 의한 전달은 물론 마음의 교류(일체화)도 필요합니다. 우리는 서로 깊은 관심과 주의를 가지고 그리고 사랑과 이해하려는 정열을 가지고 문제를 관찰할 필요가 있습니다. 따라서 말에 의한 전달뿐 아니라 깊은 마음의 교류도 있어야 하는 것입니다. 이런 마음의 교류가 있는 곳에서는 의견에 동의한다든가 반대한다든가 하는 일이 생기지 않습니다. 이런 경우에는 관념이나 의견, 개념, 이상과 같은 것과는 관계없이 인간의 변혁문제에만 관심을 갖게 되기 때문입니다. 당신의 의견이든 나의 의견이든 어느 쪽이 더 가치가 있다고는 할 수 없습니다. 예컨대 여러분이 몇천 년씩이나 계속된 인간의 본질은 변할 수 없다고 말했다고 합시다. 그렇게 되면 여러분은 스스로 제한을 가해 앞으로 전진하며 탐구를 시작해볼 수가 없게 되고 맙니다. 이와는 반대로 인간의 혁명은 가능하다고 말했다고 합시다. 그렇게 되면 여러분은 무엇이나 가능하다는 세계에 살게 되며 현실을 망각하게 됩니다.

그렇기 때문에 우리는 이 문제에 대하여 인간의 변혁이 가능하다든가 불가능하다든가 하는 토론보다는 진지하게 현실에 직면해야 합니다. 인간은 신선한 마음과 탐구에 대한 용솟음치는 정열을 가지고 이런 현실에 직면하지 않으면 안 됩니다. 우리는 단지 정확하게 말로 전달할 뿐만 아니라 말하는 사람과 듣는 사람 사이에 마음의 교류가 있고 사랑이 있어야 합니다. 진지한 탐구는 그런 것입니다. 예컨대 남편과 아내가 아이를 진정으로 걱정하고 있을 때는 이러쿵저러쿵하는 논쟁이나 잘잘못 같은 것은 잊어버리게 됩니다. 따라서 깊은 사랑이 있는 곳에서는 행동을 규제하는 의견 같은 것은 볼 수 없습니다. 이와 같이 여러분과 나 사이에도 깊은 마음의 일체감이 있어야 합니다. 그리고 여러분도 동시에 똑같이 진지한 마음을 가지고 같은 문제를 다루어야 합니다. 그때 비로소 우리들 사이에 깊은 이해를 동반한 마음의 일치가 성립하게 됩니다.

거기에서 우리가 묻게 되는 것은 "이처럼 깊은 곳까지 규제되고 있는 인간의 마음이 근본적으로 변화될 수 있을까?" 하는 것입니다. 여러분은 이 질문을 자신에게 물어보십시오. 사회에서 말하는 것과는 다른 진정한 도덕이 없는 한, 교활하고 무리한 것을 강요하는 목사의 권위와는 다른 새로운 권위가 없는 한, 마음속 깊은 곳에 심원한 질서가 없는 한 진리나 실재의 탐구 또는 절대자(명칭은 무엇이든)의 추구 같은 것은 무의미한 것입니다. 절대자를 체득하는 방법이나 신비한 경험 같은 것을 기대하고 그런 집회에 참가했던 사람은 아마 실망했을지도 모르겠습니다. 아무튼 여러분이 새로운 마음과 신선한 정신이 담긴 눈으로 참된 것을 관찰하려고 하지 않는다면 헤아릴 수도 없고 이름도 붙이기 어려운 '존재자' 자체를 이해한다는 것은 거의 불가능합니다.

만일 여러분이 보다 광범위하고 심원한 경험을 원하면서도 실제로는 건성뿐인 진실되지 않는 생활을 하고 있다면 참으로 그 무엇으로 대체될 수 없는 진정한 경험은 얻을 수 없을 것입니다. 그러면 이 문제를 다루어 보도록 합시다. 여기에는 많은 것이 포함되어 있어서 여러분은 대단히 복잡하다고 생각할지 모르겠습니다. 이 문제를 이해하기 위해서는 자유로운 정신과 정신력이 필요합니다. 관찰하기 위한 정신력과 자유, 이 두 가지는 불가결한 것입니다. 예를 들어 여러분이 어떤 특별한 신념이라든가 유토피아에 대한 관념 같은 것을 고집한다면 여러분은 분명히 자유롭게 관찰할 수 없습니다. 사람의 마음은 그와 같이 뒤틀려 있습니다. 카톨릭이나 프로테스탄트 같은 종교에 사로잡혀 안정된 생활을 갈망하면서도 야심이나 전통을 여기에 결합시킨 복잡한 마음을 갖고 있습니다. 이런 마음은 천박합니다. 기술적인 면에서는 달리 달나라까지 가는 위업을 성취하기도 했습니다만, 로켓트를 만든 사람들도 우리와 같이 역시 천박한 삶을 살고 있습니다. 소심증·선망·걱정·야심에 사로잡혀 있고 정신도 조건지어져 있습니다. 거기에서 우리는 이처럼 조건지어진 마음이 해방되어서 완전히 새로운 삶의 문이 열릴 수 있을까 하는 의문을 가지게 됩니다. 이에 대한 해답을 얻으려면 지치지 않고 관찰할 필요가 있습니다. 이것은 기독교도나 힌두교도 또는 네덜란드인이나 독일인, 러시아인 등과 같은 입장에서 관찰한다는 것이 아닙니다. 명석한 관찰을 위해서는 마음의 자유가 반드시 필요합니다. 그리고 여기에는 관찰한다는 자체가 움직인다는 뜻이 포함되어 있습니다. 올바르게 관찰하게 되면 근본적인 변화가 일어나게 됩니다. 이런 관찰을 가능하게 하려면 위대한 정신력이 필요합니다.

그러면 다음으로 '인간은 왜 자기를 변혁시키는 정신력과 원동력을 갖지 못하고 있는가?'라는 의문이 생기게 됩니다. 인간은 투쟁하며 서로 죽이고 세계를 분할하며 달나라에 도달하는 면에서는 엄청난 에너지를 갖고 있습니다. 그러나 자신을 근본적으로 변화시킬 수 있는 힘은 갖고 있지 못합니다. 그러면 인간은 왜 이런 면에서 필요한 힘을 갖지 못하고 있을까요?

여러분에게 이런 질문을 하면 어떻게 반응할까요? 지금 말한 바와 같이 인간을 증오하기 위한 에너지는 갖고 있습니다. 전쟁이 일어나면 사람들은 싸웁니다. 또한 도피하려고 생각할 때는 도피할 수 있는 힘을 갖고 있습니다. 이념을 통한 도피, 오락을 통한 도피, 신앙을 통한 도피, 술을 통한 도피 등 여러 가지가 있습니다. 또한 인간이 쾌락을 추구할 때는 그것이 성적(性的)인 것이든 그와 다른 것이든 막대한 에너지를 소비하면서 그것을 추구합니다. 또한 인간은 자기의 환경을 극복하는 지성의 힘도 갖고 있습니다. 해저생활이나 공중생활 등 그 어느 것도 인간이 갖고 있는 막대한 에너지에 의하여 가능합니다. 그러면서도 인간은 극히 사소한 자기의 나쁜 버릇을 고칠 힘은 갖고 있지 않습니다. 왜 그럴까요? 그 이유는 이렇습니다. 인간은 이런 종류의 에너지를 자기 내부에서 일어나는 갈등에 소모해버리기 때문입니다. 나는 여러분을 설득하려는 것은 아닙니다. 낡은 생각에서 벗어나 새로운 생각을 갖도록 사고방식을 바꾸려는 것도 아닙니다. 나는 그저 발견하며 이해하려고 노력하고 있습니다.

아무튼 우리가 변해야 한다는 것은 아시겠지요? 예를 들어서 폭력과 잔인성이라는 문제를 생각해 봅시다. 이것은 사실입니다. 인간은 분명히 잔인하고 투쟁적입니다. 그래서 모든 종교가 "하느님을 사랑하고 이웃을 존중하라"고 가르치지만 여전히 투쟁적인 사회를 만들어 왔습니다. 인간의 잔인성과 폭력과 이기적인 마음이 변하지 않는 한, 종교의 가르침은 그저 관념에 불과하며 아무런 가치가 없습니다. 인간이 투쟁적이기 때문에 그들은 그 반대인 비폭력이라는 관념을 낳게 된 것입니다. 함께 이것을 생각해 봅시다.

인류는 언제나 평화적으로 되려고 노력해 왔습니다. 거기에서 현존하는 투쟁본능과 그래서는 안 된다는 관념인 비폭력 사이에 갈등이 생기게 됩니다. 이 양자의 갈등에 의하여 인간의 본질적인 에너지가 낭비되어 버립니다. 존재와 당위라는 이원론이 있어 이 '있어야 할 것'을 달성하려는 노력이 있게 되는 한, 이 갈등은 에너지를 낭비하게 만듭니다. 두 가지의 대립물 사이에 갈등이 있는 한, 사람은 자신을 변혁시킬 힘을 갖지 못합니다. 그러면 왜 사람은 반대물──비폭력이나 이상 같은 것을──을 갖는 것일까요? 이상이란 실재하는 것이 아니고 내용도 없는 것입니다. 그것은 사람을 유도해서 여러 가지 형태의 위선자가 되게 합니다. 즉, 투쟁적이면서 투쟁을 싫어하는 척하게 만듭니다. 또한 이상주의자일 경우에는 차츰 평화적으로 되어간다고 외치며 안심하고 있습니다. 그러나 이것은 커다란 구실에 지나지 않으며 기만일 뿐입니다. 왜냐하면 우리가 투쟁적이 아니게 되기 위해서는 많은 세월이 필요하며 또한 실제로는 그렇게 되지 않을지도 모르기 때문입니다. 거기에서 만일 우리가 추상화나 이념화를 배격하고 실제의 사실만을, 즉 투쟁적인 사실만을 억제한다면 에너지의 낭비는 생기지 않을 것입니다. 이것은 대단히 중요한 것이라고 생각합니다. 이것은 내 멋대로의 이론이 아닙니다. 대립이라는 카테고리 속에서 살고 있는 한, 사람은 에너지를 손실하게 되며 따라서 자기를 변혁시킬 힘을 잃고 마는 것입니다.

따라서 마음을 굳히고 모든 이데올로기나 복잡한 대립물은 포기해 버리는 것이 좋습니다. 그렇게 해보시지 않겠습니까? 그렇게 하면 훌륭한 일이 생겨납니다. 예컨대 지금 화난 사람이 있는데 그가 화나지 않은 척하려고 한다든가 '화내지 말자' 하고 노력한다고 합시다. 이때에는 갈등이 일어나게 됩니다. 그러나 이 사람이 이번에는 '화내고 있는 것을 관찰하자. 그로부터 도피한다든가 합리화하지 말고 그저 관찰하자'는 태도를 취하게 되면 이 때에는 노여움을 이해하게 되고 거기에서 그것을 종식시킬 수 있는 에너지가 생겨나게 됩니다. 만일 우리가 인간의 마음을 질곡으로부터 해방시키기 위한 이념만을 전개하려고 한다면 사실과 '이렇게 되어야 할' 상태와의 사이에 이원론이 계속되게 될 것입니다. 따라서 에너지는 낭비되어 버리고 말 것입니다. 이와는 반대로 '내 마음이 어떤 속박을 받고 있는가를 알아보자'는 태도를 취하게 되면 그것은 마치 암 환자가 의사를 방문하는 것과 같습니다. 의사는 환부를 수술로 제거하는 것이 직업입니다. 그러나 이때 환자 쪽에서 수술이 끝난 후 편안해질 것을 너무 기대한다든가 수술에 공포를 느낀다든가 하게 되면 역시 여기에서도 에너지의 낭비가 생겨나게 됩니다.

　우리는 지금 마음이 속박을 받고 있다는 사실을 취급하고 있는 것이지 마음이 '자유로워져야 한다'는 문제를 다루고 있는 것은 아닙니다. 만일 마음이 속박을 받고 있지 않다면 그 마음은 '자유로울' 것입니다. 따라서 대체 인간의 마음은 왜 속박을 받고 있는가, 이 속박을 초래하는 영향력은 무엇인가, 왜 우리는 속박을 받아들이고 있는가 하는 것에 대하여 이제부터 차근차근 검토해 보아야겠습니다. 첫째로, 삶에는 전통이라는 것이 큰 역할을 합니다. 그 전통 속에서 우리의 지성이 길러졌기 때문에 그것은 실제적인 안전을 보장합니다. 누구나 생활보장이 없이는 살 수 없습니다. 이것은 1차적인 육체적·경제적 요구입니다. 사람은 확실히 의식주가 필요합니다. 그러나 우리가 필요한 것을 사용할 때의 심리적 상태가 자기의 안팎에 혼란을 초래합니다. 사고를 구축하는 정신도 역시 여러 가지 관련 속에서 내적인 마음의 안전을 요구합니다.

　여기에서 어려움이 생깁니다. 즉, 소수자에 대해서만이 아니고 만인에 대한 육체적인 안전보장이 있어야 합니다. 그러나 한편 만인에 대한 육체적 보장은 여러 나라와 여러 종파와 여러 가정에서 심리적 보장을 요구하게 되면 그 희생물이 되고 맙니다. 여러분, 아시겠습니까? 우리 사이에 의사소통이 시작된 것 같기도 합니다만.

　인간에게는 생활안전을 위한 필연적인 제약이 있습니다. 그러나 그와 동시에 마음의 안전을 추구하며 요구하는 일도 있습니다. 그리고 마음의 안전을 원하는 제약 쪽이 훨씬 강대해지게 됩니다. 즉 사상이나 인간이나 사물에 대한 우리의 정신적 관계에 있어서도 안전을 바라게 되는데, 대체 인간관계에 있어 안전이라는 것이 있을까요? 이것이 있을 수 없다는 것은 명백합니다. 마음의 안정을 바라게 되면 외적인 안정을 희생시키게 됩니다. 만일 내가 힌두교도가 되어서 그 전통·미신·이념을 따름으로써 심리적인 안전을 원하게 되면 나는 나에게 커다란 안락을 갖다줄 보다 더 큰 조직과 일체화하려 하게 됩니다. 그리하여 나는 국기와 국가와 민족을 숭배하며 다른 세계와의 관계를 단절하려고 하게 됩니다. 그러나 이와 같이 넓은 세계에서 고립하게 되면 생활의 불안을 수반하게 될 것은 명백합니다. 만일 내가 국가나 그 나라의 습관, 또는 종교상의 교의나 기적을 숭배하게 되면 나는 그 카테고리 안에 몸을 맡기게 되어 다른 사람의 생활상의 안정을 해치게 될 것이 틀림없습니다. 마음은 생활상의 안정을 필요로 하지만, 그 마음의 안정을 구하게 되면 이것이 희생을 당하게 됩니다. 이것은 사실이며 단순한 나의 억측이 아닙니다. 사실이 그렇습니다. 처자와 가정의 안전을 원하게 되면 보편적인 세계 전체와 대립하지 않을 수가 없게 됩니다. 남의 가정을 간과하게 되고 세계의 다른 부분과 대립하는 관계에 있게 됩니다.

여러분은 '인간의 마음을 조건지우는 속박이 어떻게 시작되는가'에 대하여 명확하게 이해했습니까? 예를 들어 기독교 세계에서는 2천 년에 걸친 선전에 의해 그 종교적 문화에 대한 숭배가 행해지고 있습니다만, 한편 동양에서도 그와 같은 것이 행해지고 있습니다. 마음은 선전이나 전통이나 안전에 대한 욕구 때문에 그 자신을 스스로 속박하는 것입니다. 그러나 인간관계——관념·인간·사물과의 관계——라는 점에서 마음의 안정이라는 것이 있을 수 있을까요?

관계라고 해도 사물과 직접 관계할 때는 여러분이 그 사물과 접촉하지 않는다면 아무 관계도 갖지 않을 수 있습니다. 그러나 관념을 가질 경우——예를 들어서 아내의 이미지를 형상화했다고 한다면——나는 그녀와 직접적으로 관계하지 않는 것이 됩니다. 아내와 동침을 한다고 해도 사실은 관계하지 않는 것이 됩니다. 왜냐하면 이미지를 가짐으로써 그녀와의 접촉이 방해되기 때문입니다. 그녀의 경우도 마찬가지로 이미지를 갖게 됨으로써 나와의 살아 있는 관계는 단절되는 것입니다. 그러므로 우리의 마음이 언제나 추구하고 있는 마음의 안정이나 안전 같은 것은 있을 수 없습니다. 어떠한 인간관계를 어떻게 보더라도 안전성 같은 것은 찾아볼 수 없습니다. 부부라든가 애인끼리는 확고한 인간관계를 확립하려고 하겠지만 실제로는 어떨까요? 남편이나 아내가 누군가 다른 사람을 눈여겨보게 되면 바로 공포·질투·걱정·노여움·증오 같은 것이 생기기 때문에 영원한 인간관계 같은 것은 있을 수 없습니다. 그럼에도 불구하고 우리의 마음은 어디엔가 귀속하고 싶은 의식을 추구하고 있습니다.

　이상과 같은 것이 인간의 마음을 조건지우는 속박의 요인입니다. 즉 선전·신문·잡지, 거기에다 종교의 감화 등이 말입니다. 그래서 인간은 외부의 영향에 말려들지 않는 것이 얼마나 필요한가를 절실히 느끼게 됩니다. 거기에서 외부의 영향을 받지 않는다는 것의 의의를 이해할 수 있습니다. 이 점을 생각해 보아 주십시오. 만일 신문을 읽게 되면 의식적 또는 무의식적으로 영향을 받게 됩니다. 책이나 소설을 읽어도 영향을 받게 됩니다. 무엇인가 압력과 같은 긴장감이 생기면서 읽은 것을 경험으로 바꾸어가게 됩니다. 이것이 선전 전체의 목적인 것입니다. 그것은 학교에서 시작되어 전생애에 타인의 말을 통해서 반복됩니다. 이와 같이 해서 여러분은 중고품과 같은 인간이 되어 있는 것입니다. 그러면 이와 같이 중고품과 같은 인간의 독창적이고 진실한 것을 어떻게 하면 발견할 수 있을까요? 인간의 마음을 속박하고 있는 것을 이해하고 또한 깊은 곳까지 파고 들어가 관찰하는 것이 중요합니다. 그것을 관찰하고 있으면 마음을 속박하고 있는 것을 풀어버릴 수 있는 힘이 생기게 됩니다.

　여기에서 여러분의 질문을 들어가면서 이 문제를 탐구해 보도록 합시다. 그저 질문하는 것은 쉬운 일이지만 적절한 질문을 하는 것은 매우 어려운 것이라는 점을 잊지 마십시오. 이렇게 말한다고 해서 여러분이 질문을 못하도록 일부러 꾸미는 것은 아닙니다. 우리는 의문을 가져야 합니다. 즉 남이나 책이 말하는 것, 종교나 기타 권위자가 가르치는 것을 의심해볼 필요가 있습니다. 문제를 제기하며 의심해보는 태도가 중요합니다. 그와 동시에 그 회의론과 결별하고 적절한 질문으로 고쳐서 묻게 되는 시기가 있다는 것을 알고 있어야 합니다. 바르게 질문하는 가운데 그 해답을 얻을 수 있기 때문입니다. 그러면 질문이 있는 분은 말씀하십시오.

질문 : 선생님은 '머리가 어떻게 된 것' 아닙니까?

크리슈나무르티 : 당신은 강연자인 나를 보고 머리가 어떻게 된 것 아니냐고 묻고 있습니까? "머리가 어떻게 되었다"는 당신의 말은 어떤 의미입니까? 마음의 균형을 잃고 신경증적인 생각에 사로잡혀 병적이라는 말입니까? 머리가 어떻게 되었다는 것은 그런 뜻이겠지요. 그것을 판정하는 것은 누구입니까? 당신입니까? 나입니까? 또는 다른 사람입니까? 그 판정자는 누구일까요? 자기의 머리가 어떻게 된 사람이 이런 판단을 할 수 있다고 생각합니까? 당신이 강연자인 나의 마음이 균형잡혀 있는지 아닌지를 판단하겠다고 한다면 그 판단 자체가 이 세계에서 그런 환자의 일부를 구성하는 것이 아닐까요? 상대방을 알고 있지 못하면서 남의 평판이라든가 당신이 만들어낸 이미지로써 그렇게 판단했습니까? 남의 판단이나 선전을 그대로 듣고 사람을 판단한다고 한다면 그것이 바른 판단일까요? 판단한다는 행위에는 허영이 들어 있습니다. 그 판단이 잘못된 것이든 정당한 것이든 거기에는 반드시 허영이 담겨 있습니다. 허영이 들어 있을 때 바른 것을 인식할 수 있을까요? 올바르게 관찰하며 이해하고 사랑하기 위해서는 극히 온순해야 할 필요가 있지 않을까요? 이상하고 광기에 싸인 이 세상에서 올바르게 된다는 것은 지극히 어려운 일 중의 하나입니다. 올바르다는 말에는 환상이 있어서는 안 되며 자신

이나 남에 대해서도 이미지를 갖지 말라는 뜻이 포함되어 있습니다. 여러분은 "나는 이렇다, 저렇다"고 말합니다. "나는 위대하다", "나는 보잘것 없는 놈이다", 또는 "착한 사람이다", "고귀하다" 하고 말합니다. 이런 형용사는 모두 자신에 관한 이미지입니다. 자기 자신에 관해 이미지를 만들어내는 사람은 결코 올바르다고 할 수 없습니다. 그런 사람은 환상의 세계에서 살고 있는 것과 같기 때문입니다. 그러나 실제에 있어서 대부분의 우리는 그렇게 하고 있습니다. 예컨대 여러분이 "나는…… 한 사람이다"고 말한다면 그것은 균형잡혀 있지 않다는 것을 의미합니다. 왜냐하면 여러분은 그와 같이 하면서 자기를 분리하며 고립화하기 때문입니다. 또는 "나는…… 교도다"라고 자인한다면 그것도 똑같은 일입니다. 국가로 나누고 종파로 나누려는 생각은──군대나 종교조직을 배경으로 해서──마음의 불건전한 상태를 나타내는 것입니다.

질문 : 폭력이라는 것을 그에 대한 반대개념 없이 이해할 수 있을까요?

크리슈나무르티 : 마음이 폭력적이라도 좋다고 생각할 때에는 오히려 비폭력이라는 이상을 초래하게 됩니다. 아시겠습니까? 이것은 매우 간단합니다. 나는 폭력을 계속하고 싶습니다. 실제로 나뿐 아니라 모든 인간이 그처럼 잔혹합니다. 그런데 나는 일만 년이나 되는 전통을 갖고 있기 때문에 이것이 "비폭력적으로 행동하라"고 가르치는 것입니다. 그래서 실제로는 폭력적이면서도 사고로부터 "폭력은 그만두라"고 주의를 받게 되는 것입니다. 어떻게 하면 폭력과 동거하면서 이것을 이해함으로써 그것을 종식시킬 수 있도록 속박으로부터 해방될 수 있을까요? 그것도 표면적으로뿐만 아니라 근원적·무의식적인 면에서도 말입니다. 이상(理想)이라는 것의 포로가

되지 않기 위해서 마음은 어떻게 하면 좋을까요? 당신 질문은 이런 것입니까?

들어주십시오. 나──비폭력으로 유명한──는 마틴 루터 킹이나 간디나 그 밖의 사람들의 일을 말하고 있는 것이 아닙니다. 그런 유명한 사람들과는 관계가 없습니다. 그들은 그들 자신의 이상을 가지고 있었을 것이고 또한 제약이나 정치적 야심도 갖고 있었을 것입니다. 나는 그런 것을 다루려는 것은 아닙니다. 나는 우리 인간──여러분과 나──이 현재 처하고 있는 사태를 다루려 하고 있을 뿐입니다. 인간은 투쟁적인 한, 전통·선전·문화 등의 영향을 받아 그에 대한 반대물을 낳게 되지 않을 수 없는 숙명을 지니고 있습니다. 그런데 실제 우리는 그 반대물──비폭력 같은 것──을 우리에게 적당할 때는 그것을 이용하고, 적당하지 않을 때에는 그것을 등한히 합니다. 우리는 그 반대 이념을 여러 가지 방법으로 정치적 또는 종교적으로 이용하고 있습니다. 그러나 내가 지금 말하려고 하는 것은 다음과 같은 것입니다. 즉 마음이 폭력적이기를 원하며 또한 그것을 이해하려고 해도 전통이나 습관이 개입해서 간섭하게 된다는 것입니다. 전통이나 습관은 "너는 비폭력을 이상으로 삼아라" 하고 가르칩니다. 한쪽에는 사실(폭력)이 있고, 다른 한쪽에는 전통(비폭력)이 있습니다. 마음이 전통의 지배를 떠나서 폭력에만 힘을 쏟도록 하려면 어떻게 하는 것이 좋을까요? 이것이 바로 문제입니다. 아시겠습니까? 인간에게는 폭력적인 사실과, 그렇게 해서는 안 된다고 가르치는 전통이라는 서로 상반되는 것이 존재하고 있습니다.

우선 폭력적인 면은 그대로 두고 전통의 측면만을 고찰해 봅시다. 나는 폭력에 힘을 기울이려고 하는데 전통이 개입한다면 그것은 무엇 때문일까요? 왜 전통이 개입하는 것일까요? 나는 폭력이 아니라 전통의 개입이라는 것을 먼저 이해하고 싶습니다. 아시겠습니까? 개입하게 되는 그 전통을 주목하게 되면 그것은 정말로 개입하지 않게 됩니다. 거기에서 우리는 왜 전통이 삶에 중요한 역할을 하게 되는가를 알게 됩니다. 즉 습관이 되어버렸기 때문입니다. 흡연이나 음주, 성관계, 떠드는 것 등 그 어느 것도 습관이며, 우리는 이런 습관 속에서 살고 있습니다. 그것은 무엇 때문일까요? 우리는 이것——전통이라는 것——을 자각하고 있을까요? 그 자각이 불충분하다면 전통도 습관도 이해하지 못한 것입니다. 그렇게 되면 그것이 당신이 기대하는 통찰력을 방해하며 이에 충돌하게 됩니다. 습관에 깊이 파묻혀서 사는 것만큼 안이한 태도는 없습니다. 또한 습관을 버리게 되면 직업을 잃어버리는 것과 같은 커다란 희생을 수반하게 됩니다. 분명히 습관 속에서 살게 되면 안전하고 마음이 놓입니다. 남들도 그렇게 살고 있기 때문에. 그래서 우리는 습관을 버리는 것을 걱정하게 됩니다.…… 나라에 살고 있으면서 갑자기 "나는…… 나라 사람이 되고 싶지 않다"고 선언한다면 주위 사람들에게 충격을 주게 됩니다. 그렇기 때문에 그것이 두려운 것입니다. 만일 당신이 일어나서 "나는 이 기성체제 전체를 반대한다. 너무나 질서가 없지 않은가?" 하고 선언한다면 당신은 돌팔매를 맞게 될 것입니다. 그것이 두렵기 때문에 습관과 타협하는 것입니다. 이와 같이 전통이 인간생활에서 행하는 역할이 막대하다는 것을 알 수 있습니다. 여러분은 언제나 먹던 음식과 다른 음식을 먹어본 적이 있습니까? 아마 당신의 위장에도 입맛에도 잘 맞지 않았을 것입니다. 또한 당신이 흡연하는 습관이 있는데 이것을 갑자기 그만두려고 하면 이번에는 며칠씩 싸움하는 날이 계속되게 될 것입니다.

　우리의 마음은 습관 속에서 안정을 찾게 되어 있으며 "아아, 내 가정, 내 자식들, 내 집, 내 가구"와 같은 생각에 차 있습니다. 그런데 '내 가구'라고 말하게 되면 사실 당신이 그 가구라는 말이 됩니다. 이상하게 생각될지 모르겠지만 현재 당신이 애착을 느끼고 있는 그 가구를 당신에게서 억지로 빼앗는다면 당신은 화내게 될 것입니다. 그러므로 당신은 그 가구이고 그 집이며 그 돈이며 그 국기인 것입니다. 이와 같은 삶은 천박하고 가치없는 것입니다. 그뿐이 아닙니다. 그와 같은 삶은 동시에 시시하고 지루한 삶입니다. 그래서 이렇게 시시하고 지루한 것을 참을 수 없기 때문에 이 세계에 폭력이 발생하게 되는 것입니다.

                                      1969년 5월 3일 암스테르담

제9장 인간은 왜 평화롭게 살지 않는가?

**공포와 그 발생방식, 시간과 사고,
주의력──생각하고 있다는 것.**

　투쟁이 없는 생명, 비참이나 혼란이 없는 삶, 사랑과 염려에 넘친 생활방식──이런 것을 인간이 발견하지 못하고 있다는 것은 이상한 일입니다. 지식인들이 쓴 책을 읽어보면 거기에는 경제적·사회적·윤리적으로 사회를 어떻게 구성해야 하는가에 대하여 적혀 있습니다. 또한 사변적 이념을 가진 종교가나 신학자가 쓴 책도 읽게 됩니다. 대부분의 우리에게 있어서는 평화적이고 생기 있는 생활, 남에게 의존하지 않는 힘과 명석함을 갖춘 생활을 찾아내는 일은 대단히 어려운 일입니다. 우리는 일단 성숙하고 지식이 있는 사람들로 일반적으로 간주되고 있으며 비교적 나이든 분들은 두 번에 걸친 무서운 전쟁을 체험했습니다. 또한 그 사이에 혁명이 있었고 분쟁이 일어나 모든 불행을 경험했습니다. 그러면서도 오늘과 같이 상쾌한 아침, 우리는 이와 같은 문제를 아직도 논하고 있습니다. 또한 여러분 중에는 무엇을 할 것인가에 대하여 남의 지시를 크게 기대하고 있는 분도 있을 것입니다. 실제적인 생활방식을 지시해줄 것을 바라는 사람도 있을 것이고, 일상생활을 초월한 아름다움이라든가 또는 어떤 위대한 것에 도달하는 길을 가르쳐준다면 그 사람을 따라가도 좋다고 생각하는 분도 있을 것입니다.

　우리는 왜 남의 말에 귀를 기울이는 것일까요? 우리 자신의 정신과 감성으로 자신을 잘못되게 하지 못하고 명석함을 확보하지 못하는 것은 무엇 때문일까요? 왜 책에 신세를 지며 지식을 머리에 채우는 것일까요? 그리고 행복과 평안을 누리며 실패하지 않는 삶을 살 수는 없는 것일까요? 이와 같은 이상적(理想的)인 마음의 상태가 오히려 이상스럽게 생각되기도 하지만 실제로 이것은 가능합니다. 여러분은 노력한다든가 버틴다든가 할 필요가 전혀 없는 생활은 없는가 하고 의심해본 일이 있습니까? 실제로 우리는 "이것은 이렇게 바꾸자", "저것은 저렇게 고치자", "이것은 억제하고 저것은 인정하자", "이 방식과 이념에 따라 모방하자" 하는 등 무한히 노력을 기울이고 있습니다.

따라서 이런 자문자답을 하는 것 자체가 의심스러운 것이 아닐까요? "갈등이 없는 생활이라는 것이 가능할까? 지적으로 자기를 격리하지 않는 생활, 감정이나 정서면에서도 선명한 생활이 있을 수 있을까? 또한 노력을 기울이지 않고도 잘 될 수 있는 생활이 있을까?" 하는 자문자답 말입니다. 우리의 삶은 마치 맷돌과 같이 계속해서 움직이는 기계와 같습니다. 그러나 그것은 순조롭게 돌아가지 않고 즉시로 마멸해 버립니다. 그래서 사람들은 의문을 느끼게 됩니다. 이것은 의의가 있는 의문이라고 생각합니다만, '대체 노력이 없는 생활이라는 것이 있을 수 있을까? 더욱이 나태하지 않고 은둔도 하지 않고 아무 관심이 없는 감수성이 결여된 생활, 저속하고 평범하며 퇴보도 없는 그런 생활이 가능할 수 있을까?' 하는 의문을 느끼게 됩니다. 우리의 생활은 태어나서 죽을 때까지 무한한 투쟁의 연속입니다. 그것은 자기를 주위에 적응시키고 변형시켜서 그럴 듯한 사람이 되어보겠다는 노력의 연속입니다. 이런 투쟁과 갈등이 혼란을 만연시키고 정신을 둔하게 만들며 감성이 흐려지게 만듭니다.

그렇다면 갈등이 없는 생활, 표면적으로뿐만 아니라 가장 깊은 무의식면에서도 갈등이 없는 생활을 찾아낼 수 있을까요? 그것도 단지 관념적이거나 전혀 희망이 없다거나 우리가 이해하기 어려운 것으로서가 아니라 실제로 이룰 수 있는 생활이 있을 수 있을까요? 오늘 아침에는 이 문제를 자세히 토론해 보도록 합시다.

첫째, 우리는 갈등이라는 것을 왜 만드는 것일까요? 그것은 유쾌한 일일 수도 있고 그렇지 않은 일일 수도 있겠지만 이런 갈등을 없앨 수는 없을까요? 갈등 있는 생활을 그만두고 전혀 다른 생활을 할 수는 없을까요? 힘에 넘치고 명석하고 이해력 있고, 이성적인 생활, 참으로 사랑에 넘친 생활을 할 수 없을까요? 우리는 이해력과 감성의 모든 힘을 모아 이 문제를 다루어야 할 것으로 생각합니다.

우리 마음의 내부에 모순이 있기 때문에 갈등이 생기는 것은 명백합니다. 그리고 이 내부의 모순이 외부로 번져서 사회적으로 표현되어 '나'와 '나 이외의 사람'으로 분열됩니다. 이 '나'라는 것은 야심·충동·추구·쾌락·걱정·증오·경쟁·공포 등을 가진 존재로서 '나 이외의 사람'인 '남'과 대립합니다. 이런 반면에 갈등을 갖고 싶지 않다, 대립하며 모순되는 욕구나 추구 또는 충동을 갖고 싶지 않다는 관념도 인간사회에는 존재합니다. 그래서 인간은 이런 두 가지 사이에 끼어서 긴장의 고통을 맛보게 되는 것입니다. 만일 이것을 자신의 내부에서 자각하게 되면 우리는 모순된 요구나 대립하는 신념이나 이념 또는 추구하는 힘 같은 것을 스스로 인정하게 될 것입니다.

이 이원론, 즉 공포와 모순을 포함한 대립하는 욕망이 갈등을 일으키는 것입니다. 이것은 자신을 관찰하면 스스로 명백해집니다. 이런 이원론의 패턴은 수없이 반복됩니다. 일상생활에서뿐만 아니라 종교생활에 있어서조차 이원론적입니다. 즉 천국과 지옥, 선과 악, 고귀한 것과 저속한 것, 사랑과 증오 이런 식입니다. 여기서 여러분이 주의할 것은 남의 말에 귀를 기울이지 말고 상대방을 거울로 생각하며 거기에 비친 자기의 전체상을 조각조각 분해하지 말고 있는 그대로 관찰해 주었으면 하는 것입니다. 그와 같이 '거울'을 보게 되면 여러분 자신의 정신이나 감성의 움직임을 자각하게 될 것입니다. 예를 들어서 자신의 안팎에 있는 분열이나 분리 그리고 모순이 필연적으로 폭력과 비폭력이라는 대립관계의 갈등을 가져온다는 것을 알게 됩니다. 사태를 있는 그대로 자각하게 되면 그것을 종식시킬 수 있습니다. 더욱이 일상생활의 의식적 표면에서뿐만 아니라 인간이 존재하는 근저에서 이것을 없앨 수 있습니다. 그리고 모순이 없는 생활, 대립적인 욕구나 욕망이 없는 생활, 이원적인 분할이 없는 마음의 활동이 시작됩니다. 이와 같은 변혁을 어떻게 하면 이룰 수 있을까요? 사람은 '자아'와 '상부 자아(上部自我)'로 분리해서 이 사이를 연결하는 다리를 놓으려고 합니다. '자아'는 야심·충동·모순을 포함하고 있으며, '상부 자아'는 이상·방식·개념 등을 의미하고 있습니다. 또한 사람은 존재와 당위로 나누어놓고 이 양자를 연결하려고도 합니다. 이런 모순과 대립 때문에 우리의 에너지가 쓸데없이 낭비되고 있는 것입니다. 이와 같은 분열을 종식시키고 마음이 현재 존재하고 있는 것과 함께 있도록 할 수 없을까요? 실재하는 것을 있는 그대로 이해할 때 대립이라는 것이 일어날 수 있을까요?

이 문제를 각도를 바꾸어서 자유와 공포의 관계라는 관점에서 관찰해 봅시다. 우리들 대부분은 자유를 추구합니다. 그러나 실제로는 자기 중심적으로 살아가고 있습니다. 자기의 일과 자기의 성공이나 실패에 대해서만 신경을 씁니다. 우리는 자유를 바라고 있습니다. 정치적 자유──이것은 독재국일 경우에는 다르지만 상대적으로는 쉬운 것입니다. 그리고 종교의 자유──신구교를 막론하고 종파라는 것은 선전가들이 하는 일로서 참된 종교라고는 할 수 없습니다. 진지한 종교는 사람이 살아가는 일 전체를 다루며 자유를 추구합니다. 그리고 교의를 받아들여 맹신하는 것이 아니고 물음을 계속 갖는 것입니다. 사람은 자유로이 실재하는 것이 있는가, 영원하고 시간을 초월한 것이 존재하는가를 탐구해야 합니다. 확실히 어떤 분야에 있어서든 자유는 절실히 요구되고 있습니다. 그러나 일반적으로 그 자유는 독자적인 것이 되면서 참된 자유가 되기 어렵습니다.

자유를 진정으로 요구할 때는 공포가 포함됩니다. 왜냐하면 자유에는 완전한 안전이 없다는 것이 함축되어 있기 때문입니다. 그래서 사람은 이 불안정함에 두려움을 품게 됩니다. 확실히 생활의 불안정은 위험하기 짝이 없는 것으로 생각되고 있습니다. 아이들조차 인간관계의 안정을 원하고 있습니다. 또한 사람은 커가면서 모든 관계 ── 사물과의 관계, 인간과 이념과의 관계 ── 의 안정과 안전을 요구하게 됩니다. 이 안정욕구는 필연적으로 공포를 낳고 익숙한 사물에 대하여 더욱 집착하도록 만듭니다. 거기에서 자유와 공포의 관계, 즉 공포를 갖지 않는 일이 과연 가능한 것인가 하는 문제가 생기게 됩니다. 심리적 공포도 있습니다. 표면적 공포뿐만 아니라 마음속 깊숙이 파묻혀 있는 공포, 자기로서는 이해할 수 없는 심층의 공포가 있습니다. 이런 공포 전체로부터 인간의 마음은 자유로워질 수 있을까요? 공포가 있으면 사랑은 무너집니다. 이것은 단순한 이론이 아니고 실제로 그렇습니다. 걱정·집착·소유권·지배욕·선망 같은 것을 만들고 있는 것이 바로 이 공포입니다. 게다가 폭력을 낳는 것도 이 공포입니다. 폭발적인 인구를 가지고 있는 대도시를 잠깐 보더라도 불안정과 불완전, 공포 같은 것을 확인할 수 있습니다. 폭력을 낳는 원인의 하나가 여기에 있습니다. 여러분은 공포에서 해방되어 이 모임을 떠날 때는 공포를 초래하는 검은 그림자로부터 자유로워질 수 없을까요?

공포 문제를 이해하기 위해서는 물리적인 실제 공포뿐만 아니라 심리적인 공포 전체를 검토하지 않으면 안 됩니다. 나는 그렇게 하려고 합니다. 문제는 '공포는 어떻게 해서 생기는가? 어떤 이유에서 그것은 보존되고 지속되는가? 그것을 종식시킬 수는 없는가?' 하는 것입니다. 물리적인 실제 공포라면 우리는 쉽게 이해할 수 있습니다. 또한 물리적 공포의 위험에 대해서는 즉각적인 반응이 일어납니다. 이것은 몇 세기를 두고 만들어진 조건반사입니다. 이런 반응이 없었다면 인간은 실제로 존재할 수 없었을 것이며 그 생명은 오래 전에 끝나고 말았을 것입니다. 육체는 중요한 것입니다. 그래서 몇 천 년에 걸친 전통이 생겨서 "신중을 기하라"라고 가르치는 것입니다. 또한 인간에게는 기억력이 있어 "이것이 위험하니까 주의하라. 즉시 행동하지 않으면 안 된다"고 예고하기도 합니다. 그렇지만 이런 위험에 대한 반응이 공포일까요?

이 문제를 면밀하게 생각해 보도록 합시다. 우리는 이제부터 꽤 단순하게 보이면서도 상당히 까다로운 문제로 들어가게 됩니다. 따라서 온 정신을 집중해서 이 문제를 대하지 않으면 이해하기 어려울 것입니다. 바로 전에도 말한 바와 같이 즉각적인 행동이 요구되는 위험에 대하여 몸의 감각이 즉시로 반응한다는 것이 공포로 분류될 수 있을까요? 아니면 그것은 공포와는 다른 이해력일까요? 또한 이 이해력은 전통이나 기억으로 육성할 수 있는 것일까요? 만일 그렇다면 그 이해력은 심리적인 면에서도 당연히 충분한 활동을 해주면 좋을 텐데 왜 그렇게 하지 않고 있는 것일까요? 인간은 심리적인 면에서 여러 가지로 보다 큰 공포를 느끼기 때문일까요? 다시 말하면 실제의 위험을 보고 즉시 반응하는 이 같은 이해력이 심리적 공포에서는 왜 활동하지 않는 것일까요? 육체적인 이해력은 심리적인 부분——죽음의 공포, 암흑의 공포, 남편이나 아내가 무슨 말이나 행동을 할 것인가, 이웃이나 상관이 어떤 인상을 가질까 하는 것과 같은 공포 전체——에도 응용될 수 있을까요? 나는 여기에서 여러 가지 형태로 나타나는 공포 중 어느 하나를 다루려는 것은 아닙니다. 특별한 공포에 대해서가 아니라 공포 일반을 다루려는 것입니다. 공포가 존재하고 우리가 그것을 깨닫게 되면 그로부터 도피하려는 움직임이 일어나게 됩니다. 그것을 억압하거나 거기에서 도피하거나 여러 가지 오락을 통해서 잊거나——종교도 이 속에 들어갑니다——또는 공포에 대항해서 용기를 내는 수도 있습니다. 도피·오락·용기——각각 다른 것 같지만, 사실은 모두 이 공포에 저항하는 자세입니다.

공포가 크면 그에 대한 저항도 커지게 됩니다. 그런 결과로서 신경증적 행동체계가 만들어지는 것입니다. 공포가 있습니다. 이에 대하여 의식면의 자아가 "공포가 있어서는 안 된다"고 말합니다. 그리하여 이원적으로 되어 버립니다. 공포에 대해서 이와는 다른 '의식자아'가 있어 공포로부터 떠나서 이것에 저항하려고 합니다. 그 때문에 힘과 이론을 기르고 분석을 시작합니다. 그런데 다른 한 쪽에는 공포를 느끼는 '잠재자아'라는 것이 있습니다. 전에 말한 '의식자아'는 공포에서 분리된 것입니다. 이와 같이 공포와 이것을 극복하려는 '의식자아' 사이에 즉시 갈등이 생기게 됩니다. 보고 있는 것과 보여지고 있는 것과의 분열이라고 해도 좋을 것입니다. 보여지고 있는 쪽이 공포이며, 보고 있는 쪽이 '의식자아'로서 이 공포를 초월하려고 하는 것입니다. 이와 같이 대립과 모순, 분열이 일어나며 공포와 그것을 초월하려는 '의식자아' 사이에 갈등이 일어나게 됩니다. 우리 사이에 마음의 교류가 이루어지고 있을까요?

문제는 공포를 가진 '잠재자아'와 이것에 저항하는 '의식자아' 사이의 갈등이라는 것으로 옮겨가고 있습니다. '의식자아' 쪽에서는 공포를 극복하거나 도피하거나 억압하거나 통제하려고 합니다. 이 분열은 필연적으로 갈등을 초래하게 됩니다. 그것은 마치 육해군을 거느리고 저마다의 주권을 행사하는 정부를 받아들이는 제국가 간의 현상과 같은 것입니다.

이와 같이 보는 자와 보여지는 것으로 분열하게 됩니다. 보는 쪽에서는 "이 무서운 사태를 극복하고 처리해야 한다"고 선언합니다.

보는 쪽은 언제나 호전적이며 갈등상태를 가지게 됩니다. 이상과 같은 것이 우리의 습관이며 전통이며 우리를 조건지우는 것입니다. 습관은 어떤 것이든 버리기가 대단히 어렵습니다. 왜냐하면 흡연이나 음주나 섹스 또는 마음의 습관 등 그 어느 것을 보더라도 거기에 안주하고 싶어지기 때문입니다. 주권국가들 간에도 '우리 조국'과 '저들의 국가', '우리의 하느님'과 '사교(邪敎)의 하느님', '나의 신념'과 '너의 사견(私見)' 이런 식입니다. 우리의 전통은 투쟁적이며 공포에 대항합니다. 전통은 투쟁적이며 공포와 대항해서 오히려 갈등만을 증대시킵니다. 그 결과 그 공포에 더한층 불을 지르게 됩니다.

앞의 것이 명백해졌으므로 다음 문제로 옮겨보도록 합시다. 그것은 '보는 자와 보여지는 것 사이에 실제로 차이가 있는가?' 하는 것입니다. 보는 자와 보여지는 것(여기서는 공포)은 다르다고 생각하는 사람도 있겠지만 과연 어떨까요? 양자는 같은 것이 아닐까요? 예컨대 정말로 신기한 일이 발생했다고 하면 대개 보는 자 따위는 존재할 수 없습니다. 그러나 통상적인 경우에는 보는 쪽 사람은 자기의 반응이 공포라는 것을 깨닫게 되며 그것은 이미 전에 알았던 바로 그 공포라는 것도 깨닫게 되어 거기에서 분열이 생깁니다. 부디 여러분 스스로 관찰해 주십시오. 보는 자와 보여지는 것은 본질적으로 같은 것입니다. 그러므로 우리는 이 모순——'의식자아'와 '잠재자아'의 모순——을 제거하는 동시에 무의미한 몸부림을 버리는 것이 좋을 것입니다. 그렇다고 해서 우리가 어떤 공포를 수용한다든가 또는 이것과 일체화된다는 의미는 아닙니다.

보여지는 것으로서 현재 공포가 있고, 이것을 보는 자도 그 공포의 일부를 이루고 있다——이것을 깨달으면 다음은 어떻게 될까요? 여러분도 나와 같이 정신을 집중시키고 있습니까? 그렇지 않고 말만 듣고 있어서는 이 공포의 문제를 내면 깊은 곳에서 끄집어내어 해명할 수 없습니다. 공포라는 것이 현존하고 있습니다. 그것을 보는 딴 사람은 없습니다. 왜냐하면 보는 사람 자신이 현재 공포와 일체이기 때문입니다. 여기서 몇 가지 문제가 생깁니다. 첫째, '공포란 무엇인가? 그 공포는 어떻게 발생하는가?' 하는 것입니다. 공포의 결과나 원인을 지금 문제로 삼고 있는 것이 아닙니다. 또한 공포가 있으면 삶이 비참하고 추악해진다는 것을 문제로 삼고 있는 것도 아닙니다. 지금 문제는 공포는 무엇이며 어떻게 발생하는가 하는 데 국한되어 있습니다. 공포의 이런저런 원인을 발견하는 데 여러 가지 분석이 필요할까요? 분석을 시작할 때에는 분석하는 본인이 편견을 갖지 말고 아무런 제약도 받지 않는 것이 중요합니다. 그래야 비로소 사람은 관찰할 수가 있습니다. 그렇지 않고 어떤 왜곡된 것을 갖고 있으면 분석이 진행되면서 그것이 증가되어 버립니다.

따라서 공포를 종식시키기 위해 분석을 한다고 해도 그것은 공포를 종식시키는 것이 아닙니다. 이 모임에 분석가가 있었으면 좋았을 텐데요. 공포의 원인을 발견했다고 합시다. 그러면 이 발견을 기초로 행동이 이루어집니다. 이렇게 해서 그 원인이 결과를 낳게 됩니다. 그 결과가 또 원인이 되어갑니다. 이와 같이 무한히 악순환되어 갑니다. 그러므로 공포의 원인의 탐구나 공포의 분석 같은 것은 하지 않는 것이 좋습니다. 그러면 어떻게 해야 할까요?

이런 탐구는 오락은 아니지만, 그 해답을 발견해 나가는 일은 즐거운 것입니다. 이해한다는 것은 통쾌한 일이 아니겠습니까? 그러면 공포를 만들고 있는 것은 무엇일까요. 시간이라는 것과 사고라는 것이 공포를 초래하고 있습니다. 시간과 관련해야만 공포가 생깁니다. 어제, 오늘, 내일──내일 무슨 일이 일어날지 모르기 때문입니다──실직을 한다든가, 남편이나 아내가 도망을 간다든가, 전에 일어났던 병과 고통이 재발할지도 모릅니다. 그러므로 시간이 문제인 것입니다. 당신 이웃이 내일 당신에게 무슨 짓을 할지 모릅니다. 이것도 시간 문제입니다. 몇 해 전에 고통받았던 일을 다시 생각하는 일. 이것도 시간 문제입니다. 숨겨져 있는 욕망이 충족되지 않을지도 모릅니다. 이것도 시간 문제입니다. 이와 같이 시간은 공포와 사고를 포함하고 있습니다. 시간이 없으면 사고도 없습니다. 어제 일어났던 일이 내일 또 생길지도 모른다고 생각합니다. 여기에는 시간과 공포가 포함되어 있습니다.

 이런 것을 스스로 관찰해 보십시오. 찬성한다든가 반대하는 일 없이 진실을 그저 탐구하십시오. 이런 탐구는 말로서만이 아니고 또한 찬부를 묻지 말고 그저 진행시키는 것이 좋습니다. 진실을 발견하기 위해서는 발견하겠다는 감정과 정열, 거기에다 정신력이 필요합니다. 이런 것이 갖추어지면 "사고야말로 공포를 낳는 원흉이다"는 것을 알게 됩니다. 과거의 일, 미래의 일을 생각하는 것——그 미래는 1분 후일지도 모르며 내년이나 수십 년 후일지도 모릅니다——이렇게 생각하는 것이 사건을 초래합니다. 어제 즐거웠던 일——이것을 사건으로 생각하고 있으면 꽤 즐겁습니다——그 즐거움에는 성적인 것, 감각적인 것, 지적 또는 심리적인 것 등 여러 가지가 있겠지만 아무튼 생각해보는 것으로써 그 즐거움을 연장시키고 이미지를 만들어내어 그것으로써 과거의 사건을 미화시킵니다. 이렇게 해서 쾌락은 더욱더 불어나게 됩니다.

 그러나 사고는 쾌락과 동시에 공포도 낳습니다. 이 두 가지는 시간과 관련된 사항입니다. 사고는 쾌락과 고통(고통은 공포)이라는 양쪽 면을 가진 동전 같은 것을 만들어낸다고 해도 좋습니다. 그러면 어떻게 하면 좋을까요? 우리는 사고를 숭배합니다. 여기서 사고는 그 중요성을 증대하게 되며 그 솜씨가 세밀하면 세밀할수록 우수하다는 판단이 나옵니다. 사회에서나 종교계에서나 가정에서나 사고는 지식인들에 의하여 남용되고 있습니다. 그들은 이 사고라는 동전을 조종하며 명문구에 취해서 현실을 망각하고 있습니다. 지식이 많고 말 잘하는 사람은 존경을 받습니다. 그러나 바로 이 사고라는 것이 실상은 공포라든가 쾌락이라고 하는 것의 원흉인 것입니다.

　그렇다고 해서 쾌락을 누려서는 안 된다고 말하는 것은 아닙니다. 금욕적으로 되라는 것도 아닙니다. 그저 이런 사정을 이해하려고 노력할 뿐인 것입니다. 이런 전체과정을 이해하게 되면 공포가 사라지기 때문입니다. 그리고 "참된 쾌락은 이런 것과는 다른 것이다"라는 뜻을 알게 되겠지만, 이것은 시간이 있을 때 다루어 보도록 합시다. 아무튼 사고라는 것이 인간 고뇌의 원인인 것입니다. 이것은 사고의 일면이 그렇다는 것이며 다른 면에서는 쾌락과 그 연장에 공헌하고 있습니다. 이 쾌락에는 종교적 형태 같은 것도 포함됩니다. 그러면 사고는 어떻게 해야 할까요? 사고를 종식시킬 수 있을까요? 이 질문 자체가 옳은 것일까요?

　누가 사고를 정지시킬 것입니까? 사고란 다른 '나(의식자아)'일까요? 그러나 이 '나'는 사고의 산물입니다. 따라서 우리는 여전히 그 익숙한 문제, 즉 '의식자아'와 '잠재자아'의 문제로 되돌아가고 맙니다. 즉 '의식자아'가 보는 쪽 입장에 서서 "사고를 정지시키고 새로운 인생을 살아보자"고 외치는 것입니다. 그러나 실제로 거기에 있는 것은 사고의 작용뿐이며 보고 있는 나라는 것은 있을 수 없습니다. 왜냐하면 보는 입장 자체가 사고의 산물이기 때문입니다. 여기서 사고는 대체 어떻게 성립되는가 하는 것을 관찰하도록 합시다. 사고라는 것은 기억이나 경험이나 지식의 반응이며 결국 기억을 보존하는 지능의 상관항(相關項)입니다. 지능에게 무엇인가를 물으면 거기에서 기억이나 인식에 의한 반응이 일어납니다. 두뇌는 몇천 년에 걸친 인간의 진화와 조건지어짐의 결과이기 때문입니다. 따라서 사고는 언제나 본질적으로 낡은 것이며 과거의 조건의 반응으로서, 자유로이 해방되어 있지 않습니다.

　그러면 어떻게 하면 좋을까요? 사고가 공포를 만들고 있어 그 사고의 힘으로는 어떻게도 할 수 없다는 것을 깨닫게 되면 평정이 찾아옵니다. 공포를 충동하는 움직임이 완전히 정지하게 됩니다. 거기에서 두뇌를 포함한 인간의 마음이 이런 현상──습관·모순·투쟁(잠재자아와 의식자아)──을 지켜보게 됩니다. 그리고 공포라는 것은 간단히 분석해서 처리해 버릴 수 없는 것으로 언제나 거기에 잔존하게 된다는 것을 자각하게 됩니다. 분석으로는 안 됩니다. 그러면 이와 같이 집요한 공포의 근원은 무엇일까요? 어떻게 발생하는 것일까요?

전에 말한 바와 같이 공포는 시간과 사고의 매개에 의해 생기는 것입니다. 사고는 기억의 반응이며 그에 의하여 공포가 생깁니다. 따라서 공포는 사고에 의하여 통제되거나 억압될 수 없습니다. 사고 자체를 변형시킨다든가 여러 가지 기교를 부린다 하더라도 억압되거나 통제될 수 없습니다. 이와 같은 전체적인 모습을 자기 내부에서 있는 그대로 또한 객관적으로 체득하게 될 때 사고 자체가 겨우 "이제 나는 통제나 억압을 받지 않아도 평온하다. 앞으로도 평온하게 있을 수 있다"고 말하게 됩니다.

이렇게 하여 공포가 끝나게 됩니다. 이것은 동시에 슬픔이 없어지는 것이고 자기를 알게 되는 것입니다. 자기를 알지 못하면 공포도 슬픔도 끝나지 않습니다. 있는 그대로의 모습에 직면한다는 것은 공포를 벗어난 정신만이 할 수 있습니다.

질문을 하고 싶은 분이 계실 것입니다. 질문을 하는 것은 좋은 일입니다. 자기 자신을 이런 장소에서 터놓는 것은 중요한 일입니다. 그와 동시에 혼자 방안에 있든가 마당에 나가 있든가 혹은 마음 편하게 버스를 타고 있든가 산보를 하고 있을 때에도 의문을 가지고 발견해 나간다는 것은 중요한 일입니다. 그러나 질문은 올바른 형태로 제기하지 않으면 안 됩니다. 올바른 질문을 하는 데서 올바른 대답이 준비될 수 있기 때문입니다.

질문 : 자신을 용인하는 것, 스스로의 고통이나 비통을 감수하는 것 —— 이런 것이 바른 일일까요?

크리슈나무르티 : 실제의 자기를 어떻게 용인할 수 있을까요? 자기 마음의 추악함·잔인함·폭력·속임수·위선 같은 것을 용인한다는 말입니까? 이런 것이 용인될 수 있을까요? 자신을 변혁시키고 싶다고는 생각지 않습니까? 변혁시켜서는 안 된다고 하는 것입니까? 도덕이라고 말할 수 없는 가짜 '도덕'이 만연되고 있는 기성질서를 용인할 수 있을까요? 뿐만 아니라 삶 자체가 끊임없는 변화의 연속이 아닐까요? 참되게 산다는 것은 용인도 부인도 아닌 것입니다. 묵묵히 사는 것일 뿐입니다. 우리는 생명의 흐름과 함께 살고 있습니다. 생명의 움직임은 당연히 변화를 요구합니다. 마음의 변혁과 변형을 요구하고 있습니다.

질문 : 의미를 모르겠습니다.

크리슈나무르티 : 미안합니다. 당신은 '용인(accept)'이라는 말을 사용했지만, 일상적인 영어(英語)로는 있는 그대로 사물을 받아들인다는 것인데, 알고 계십니까? 당신의 자국어(自國語)로 말하는 편이 좋을지도 모르겠군요.

질문 : 마음에 비치는 대로 사물을 용인한다는 것입니까?

크리슈나무르티 : 마음에 비치는 대로의 사물이라고 하면 예를 들어서 아내가 나가버렸을 때의 사정을 그대로 용인한다는 것입니까? 돈을 잃어버렸다, 직업을 잃었다, 멸시와 모욕을 당했다 —— 이런 일이 생겼을 때 있는 그대로를 용인한다는 것입니까? 전쟁이라면 어떨

까요? 용인하겠습니까? 마음에 비친 대로의 사물을 관찰한다는 것──이론적이 아니라 실제로 그렇게 하기 위해서는 사람은 이 '나' 라는 관념에서 벗어나야 합니다. 이와 같은 것은 오늘 아침에 이야기했던 것입니다. 마음을 텅 비우고 '나' 라든가 '너', '우리' 와 '그들' 과 같은 차별이 있지 않도록 해야 합니다. 그렇게 하면 사람은 순간순간을 영원히 투쟁도 갈등도 없이 살아갈 수 있습니다. 이것이야말로 참된 명상이며 참된 행동으로서 갈등도 잔인도 폭력도 자취를 감추게 됩니다.

　질문 : 인간은 사고하지 않으면 안 됩니다. 사고는 인간에게 불가피한 것이 아닐까요?

　크리슈나무르티 : 질문의 의미를 알겠습니다. 당신은 사고를 모두 그만두어야 한다는 것입니까? 직장에서 당신은 사고하지 않을 수 없습니다. 집으로 돌아갈 때도 사고는 필요합니다. 사고의 산물인 말에 의한 전달도 필요합니다. 그러면 사고는 삶에 있어 어떤 위치를 차지하고 있는 것일까요? 사고는 우리가 무엇인가를 하고 있을 때에는 활동하지 않으면 안 됩니다. 이것은 좋은 일입니다. 예컨대 기술적인 일을 할 때, 컴퓨터가 하는 것과 같은──능률은 그것에 떨어질지 모르겠지만──기능을 수행할 때 사고는 필요합니다. 희망적인 관측이나 편견, 주관 같은 것을 버리고 명석하게 객관적으로 생각하는 것이 중요합니다. 그러나 그 반면에 사고는 공포를 낳고 그 공포가 이번에는 인간이 능률적으로 행동하는 것을 방해하는 것도 사실입니다. 따라서 사고가 요구될 때는 공포에서 해방되어 행동할 수 없다 하더라도 사고가 요구되지 않을 때에는 평온해질 수 있다──이런 식으로 되지 않겠습니까? 아시겠습니까? 공포와 쾌락과 사고, 그리고 평온이라는 전체적인 관련을 이해하시겠습니까? 필요할 때에

는 사려깊게 행동하고 그렇지 않을 때에는 사고를 사용하지 않는 식으로 될 수 있겠습니까? 물론 이것은 간단한 일은 아닙니다. 자각하고 있을 때에는 마음이 주의깊어져서 필요에 따라 생각하며 행동하게 됩니다. 이렇게 될 수 있을까요? 또한 마음이 둔화되거나 기계적으로 되어도 안 됩니다.

 이상과 같이 관찰하게 되면 문제는 인간이 사고를 사용할 것인가 아닌가 하는 것은 아닌 듯 싶습니다. 어떻게 하면 자각한 상태에 있게 할 수 있을까 하는 것이 문제인 것입니다. 그렇게 하기 위해서 사람은 사고·공포·증오·고독이라는 문제를 깊이 이해하지 않으면 안 됩니다. 실제로 있는 그대로의 생활에 애착을 가지고 잘 이해하지 않으면 안 됩니다. 그렇지만 마음의 눈이 뜨여 왜곡되지 않은 상태로 있지 않으면 사람은 깊이 이해할 수 없습니다.

 질문 : 위험에 봉착하면 경험에 따라서 반사적인 행동을 하라는 의미입니까?

 크리슈나무르티 : 당신은 그렇게 하지 않습니까? 위험한 동물을 보면 기억과 경험으로 반사적인 행동을 하지 않습니까? 물론 이때 '주의하라'고 외쳐주는 것은 자신의 경험이 아니라 인간의 유산으로서의 경험인 것입니다.

 질문 : 그럴까요?

 크리슈나무르티 : 그렇지만 국가주의라든가 전쟁의 위협을 눈앞에 두고서도 또한 이기적인 정부가 제멋대로 이권과 권력을 휘두르며 날뛰고 있어도 앞에서의 예와 같이 유효한 행동을 취하지 못하는 것은 무엇 때문일까요? 이것은 위험하기 짝이 없는 일입니다. 이런 경

우에 즉각적인 행동을 취하며 '사태를 개선해야지!' 하는 생각을 못하는 것은 무엇 때문일까요? 이런 일을 가능하게 하려면 자기의 개선, 즉 이미 알고 있다고 생각하고 있는 자기의 개선이 필요합니다. 요컨대 당신은 어느 민족, 어느 국가, 어느 국기, 어느 종파라는 것에 예속되지 말아야 합니다. 한 사람의 자유인이라는 인식이 필요합니다. 그러나 실제로는 이런 인식이 없습니다. 생물적인 위험에는 반응할 수 있어도 그보다 무서운 마음의 위험에 대해서는 반응할 줄 모릅니다. 우리는 현실적인 사물을 방임해 버리든가 혹은 그에 반항하며 사변적인 유토피아의 환상을 만들어 내기도 합니다. 이것은 다시 '원점'으로 되돌아가는 것과 같습니다. 마음 속의 위험도 마음 밖의 위험도 결국 같은 것입니다. 이것을 안다는 것은 눈이 뜨여 있다는 것, 즉 지적이며 감수성이 풍부하다는 것과 같습니다.

1969년 5월 10일 암스테르담

제10장 삶의 전체상

속박되지 않은 정열로 이해하는 것.

　세계 어디를 가나 인간에게 정열이 결여되어 있다는 것은 이상한 일입니다. 사람들은 권력이나 지위를 탐내고 있습니다. 또한 성적이든 종교적이든 온갖 형태의 오락을 추구하고 있습니다. 감각적 욕망을 충족시키려고 하고 있습니다. 그리고 이와 같은 단편적 행위에 전에너지를 소비하지 않고 깊은 정열을 가지고 생명의 전과정을 이해하는 데 헌신하는 사람도 아주 적습니다. 은행가는 은행 업무에 대해서만 비상한 관심을 가지고 있고, 예술가나 과학자는 각각 자기의 전문분야에만 관심을 가지고 있습니다. 그러나 명백히 삶 전체를 이해하기 위하여 영속적이며 강력한 정열을 바친다는 것은 대단히 어려운 일입니다.
　태어나서 사랑하고 죽어간다는 전체적 내용을 우리가 이해하려면 지적 능력과 강력한 정신 이외에도 더 중요한 것, 즉 정열만이 제공해줄 수 있는 커다란 에너지가 특히 필요합니다. 이 거대한 문제──착잡하고 미묘하고 심원한──에 대하여 우리는 정신력을 집중시켜서(즉 정열을 말함) 새로운 생활을 스스로 모색하지 않으면 안됩니다. 이 문제를 이해하려면 우리는 여러 가지 다른 문제도 다루어야 합니다. 즉 마음의 표층·심층을 음미하고 의식의 과정을 검토해보아야 합니다. 또한 질서라는 것의 본성, 즉 외부사회의 질서뿐만 아니라 자기 마음의 질서의 본성까지도 탐구할 필요가 있습니다.
　사람은 산다는 의미를 탐구해서 지적인 의미를 부여할 뿐만 아니라 산다는 것의 실제를 관찰해야 합니다. 또한 사람은 사랑과 죽음의 의미도 탐구해야 합니다. 또한 이것은 자기 마음의 의식면과 심층에 있는 무의식의 저변 양면에 걸쳐 조사할 필요가 있습니다. 또한 사람은 질서 문제도 다루어야 하고 무한하고 광대한 자비·공감·온화·애정에 찬 생활문제도 다루어야 합니다. 그리고 죽음이라는 불가사의한 의미에 대해서도 스스로 발견해 나갈 필요가 있습니다.
　이상의 것은 인생의 단편이 아니라 사실은 생명의 전체적인 흐름을 이루는 것입니다. 만일 우리가 삶이라는것을 삶·사랑·죽음…… 등으로 분리해 버린다면 생명 전체를 파악할 수 없습니다. 전체의 과정을 알기 위해서는 에너지가 필요합니다. 그것은 이해력뿐만 아니라 강한 감정의 에너지를 요구합니다. 그리고 감정의 에너지에는 속박받지 않는 정열이 있어 내부에서 끊임없이 타오르지 않으면 안 됩니다. 사람의 마음이 조각조각 분리되어 버리면 어떻게 될까요? 의식과 무의식으로 분리가 시작됩니다. 그리하여 온갖 분열이 생겨납니다. 너와 나, 우리와 그들과 같은 분열이 생기며 이와 같은 차별이 국가와 가족 간에 있게 되면, 또한 획득욕과 의존성이 심한 종파 간에 있게 되면, 삶의 단편화가 필연적으로 생기게 됩니다. 그렇게 되면 일상생활은 하찮은 일의 반복일 뿐으로 사랑이라 해도 질투·소유욕·의존욕·지배욕에 방해를 받게 됩니다. 그리고 공포가 생겨납니다. 예를 들어 불가피한 죽음의 공포가 생겨납니다. 그러므로 이 문제를 이론적으로만이 아니라 실제로 자신을 관찰하면서 불행·혼란·갈등의 원인인 분열이 왜 발생하는가를 발견해 보도록 합시다.
　자신을 관찰하게 되면 생활(의식주)과 관계되는 표층의 마음의 움직임을 명백하게 인식할 수 있습니다. 이 표층은 기술적·과학적인 지식과 관계되고 있습니다. 가령 회사에 가면 타인과 경쟁하며 일을 합니다. 이것이 마음의 표층이라는 것은 여러분 스스로도 알 수 있을 것입니다. 이에 반하여 지금까지 조사해본 적이 없는 잠재적인 의식의 부분이 있습니다. 이것은 그 조사방법을 모르기 때문에 반성되지 않았던 것입니다. 그래서 이 잠재의식 부분을 이해하기 위하여 사람은 이와 관계되는 책을 읽는다든가 정신분석가나 철학자를 찾게 됩니다. 그러나 우리는 스스로 조사해볼 줄은 모릅니다. 마음의 외부인 표면적인 움직임은 관찰하지만 과거 전체가 축적되어 있는 심층의 잠재의식 부분은 관찰하려고 하지 않습니다. 그러면 적극적인 주장과 의욕을 가지고 있는 마음의 의식적 부분이 이런 인간의 심층을 관찰할 수 있을까요? 여러분은 이런 일을 해보지 않았을 것입니다. 그러나 여러분이 진지하게 관찰을 시도한다면 여러분 스스로도 과거의 엄청난 축적——민족적 유산, 종교적 규제, 여러 가지 분해품——이 그 속에 충만해 있는 것을 알게 될 것입니다. 장난삼아 의견을 말하는 것도 사실은 이 과거의 축적물에서 나오는 것이며, 본질적으로는 과거의 지식과 경험에 기초를 두고 있는 것으로 그것이 형태를 바꾸어서 의견도 되고 결론도 되는 것입니다. 우리의 마음이 이런 과정을 관찰하고 이해하며 이것을 초월해서 일체 분열을 일으키지 않을 수 있도록 될 수 있을까요?

  지금 말한 것은 매우 중요한 것입니다. 왜냐하면 우리는 삶을 단편화해서 관찰하도록 조건지어져 있기 때문입니다. 이 단편화가 계속되는 한 더욱 만족하고 싶다, 야심을 갖고 경쟁에 이겨 성공하고 싶다는 욕망이 생기게 됩니다. 또한 이 단편화는 인간을 개인주의적(이기주의적)으로 만들고, 집단주의로 가게끔 하지만 그 어느 경우에도 자기중심적이며 분산적이고 무엇인가 위대한 것에 자기를 귀속시키고 싶어하게 만듭니다. 우리의 행위나 사상이나 감정이 분산되어 있다는 것은 바로 인간의 의식에 있어, 아니 인간존재 자체의 전구조와 본질에 있어 이와 같은 깊은 분열이 있다는 것을 의미합니다. 이렇게 해서 우리는 삶을 단편화하며 사랑이라든가 죽음이라든가 하고 구분을 하는 것입니다.

마음의 과거의 움직임, 즉 무의식을 관찰할 수가 있을까요? 여기서 무의식이라는 말을 사용했는데 이것은 특별한 정신분석의 의미로 사용하는 것은 아닙니다. 심층의 무의식은 과거의 축적이며 우리는 이것에 따라서 행동합니다. 따라서 과거·현재·미래라는 구분, 즉 시간을 묻게 되는 것입니다.

이상과 같은 말이 약간 복잡하게 들릴지 모르겠지만 만일 자신을 관찰한다면 간단하게 알 수 있는 것입니다. 자기의 행동, 의견이나 사상의 움직임, 결론짓는 방법——이런 것을 관찰하면 쉽게 알 수 있습니다. 만일 여러분이 비판적으로 자신을 관찰하게 된다면 여러분의 행동이 과거의 결론이나 방식에 입각하고 있음을 알게 될 것입니다. 그리고 이것을 이념으로 하여 미래에 투영된 이상을 따르고 있다는 것을 알게 될 것입니다. 그러므로 인간의 동기나 결론, 방식을 추구할 때는 과거가 작용하고 있는 것이며, 또한 정신도 감성도 이 과거의 기억을 배경으로 하여 삶을 형성하며 단편화를 초래하고 있는 것입니다.

마음의 의식적 부분이 무의식층을 간파하고 그 내용 전체(즉, 과거)를 파악할 수 있을까요? 이 질문은 비판적 능력을 요구합니다. 비판이란 자기 나름대로의 비판이 아닌 올바르게 관찰하는 것을 말합니다. 만일 참으로 눈을 뜨고 있다면 전체의식 어느 곳에도 분열은 없을 것입니다. 그리고 그 눈뜬 상태는 판단 같은 것이 없는 날카로운 자각이 있을 때에만 가능합니다.

관찰한다는 것은 날카로운 비판적 통찰력이 있다는 뜻입니다. 나는 비판이라는 말을 평가한다든가 의견을 말한다든가 하는 뜻으로 말하는 것이 아니고 날카로운 감식안(鑑識眼)을 갖는다는 뜻으로 사용하고 있습니다. 따라서 비판이라고 해도 그것이 주관적인 것으로 공포나 편견이 수반되는 것이라면 그것은 참다운 비판이 아닌 조각 조각 분산된 지식으로 타락해버린 것이라고 말할 수 있을 것입니다.

우리가 지금 하려고 하는 것은 생명 전체와 그 과정에 대해서 검토하려는 것이며 그 일부인 단편을 생각하려는 것은 아닙니다. 어떤 특수한 문제라든가 사회활동——이것은 생명 전체의 흐름으로부터 독립된 것입니다——을 다루려는 것은 아닙니다. 어디까지나 참된 이해에 포함되어 있는 사항을 찾아내서 위대하고 영원한 참된 실재(생명)에 관한 것을 찾으려고 하는 것입니다. 생명의 전체적인 흐름을 하나의 통일된 활동으로 이해하기 위해서는 우리의 의식의 어느 부분에도 개념·원리·이념·분열——'의식자아'와 '잠재의식'——같은 것이 있어서는 안 됩니다. 이런 것을 명확하게 해놓고 산다는 것의 의미라는 문제로 들어가 봅시다. 우리는 산다는 것을 적극적인 활동으로 생각하는 것 같습니다. 무엇인가를 한다, 생각한다, 언제나 바쁘게 활동한다, 대립한다, 슬퍼하며 위로받는다, 죄의식·야심·경쟁·쾌락의 추구(여기에는 고통이 수반합니다)·성공욕구 등——이런 것을 사는 것이라고 말합니다. 확실히 이것이 우리의 생활입니다. 때로는 기뻐하며 때로는 진심으로 공감하고 또는 아무 야심도 없이 자선활동을 하기도 합니다. 아주 드물게 과거나 미래를 잊어버리고 환희를 맛보기도 합니다. 그러나 회사에 가면 여기에는 노여움·증오·경멸·적개심 등이 있게 됩니다. 우리는 이것을 일상생활로 보고 있습니다. 그리고 이것을 매우 적극적인 것으로 생각하고 있습니다.

그러나 이른바 이 적극성을 부정하는 것이야말로 사실은 참된 적극성인 것입니다. 즉 일상적인 생활——추악하고 고독하고 공포·잔인·투쟁이 있는 생활, 남을 염려해 주는 일 없이 사는 생활——이것을 부정하는 것이야말로 최고의 적극성을 가진 행위인 것입니다. 아시겠습니까? 통상적인 도덕성을 완전히 타파하는 것이 최고의 도덕적 행위인 것입니다. 왜냐하면 이른바 사회도덕이란 "훌륭하다"고 남들에게 말을 듣는 것과 같은 것이며, 사실상 도덕이라고 말할 수 없는 것입니다. 우리는 경쟁하며 살아가고 있습니다. 탐욕스럽고 남을 질투하고 이기적입니다. 그 행동양식은 여러분이 아는 바와 같습니다. 이런 것을 사회도덕이라고 부릅니다. 또한 종교 관계자들은 또 다른 종류의 도덕성을 부르짖고 있습니다. 그러나 그들의 생활과 행동은 종교상의 조직과 신앙체계에 귀속되어 있기 때문에 이것은 도덕이라고는 할 수 없습니다. 이런 통념을 타파하는 것은 반작용이 아닙니다. 반작용이라는 것은 저항으로 나타내는 의견의 불일치에 불과한 것입니다. 따라서 자신이 이해하여 이것을 소멸시키는 것이 높은 도덕성이라고 할 수 있습니다.

그와 마찬가지로 '사회도덕'이나 생활의 일상성을 부정하는 것──이 하찮고 보잘것 없는 생활, 천박한 사고와 생존, 물건을 저축하고 저속한 만족에 잠겨 있는 상태를 부정하는 것──그 보잘것 없는 것과 멸망에 이르게 되는 본질을 간파하면서 이것을 소멸시키는 것──이것이 살아 있다는 것입니다. 가짜를 가짜로 간파하는 것──이런 지각이 진실인 것입니다.

그러면 사랑이란 무엇일까요? 사랑은 쾌락일까요, 욕망일까요? 사랑은 의존하며 애인을 소유하고 지배하는 것일까요? "이 사람은 내 것이다. 당신과는 관계가 없다. 내 사람이다. 딴 사람은 손 하나 댈 수가 없다"는 말 속에는 질투·증오·노여움·투쟁이 포함되어 있지 않을까요? 되풀이하는 것 같지만 사랑 또한 종교상의 규제에 의해 신성한 사랑(하나님의 사랑)과 범속한 사랑, 육욕 등으로 구분되어 왔습니다. 사랑이란 이런 것일까요? 당신은 사랑하는 일과 야심적인 일을 동시에 할 수 있습니까? 남편이 야심으로 가득 차 있을 때 그 사람이 아내를 사랑하고 있다고 말할 수 있을까요? 경쟁심이나 성공욕에 불타고 있을 때 진정한 사랑이 있을 수 있을까요?

 이상과 같이 일상적인 것을 지적으로나 말만으로 부정하는 것이 아니라 자기의 존재 자체에서 떨쳐버리고 질투도 경쟁적인 야심도 모두 소멸시켜버릴 때 그것이 참된 사랑이 아닐까요? 일상적인 생활과 참된 생활――이 두 가지 양식은 절대로 양립하는 일이 없습니다. 질투심이 강한 남자나 지배욕이 있는 여자가 사랑의 의미를 알 수 있을까요? 그들은 사랑에 대하여는 말할 수 있습니다. 동침하며 서로 소유하고 서로 의존하며 안락하고 안전한 가운데서 고독의 공포는 면할 수 있다 하더라도 이런 것이 사랑이 아닌 것은 확실합니다. 사람들이 자기 자식을 정말 사랑한다면 전쟁 같은 것은 절대 일어날 수 없을 것입니다. 국가의 분열이나 차별이 생길 리가 없지 않겠습니까? 통상적인 의미의 사랑에는 고뇌와 절망 그리고 죄의식이 포함됩니다. 이 사랑은 보통 섹스의 향락과 그 근본에 있어서는 같은 것입니다. 그렇다고 금욕적이 되어서 고상한 척하라는 것도 아니며 쾌락을 가져서는 안 된다고 말할 생각도 없습니다. 우리는 하늘에 떠 있는 구름이나 아름다운 얼굴을 보게 되면 기뻐하게 됩니다. 꽃을 보면 아름답다고 느끼게 됩니다. 나는 아름다움을 부정하지는 않습니다. 그러나 아름다움과 사고의 매개에 의한 쾌락에는 차이가 있습니다. 아름다움에다 쾌락을 추가해 버리는 것――이것이 사고입니다.

 이와 같이 우리의 사랑은 섹스를 동반하게 됩니다. 사고가 거기에다 경험의 이미지인 쾌락을 추가해서 내일도 그것이 반복되기를 요구합니다. 이런 반복 속에 있는 것이 쾌락이며 이것은 아름다움이 아닙니다. 그렇다고 아름다움이나 부드러움이나 순수한 사랑이라고 해서 섹스를 제외하는 것은 아닙니다. 그러나 만일 현재의 시점에서 모든 규제를 풀어준다면 섹스가 당장에 범람하게 되면서 이것이 너무도 큰 중요성을 띠게 될 것입니다. 이것은 요컨대 현재 인간에게

허용된 도피의 장소이자 유일한 자유는 섹스라는 것을 뜻합니다. 어디를 가나 인간은 밀고 당기고 위협을 받고 침범을──지적으로 정신적으로──당합니다. 어디를 가도 인간은 여지없이 예속됩니다. 못쓰게 되어갑니다. 그래서 인간이 해방감을 갖기 위해서 찾아내는 유일한 시간이 섹스를 경험할 때 뿐인 것입니다. 그런 자유 속에서 사람은 어떤 즐거움을 느끼고 이것이 반복되기를 바라게 됩니다. 이런 사태를 목격하게 됨으로써 사랑이라는 것이 어디에 있는가 하고 묻게 되는 것입니다. 그러나 사랑에 가득 찬 정신과 감성을 가진 사람이 아니고는 삶 전체의 흐름을 볼 수 없습니다. 그러므로 어떤 일을 하고 있든지 그와 같은 사랑이 몸에 밴 사람은 도덕적으로 선하며 그가 행하는 것은 모두 아름답습니다.

우리의 삶은 혼란되고 무질서하다는 것을 알게 된 지금 질서라는 문제는 어디에 위치하는 것일까요? 인간은 질서정연한 것을 좋아합니다. 마치 집에 물건들이 제자리에 있듯이 정연한 것을 좋아합니다. 또한 엄청나게 사회부정이 만연되고 있는 외부사회에 있어서도 질서는 요구되고 있습니다. 또한 우리는 내적인 마음의 질서도 요구하고 있습니다. 그것은 마음의 심층에 있어 수학과 같이 정확한 질서라야 합니다. 이런 질서는 우리가 생각하는 형식에 맞춘다는 것과 같은 방법으로 만들 수 있는 것일까요? 그러나 이와 같은 방법은 그것을 이상(理想)으로 하는 형식과 실제의 상태를 비교한다는 것을 의미합니다. 여기에서 갈등이 일어나게 되고 결국 무질서를 초래하게 되는 것이 아닐까요? 따라서 여기에서는 미덕을 찾아볼 수 없습니다. 만일 마음이 '덕을 쌓도록 하자, 윤리적이 되자' 하고 노력한다면 그것은 저항하는 것입니다. 그 투쟁 속에는 질서가 없습니다. 미덕은 질서 자체의 본질입니다. 현대사회에서는 미덕이라는 말을 그다지 사용하고 있지는 않습니다만, 이 미덕은 사상의 갈등을 초래하는 일이 없습니다. 그것은 당신이 혼란한 모습을 비판적으로, 즉 각성된 지성으로 자신을 이해하면서 주시해나갈 때 나타납니다. 그때 비로소 거기에서 최고의 그리고 완전한 질서(즉, 미덕)가 나타나게 됩니다. 또한 그것이 가능하려면 사랑이 있어야 합니다.

그리고 죽음의 문제가 있습니다. 우리는 이 죽음의 문제를 의도적으로 기피하고 있습니다. 먼 장래에 있을 일이기도 하고 일 년쯤 뒤의 일일지도 모르지만 바로 내 일일 수도 있습니다. 우리는 생명의 종식과 육체의 종식을 두려워합니다. 그리고 우리는 소유물, 즉 일하며 관계했던 모든 것——남편, 아내, 가정, 작은 마당, 책이나 시집(자기가 쓰기도 하고 또한 쓰고 싶었던)과 헤어지고 싶어하지 않습니다. 우리는 이런 것과 이별하고 싶어하지 않습니다. 즉 그것은 당신이 당신의 가구나 그림으로 되어 버렸다는 증거입니다. 바이올린에 능숙해져서 그것에 만족한다면 우리는 그 바이올린이 되어버린 것입니다. 우리는 그것과 자신을 동일시하게 됨에 따라 그 이외의 아무것도 아닌 것으로 되고 맙니다. 이와 같은 식으로 생각해본 적이 없습니까? 당신이 집이 되어가고 있습니다——셔터가 있고 침대가 있고 여러 해 동안 닦아온 가구가 있습니다. 당신은 그것뿐인 존재로 되어 버렸기 때문에 그것과 헤어지게 되면 아무것도 아닌 것으로 되어버립니다.

당신은 이별을 무서워합니다. 즉 아무것도 아닌 것이 되어 버리는 것이 두려운 것입니다. 몇십 년씩 회사에 다니며 일을 하다가 병들어 죽어갑니다. 이런 생애야말로 기묘하지 않습니까? 당신은 회사와 자기를 일체화하고 있습니다. 산더미 같은 서류, 과장·주임과 같은 지위——아무것이라도 좋습니다만——그런 것으로 당신은 되어 있는 것입니다. 그리고 그저 그것뿐인 존재인 것입니다. 물론 당신에게는 사상이 있습니다. 신에 대한, 선과 진실에 대한, 그리고 사회적 이상에 대한 이념을 가지고 있을 것입니다. 그러나 역시 그것뿐입니다. 그래서 슬픔이 뒤따르게 됩니다. 스스로 이런 것이라는 것을 인식하게 되면 도피하게 됩니다. 그러나 한층 더 슬픈 일은 이런 일을 깨닫지 못하고 있는 것입니다. 이런 일을 깨닫고 그 의미를 안다는 것은 죽음의 문제와 통하고 있습니다.

죽음은 불가피합니다. 모든 유기체에는 종말이 있습니다. 그러나 우리 인간은 과거를 포기하기를 두려워합니다. 우리 자신이 그 과거로 되어 있기 때문입니다. 우리는 그 시간에 속박되어 있습니다. 슬픔과 절망에 속박되어 있습니다. 물론 때로는 아름다움을 지각하기도 하고 약간의 선량함과 친절함을 갖기도 합니다. 그러나 그것은 영속적인 것이 아닙니다. 그래서 죽음을 두려워하게 되는 것입니다. 그리고는 "나는 또다시 태어날 것인가?" 하고 자문자답하게 됩니다. 그러나 그것은 투쟁과 갈등, 비참의 연속에 불과합니다. 약간 사물을 소유하고 경험을 축적한 것뿐인 생활을 반복하는 데 불과합니다. 동양에는 일반적으로 다시 태어난다는 신앙이 있습니다. 스스로의 존재에 따라서 사람은 다시 태어나기를 원합니다. 그래서 다시 태어나도 또한 마찬가지로 혼돈과 무질서가 기다리고 있습니다. 그러나 그와 동시에 다시 태어난다는 데는 전과는 다른 새로운 생활을 해보겠다는 뜻도 포함되어 있습니다. 따라서 오늘 우리의 실체가 역시 문제인 것입니다. 저 세상에서 다시 태어난다면——물론 그런 일이 있다면 말입니다만——어떻게 살아갈까 하는 것은 대답하기 곤란한 문제입니다. 다시 태어난다 하더라도 중요한 것은 역시 오늘 어떻게 살아가야 하느냐 하는 것입니다. 오늘 뿌린 씨가 꽃을 피우는 것이므로 아름다운 씨, 슬픈 씨를 뿌리게 되면 그와 같은 것이 자라게 될 것입니다. '다시 태어난다'는 것을 열심히 믿고 있는 사람이 오늘 어떻게 살아야 할지를 모른다면 곤란한 일입니다. 오늘을 열심히 고려하는 가운데 인간의 선한 본성이 가로놓여 있는 것입니다.

죽는다는 것은 산다는 것의 일부입니다. 죽는다는 것을 수반하지 않고는 사랑할 수 없습니다. 사랑이 없는 모든 것으로부터 떠날 때,

자신의 이기심의 투영과 같은 모든 이념으로부터 떠날 때, 과거의 축적(경험)으로부터도 떠날 때 당신은 비로소 사랑이 무엇인가를 알게 됩니다. 따라서 산다는 것의 의미도 알게 됩니다. 그러므로 사는 것, 사랑하는 것, 죽는 것은 모두 같은 것으로서 지금을 완전하고 충실하게 살아간다는 것 바로 그것인 것입니다. 이것이 실현되면 모순이 없는 생활, 고통도 슬픔도 없는 행위를 할 수 있게 됩니다. 사는 것, 사랑하는 것, 죽는 것 이 삼자가 합치하는 데서 행위가 생깁니다. 그 행위에는 질서가 있습니다. 인간이 그런 생활을 할 수 있게 되었을 때 ──그렇게 되어야 합니다만, 때때로 그렇게 되는 것이 아니고 매일매일 그렇게 되어야 합니다── 사회도 회복될 수 있으며 인간의 유대도 형성될 수 있습니다. 그리고 야심과 왜곡에 기초하여 정치가들이 하고 있는 것과는 전혀 다른 정치가 마치 컴퓨터가 하는 것같이 정연하게 실시될 수 있습니다. 산다는 것, 이것은 사랑하며 죽는다는 것과 같습니다.

질문 : 인간은 곧바로 해방되어서 갈등이 없는 생활을 할 수 있을까요? 아니면 시간이 걸릴까요?

크리슈나무르티 : "사람은 과거가 없는 생활을 즉시 할 수 있을까요, 아니면 과거를 축출하는 데 시간이 걸릴까요? 과거를 축출하는 데 시간이 걸리므로 사람은 좀처럼 자유롭게 살 수 없는 것이 아닐까요?" 하는 질문이지요. 과거는 숨겨져 있는 동굴과 같은 것입니다. 또는 당신이 술을 저장해 두는 지하실과 같은 것입니다. 술을 끊는 데 시간이 걸릴까요? 시간이 걸린다는 데 어떤 것이 포함되어 있을까요? 술에 익숙해져 있다는 것뿐입니다. 우리는 자신에게 이렇게 말합니다. "천천히 하자, 덕이란 확보해 나가는 것이다, 매일 실천해 나가는 것이다, 따라서 과거의 축적은 시간을 들여서 천천히 처리해

도 좋을 것이다"라고. 그러나 스스로의 투쟁에 대하여 '천천히 단계적으로 처리한다'는 데는 무엇이 포함되어 있을까요? 이러면서 우리는 투쟁을 계속하는 것입니다. 따라서 서서히 투쟁심을 바꾸어간다는 것은 일종의 위선에 불과합니다. 서서히가 아니라 지금 즉시 투쟁적인 생활을 종식시켜야 합니다. 천천히 어쩌고 하다 보면 결국 그것은 할 수 없게 됩니다. 따라서 여기에서의 문제는 있는 그대로의 사실을 왜곡됨이 없이 관찰하는 것입니다. 내가 질투심과 선망을 가지고 있다면 이런 사실을(부분적이 아니고) 전체적으로 완전하게 관찰하지 않으면 안 됩니다. 자기의 진퇴를 주시하고 왜 그런가를 확인해 봅니다. 질투심이 강한 것은 자기가 고독하기 때문입니다. 내가 의지하던 사람이 없어졌습니다. 갑자기 나는 공허감과 고독감에 싸여 그것을 두려워하게 됩니다. 그래서 당신에게 의지하고 싶어지게 됩니다. 당신의 마음이 나를 향해주지 않으면 화가 나고 질투심이 생기게 됩니다. 고독하기 때문에 나는 친구를 원하게 됩니다. 누군가가 좋은 음식을 차려주기를 기대합니다. 안락과 성적 만족과 그 밖의 모든 것을 제공해줄 것을 기대합니다. 이런 것은 어느 것이든 기본적으로는 고독감으로 고민하는 데서 나오는 것입니다. 그리고 질투의 이유도 여기에 있습니다. 이런 것을 즉시로 알 수 있을까요? 만일 내가 사실로부터 도피하지 않고 그것을 응시하게 되면 즉시 이해할 수 있습니다. 그것을 비판적으로 각성된 지성을 가지고 관찰하면 알 수 있습니다. 구실을 생각해본다든가 공백을 메우려고 한다든가 새로운 친구를 구해보려는 생각을 가져서는 안 됩니다. 바로 보기 위해서는 마음의 자유가 있어야 합니다. 그리고 자유가 있을 때 질투에서 해방될 수 있습니다. 그렇기 때문에 질투 전체를 관찰하고 지각하여 그로부터 해방되는 일에 결코 시간을 들여서는 안 됩니다. 완전한 주의력을 가지고 지루하다 생각 말고 만물이 발생하는 양상을 지금의 시점에서 파악하는 것이 중요합니다. 그때 질투로부터 해방될 수 있습니다. 미래에서가 아니라 즉시로 말입니다.

지금 말한 것은 폭력·노여움·습관·흡연·음주·성적 행위 등에도 적용되는 것입니다. 우리가 이런 사실을 주의깊게 전심전력을 다해서 관찰한다면 그 내용 전체를 명확하게 자각할 수 있습니다. 그때에 자유가 나타납니다. 이 지각이 일단 기능을 발휘하게 되면 이번에는 어떤 일이 일어나도――분노·질투·폭력·잔인·거짓말·증오――그것을 즉시 전체로서 관찰할 수 있게 됩니다. 그리하여 자유로운 마음으로 되돌아가게 되어 종전과 같은 일이 일어나지 않게 됩니다. 그러므로 과거의 유물을 시간을 들여서 제거한다는 방법은 아무 소용이 없는 것입니다. 시간은 자유로 통하는 길이 아닙니다. 천천히 한다는 생각은 게으름의 일종이며 과거의 망령이 되살아났을 때 즉시로 다루겠다는 힘이 결여된 것입니다. 우리 인간은 발생한 일에 대하여 이것을 명확하게 관찰할 수 있는 놀라운 힘을 가지고 있기 때문에 전심전력을 다해서 이것을 관찰해야 합니다. 그때 과거의 망령은 즉시로 소멸될 것입니다. 결국 시간이 걸리는 사고를 가지고는 과거를 추방할 수 없습니다. 시간도 사고도 과거 자체와 연결되어 있기 때문입니다.

질문 : 사고란 마음의 움직임을 말하는 것입니까? 자각이라는 것은 움직임이 정지되었을 때의 마음의 기능을 말하는 것입니까?

크리슈나무르티 : 지난번에도 말한 바와 같이 사고는 기억의 반응입니다. 그것은 여러분이 컴퓨터에 각종 정보를 집어넣었을 때와 같은 것입니다. 어떤 해답을 요구하게 되면 컴퓨터에서 이미 주어진 자료가 반응하게 됩니다. 이와 마찬가지로 마음이나 두뇌는 과거(기억)의 저장소로서 질문이 제기되면 마음은 저장되어 있는 지식·경험·조건에 따라서 반응하게 됩니다. 따라서 사고는 운동이라고 말

할 수 있지만 더욱 정확하게 말한다면 마음과 두뇌의 운동의 일부라고 할 수 있습니다. 또한 질문하신 분은 자각이라는 것은 마음이 정지된 것이냐고 물으신 것 같은데, 당신은 마음의 움직임을 동반하지 않고 사물을 볼 수 있습니까? 나무·아내·이웃·정치가·승려·예쁘지 않은 용모 같은 것을 말합니다. 당신이 갖고 있는 이미지 —— 아내에 대한, 남편에 대한, 이웃에 대한 —— 나, 지식 —— 구름에 대한, 쾌락에 대한 —— 이 개입해오지 않습니까? 그리고 어떤 이미지가 은밀히 또는 명확하게 개입해올 때 사실은 관찰하고 있는 것이 아닙니다. 진실하고 전면적인 자각도 생기지 않습니다. 부분적으로밖에 자각할 수 없습니다. 명확하게 사물을 관찰하려면 관찰자와 관찰대상 사이에 이미지가 개입하여 방해해서는 안 됩니다. 여러분은 나무들을 감상할 때 식물학적인 지식이나 그것이 주는 쾌락이나 자신의 욕망 같은 것을 제쳐놓고 그저 관찰만 할 수 있습니까? 그리하여 완전한 감상의 경지에 이르러서 관찰자인 당신과 관찰대상과의 거리를 소멸시켜 버릴 수 있습니까? 이렇게 말한다고 해서 당신이 나무가 되어 버린다는 것은 아닙니다. 양자의 거리가 소멸됨에 따라 관찰자의 입장은 없어지고 관찰대상 쪽만이 남게 됩니다. 이와 같은 관찰 속에서 참되고 생생한 자각이 일어납니다. 그 색채, 형태, 잎이나 줄거리의 아름다움 같은 것에 대해서 말입니다. 즉 관찰자로서의 자아의 중심이 소멸될 때 당신은 관찰대상과 한몸이 되어 접촉할 수 있게 됩니다.

　문제가 생겨서 해답을 내야 할 때 사고의 움직임이 일어납니다. 이것은 두뇌와 정신에 속합니다. 이에 대하여 지금까지 없었던 새로운 것을 발견하기 위해서는 사고를 정지시킨 채 오로지 주시만 할 필요가 있습니다. 그러나 이 말은 종교적인 신비한 훈련을 몇 해씩 쌓아야 한다는 것은 아닙니다. 또한 특수한 훈련이 필요하다는 생각도 잘못된 것입니다. 사고에 속박되지 않고 관찰할 수 있을 때에는 언제든

성취될 수 있습니다.

여러분은 인류가 제트 추진장치를 발견한 것을 알고 있을 것입니다. 그 발견의 유래는 어떠했습니까? 그 발견자는 보통 추진장치에는 정통해 있었지만, 이것과는 별도로 다른 방법을 모색하기 시작했습니다. 모색하는 데는 마음의 정지가 필요합니다.

기성의 추진장치에 관한 지식을 이리저리 뒤적여보아도 이미 알고 있는 사실밖에는 이해할 수 없습니다. 따라서 새로운 길을 찾아내기 위해서는 사고를 정지시키고 정적해지지 않으면 안 됩니다. 그리고 그때 당신은 새로운 사물을 발견하게 되는 것입니다. 이와 같이 남편이나 아내를 보는 데 있어서도, 또는 나무나 이웃 또는 혼돈된 사회 전체를 보는 데 있어서도 우선 자기의 마음을 정적하게 하고 새로운 관찰의 길을 찾아내서 그에 의하여 새로운 생활과 행동의 양식에 이르지 않으면 안 됩니다.

질문 : 이론이나 이념에 의지하지 않고 살아갈 수 있는 힘을 어떻게 하면 발견할 수 있을까요?

크리슈나무르티 : 그러면 이론과 이념에 의지하면서 살아갈 수 있는 힘을 당신은 어떻게 발견하고 있습니까? 방식·이상·이념 등을 사용해서 살아가려고 하는 엄청난 에너지를 당신은 어떻게 입수하고 있습니까? 당신은 이런 방법으로 살고 있습니다. 이런 에너지를 어떻게 획득하고 있습니까? 그러나 이 에너지는 마음의 갈등 때문에 소멸되어 버렸습니다. 이상은 저쪽에 있고 당신이라는 현실은 이쪽에 있습니다. 그래서 당신은 이상에 접근하려고 악전고투하고 있는 것입니다. 거기에는 분열과 투쟁이 있습니다. 거기에서 에너지가 낭비됩니다. 그리하여 당신이 이 에너지의 낭비를 깨달을 때 이상·방식·개념에 의존하고 있는 우둔함을 깨닫게 되고 또한 이런 것들이

끊임없이 갈등을 초래하고 있다는 것을 깨달을 때 당신은 이런 것들을 포기하고 살아갈 수 있는 에너지를 확보하게 됩니다. 그때 당신은 에너지로 충만하게 됩니다. 왜냐하면 이미 갈등 때문에 에너지를 낭비하지 않게 되었기 때문입니다. 그러나 우리의 마음은 조건지어져 있는 까닭에 그와 같은 생활을 두려워합니다. 우리는 남들이 모두 하고 있는 일이기 때문에 방식이나 이상이라는 구조를 수용하고 있습니다. 우리는 이런 것과 같이 있으며, 갈등이 생겨나도 그것을 삶의 일부라고 용인해 버립니다. 그러나 이런 모든 사정을 명확히 자각할 때, 말이나 이론이나 지적인 면에서가 아니라 실제로 그와 같은 생활이 공허하다는 것을 자기의 인격을 걸고 체득할 때 우리는 갈등이 없는 생활을 할 수 있습니다. 에너지의 충만을 경험하게 됩니다. 그때 존재하는 것은 사실뿐이며, 다른 환상은 소멸됩니다. 예를 들어 당신에게는 탐욕이라는 사실만이 남게 되고 탐욕을 가져서는 안 된다는 이상——이것이 낭비의 원인입니다——은 소멸되어 버릴 것입니다. 그러나 이 탐욕이라는 사실은 이제 적극적이고 능동적으로 활동하는 존재로 되어 있습니다. 즉 이것이야말로 유일한 사실입니다. 그래서 이런 사실을 당신은 전심전력을 다해서 주시합니다. 그때 당신은 에너지를 확보했기 때문에 그 사실 자체에 패하지 않고 자유롭게 살아갈 수 있게 됩니다. 이상·원리·신념에 의지하지 않고 말입니다. 그리고 이런 것이 사랑하는 것이며 과거와 결별하는 것입니다.

1969년 5월 11일 암스테르담

제11장 공포에 대하여

반항, 에너지와 주의력.

　우리들 대부분은 육체적·심리적으로 나쁜 버릇을 가지고 있습니다. 이것을 자각하는 사람이 있는가 하면 이것을 자각하지 못하는 사람도 있습니다. 만일 나쁜 버릇을 자각하게 되면 그 버릇을 즉시 고쳐서 그것이 오랫동안 계속되지 않도록 할 수 있게 될까요? 자기의 나쁜 버릇을 자각하면, 악전고투를 하지 않고도 즉시로 그것을 종식시킬 수 있을까요? 인간에게는 담배를 피운다든지 머리를 이상하게 흔든다든지 이상한 웃음을 짓는 등 여러 가지 버릇이 있습니다. 의미도 없는 말을 계속 지껄이는 것도 버릇이고, 마음이 침착하지 못한 것도 역시 버릇입니다. 이런 것을 의식함으로써 저항이나 통제 같은 수단을 쓰지 않고서도 쉽게 또한 즉시로 종식시킬 수가 있을까요? 이 일을 하는 데는 여러 가지 요소가 포함되어 있습니다. 첫번째로는 어떤 일이나 어떤 습관에 대하여 항쟁한다는 것은 그 습관에 대한 저항력을 증대시키게 되며 이 저항력은 더한층 갈등을 낳는다는 것을 인식하는 일입니다. 만일 사람이 자기의 나쁜 버릇에 저항하고 억압하고 그것과 투쟁을 한다면 그 버릇을 잘 이해하는 데 필요한 에너지를 그 투쟁과 통제과정에서 낭비하게 되어 버립니다. 그리고 두번째로는 이런 것이 있습니다. 그것은 시간이 걸리는 것을 당연한 일로 생각한다는 점입니다. 즉 어떤 버릇이든지 그것을 서서히 소멸시키려고 하며 조금씩 억압해 나가려고 생각합니다.

우리는 한편으로는 버릇을 없애기 위해서 저항을 하든가 또는 정반대의 버릇을 발전시키는 수밖에 없다고 생각하는 데 익숙해져 있습니다. 또 다른 한편으로는 시간을 들여서 장시간에 걸쳐 서서히 고쳐나가야 한다는 생각에도 익숙해져 있습니다. 그러나 우리가 이 문제를 실제로 검토해보면, 버릇에 저항하게 되면 오히려 갈등을 증대시키게 되고 시간을 들여서 고치다가는 몇 일, 몇 달, 몇 해 걸려도 결국 이 버릇을 고치지 못하게 된다는 것을 알게 됩니다. 따라서 나쁜 버릇을 고치는 데 있어 '저항도 않고 시간도 들이지 않고 즉시 종식시킬 수는 없을까?' 하고 묻게 되는 것입니다.

공포에서 해방되고 싶다고 할 때 필요한 것은 장시간에 걸친 저항이 아닙니다. 그 버릇에 직면해서 그것을 즉시로 소멸시킬 수 있는 에너지라는 것이 필요합니다. 그리고 이 에너지는 자기집중을 말합니다. 자기집중이야말로 전에너지의 본질인 것입니다. 자기집중이란 자기의 정신적·심정적·육체적인 총력을 기울여 버릇과 직면해서 그것을 자각하는 일입니다. 그렇게 하면 그 버릇에 속박되지 않고 그것을 즉시로 소멸시킬 수 있다는 것을 알게 됩니다.

인간은 말하는 데 있어 버릇이 있습니다. 예컨대 내용도 없는 말을 계속 지껄이고 있는 사람이 있다고 합시다. 만일 이런 사람이 주의깊게 자각한다면 엄청난 에너지를 얻을 것입니다. 이것은 보통 에너지와 같이 저항이 가져다주는 에너지와는 다른 것입니다. 자기집중이라는 이 에너지는 자유의 에너지입니다. 만일 인간이 이 사실을 깊이 이해한다면, 단순히 이론적으로가 아니라 인간이 경험하고 승인하고 자각한 사실로서 이해한다면, 그때 공포의 전체적 본질과 구조는 해명될 수 있을 것입니다. 여기서 꼭 명심해 주실 것이 있습니다. 이처럼 미묘한 문제를 말할 때에는——여러분과 나 사이의 말의 전달은 매우 어렵습니다——온 정신을 기울여서 경청하지 않으면 안 됩니다. 듣고 있는 여러분은 다른 생각을 하고 있고 말하고 있는 나는 다른 말을 하고 있다면 분명히 전달될 수 없습니다. 만일 여러분이 특별한 공포가 있어서 거기에만 신경을 쓴다면 역시 전달될 수 없습니다. 서로 의견을 교환하기 위해서는 세심한 주의와 강인하고 이해하겠다는 끈질김이 있어야 합니다.

그러나 의견의 교환보다 중요한 일이 있습니다. 그것은 마음의 교류라는 것입니다. 서로 마음이 맞는 사람은 말을 교환하지 않아도 서로의 사정을 완전하게, 그리고 즉각적으로 이해할 수 있습니다. 그것은 두 사람 사이에 어떤 전달형식이 이미 성립되어 있기 때문입니다. 우리가 공포라는 복잡한 문제를 취급할 때에는 말의 전달과 동시에 마음의 교류가 필요합니다. 이 두 가지가 언제나 연결되지 않으면 안 됩니다. 그렇지 않고는 함께 생각할 수가 없습니다. 이런 점을 전제로 하고 공포의 문제로 들어가 보도록 합시다.

우리가 공포로부터 해방되어야 한다고 생각하는 것은 잘못입니다. 공포로부터 해방되려고 노력하는 순간 우리는 공포에 대한 저항을 만듭니다. 그리고 저항은 어떤 것이든 공포를 종식시킬 수 없습니다. 그래서 공포는 언제나 그대로 있는 것입니다. 도피하려 해도, 저항이나 통제를 하려 해도 여전히 공포는 소멸되지 않습니다. 저항에도 여러 가지 형태——도피·통제·억압——가 있으며 저항의 힘을 강화할 수도 있겠지만 공포는 없어지지 않습니다. 따라서 공포로부터 해방된다는 말은 그만두도록 합시다. 어떤 일로부터 자유롭게 된다고 말하는 것은 참된 자유가 아닙니다. 이 점을 부디 명심해 주십시오. 왜냐하면 이 문제로 들어가서 성실하게 자기집중을 하게 되면 여러분은 이미 공포에 시달리는 일 없이 이 모임을 떠날 수 있을 것이기 때문입니다. 이것이 제일 중요한 것입니다. 내가 뭐라 하든 혹은 여러분이 동의를 하든 안하든 그런 것은 아무래도 좋습니다. 중요한 것은 여러분이 스스로 자기의 목숨을 걸고 마음의 공포를 완전하게 제거하는 일입니다.

　거기에서 인간은 공포로부터 해방되기 위하여 노력한다든가 그것에 저항해서는 안 된다는 것과, 그 대신 공포의 전체적 본질과 그 구조를 이해하는 것이 필요하다는 것을 말씀드리고 싶습니다. 이해한다는 것은 배운다는 것, 주시한다는 것, 직접 그것을 똑바로 본다는 것입니다. 우리는 공포에 대해서 배워야 합니다. 도피하는 방법이라든가 용기를 내 그것에 저항하는 방법을 알려고 해서는 안 됩니다. 우리는 배워야 합니다. '배운다'는 것은 어떤 것일까요? 공포에 대한 지식을 축적하는 것이 아니라는 것은 물론입니다. 이런 문제는 완전히 이해하지 않으면 안 됩니다. 분명히 배운다는 것은 지식을 축적한다는 뜻입니다. 외국어를 통달하기 위해서는 어휘와 그 의미, 문법과 문장 작성법 같은 지식을 축적해야 합니다. 지식의 축적이 있어야 그 외국어를 말할 수 있게 됩니다. 이런 때에는 지식의 축적이 있은 연후에 그것이 행동으로 나타납니다. 즉 시간이 필요합니다. 그러나 우리가 문제시 하고 있는 분야에서는 그런 의미의 지식 축적은 결코 '배운다'는 것이 될 수 없습니다. 배움은 언제나 능동적으로 활동하는 현재이며 과거의 지식이 축적된 결과가 아닙니다. 배움은 과정이며 행위이며 언제나 현재형입니다. 많은 사람들은 지식·정보·경험 등을 모아놓은 다음에 그로부터 행동하려고 하지만 나는 그런 것과는 달리 행하려 합니다. 지식은 언제나 과거형이며 인간이 행동할 때 그 과거가 행위를 규제해 버립니다. 그래서 배움의 본질은 행위 자체이며 지식으로 축적하는 것이 아닌 것입니다.

　공포에 대한 배움이라고 할 때 그것은 현재형이며 새로운 것이라야 합니다. 만일 우리가 공포의 문제를 과거의 지식과 과거의 기억으로써 다루려고 하게 되면 우리는 공포와 똑바로 직면하지 못하게 되며 그것을 배울 수 없게 됩니다. 똑바로 직면하게 되는 것은 마음이 신선할 때에만 가능한 것입니다. 그리고 이것은 대단히 어려운 일입니다. 왜냐하면 우리는 공포를 기억·사건·경험 등과 결부시켜서 생각하려고 하기 때문입니다. 그 결과 새롭게 주시하며 배울 수 없게 되고 맙니다. 공포라고 해도 여러 가지가 있습니다. 죽음의 공포, 암흑의 공포, 실직이나 처자와의 이별의 공포, 생활의 불안정이나 충족감의 결여 또는 애인이 없는 데서 오는 공포, 고독과 실패에 대한 공포 등이 있습니다. 그러나 이처럼 많은 공포는 하나의 중심적인 공포에서 오는 여러 가지 표현이 아닐까요? 그러면 우리는 어떤 특수한 공포를 생각해야 할까요, 아니면 공포라는 사실 자체로 눈을 돌려야 할까요?

나는 또한 공포가 여러 가지 방향으로 어떻게 나타나는 것인가 하는 것이 아니라 공포의 본질 자체를 이해해 주었으면 합니다. 공포의 중심적 사실을 다루게 되면 어떤 특수한 공포도 해소시킬 수 있습니다. 그러므로 특수한 공포에 사로잡혀서 '나는 어떻게 해서든지 이것을 해결해야 한다'는 것이 아니고 공포 일반의 본질과 구조를 이해하도록 노력해야 합니다. 공포를 갖지 않는 마음의 상태가 얼마나 중요한가 하는 것은 말할 나위도 없습니다. 그 반대로 공포가 있으면 생활이 어두워지고 정신이 둔화됩니다. 그래서 마음은 여러 가지 도피를 추구하게 되고 오락에 의한 자극을 요구하게 됩니다. 그 오락으로서는 교회로 간다든가 축구나 라디오 같은 것에 흥미를 가지는 등 여러 가지가 있을 것입니다. 그런 마음은 두려워하고 있기 때문에 명석함을 가질 수 없습니다. 사랑하는 의미도 알지 못합니다. 물론 쾌락에 대해서는 알고 있겠지만 사랑의 의미는 이해하지 못합니다. 공포는 마음을 파괴하며 그것을 보기 싫게 뒤틀어 놓습니다.

공포에는 실제적인 신체적 공포와 심리적 공포가 있습니다. 전자는 뱀을 만났다든가 절벽에 매달린 때와 같은 육체적 공포입니다. 그런데 그런 공포——실제의 위험을 당해서 생기는 공포——는 오히려 이해력과 동일한 것이 아닐까요? 가령 절벽이 있다고 하면 그것을 보자마자 반응을 일으키고 뒤로 물러서게 됩니다. 이때 '주의하라, 위험하니까'라고 예고해 주는 공포는 이해력이 아닐까요? 그것은 시간과 경험이 축적되어 생긴 것입니다. 그리고 공포의 육체적 표현에서는 기억과 지성이 동시에 활동하고 있습니다. 이에 대하여 사람이 경험한 일이 없는 육체적 공포를 심리적으로 느끼게 되는 공포가 있습니다. 예컨대 병으로 고통받았던 일을 되새기면서 그런 병이 또다시 생긴다면 얼마나 괴로울까 하고 생각할 수도 있습니다. 이런 심리적인 공포를 이해하고 그런 것이 다시 생기지 않도록 할 수는 없을까요? 나, 아니 대부분의 우리에게는 고통의 경험──일주일 전이든 일 년 전이든──이 있습니다. 그 고통은 참으로 괴로운 것이었다, 그것이 반복되어서는 안 된다 하는 식이 되면 어떻게 될까요? 이 점을 명심해 주십시오. 고통의 기억이 있습니다. 사고는 '두번 다시 그런 고통이 일어나지 않도록 조심하라' 하고 말합니다. 과거에 대한 사고가 공포의 반복이라는 공포를 가져오는 것입니다. 이와 같이 사고는 공포를 쌓아올립니다. 이것이 고통이 수반되는 병에 대한 특수한 공포의 형태입니다.

사고에 의한 심리적 공포에는 여러 가지가 있습니다. 이웃이 어떻게 생각하는가에 대한 공포, 부르주아와 같이 존경받는 생활을 보낼 수 없는 데 대한 공포, 사회적 도덕──이 습관은 결코 도덕적이라고 할 수 없지만──을 따르지 않은 데 대한 공포, 실직·고독·걱정에 대한 공포──걱정이라는 자체가 공포입니다──등, 이 모두가 생활의 산물이며 사고에 기초를 두고 있습니다.

공포에는 의식할 수 있는 공포 이외에도 정신의 심층(영혼)에 새겨진 깊은 잠재적인 공포가 있습니다. 사람은 의식할 수 있는 공포는 다룰 수 있지만 심층에 가로놓여 있는 잠재적 공포는 어떻게도 할 수 없습니다. 이와 같은 심층의 잠재적인 공포를 어떻게 하면 해명할 수 있을까요? 의식이 이런 일을 해낼 수 있을까요? 능동적인 사고의 기능을 가진 의식이 잠재적인 무의식을 깨우칠 수 있을까요? 나는 이 '잠재의식'이라는 것을 전문용어로서 사용하는 것은 아닙니다. 의식이나 지각에 나와 있지 않은 숨겨진 심층이라는 단순한 의미로 사용하고 있습니다. 정신의 의식적 부분은 외적 사물의 현상에 자기를 적응시키고 생존하는 데 상당히 재주가 있으므로 무의식의 내용 전체에 대해서도 해명할 능력이 있을 것 같지만 의식에는 그런 힘이 없습니다.

의식은 규제된 조건에 따라서 정신의 각층(layer)을 곧이곧대로 해석할 수는 있겠지만 조건지어 해석하는 사이에 더욱더 편향성이 증가되어 의식과 인접한 부분에 대해서마저 이것을 완전히 검토할 힘을 잃게 됩니다.

의식이 마음의 심층에 있는 내용을 검토해 보려 해도 그것이 어려운 일이라는 것을 알 수 있습니다. 이것이 가능하려면 마음의 상층부가 모든 규제로부터 떠나서 편견과 공포로부터 완전히 자유롭게 되어 있어야 합니다. 그렇지 않으면 바르게 볼 수가 없습니다. 그러나 이런 일은 참으로 어려운 일로서 어쩌면 불가능하다고도 할 수 있습니다. 그래서 이것과는 다른 방법이 없을까 하고 묻게 됩니다.

인간의 정신은 분석, 즉 자기분석이나 전문적인 분석에 의하여 공포에서 해방될 수 있을까요? 이 물음에는 또 다른 사항이 포함되어 있습니다. 내가 자신을 관찰하며 의식의 각층을 차례로 분석해 나갈 때 나는 검토하며 판단하며 평가하게 될 것입니다. 예컨대 '이것은 옳다', '저것은 틀렸다', '이것은 보존하자', '그것은 파기하자' 하는 식으로 말입니다. 내가 분석을 한다고 할 때 그 '나'는 분석대상과 이질적인 것일까요? 나는 스스로 해답을 찾으며 그 진실을 관찰하지 않으면 안 됩니다. 그런데 그 분석자(자아 또는 전문가)가 분석대상과 이질적, 즉 예컨대 질투와는 관계없는 사람일 수 있을까요? 분석자라고 해도 그렇지는 않습니다. 그들 자신도 질투를 갖고 있습니다. 그들은 '나는 질투를 보고 있다. 그것을 제거하려고 그것과 맞붙고 있다'고 스스로 말하며 질투로부터 분리되려고 하는 것입니다. 그러나 분석자, 질투 모두 일심동체로서 겹쳐져 있는 것입니다.

분석과정에는 시간이 걸립니다. 자기를 분석하는 데는 며칠 혹은 몇 해가 걸립니다. 또한 그 몇 해가 지난 뒤라도 공포로부터 자유로 워지지는 않습니다. 따라서 분석을 한다는 것은 정당한 방법이 아닙니다. 분석하는 데는 막대한 시간이 걸립니다. 당신 집에 불이 났는데 팔짱을 끼고 분석을 시작하거나 또는 전문가를 찾아가서 '어떻게 하면 좋겠습니까' 하고 묻는 것과 같습니다. 요컨대 즉시 행동해야 합니다. 분석이라는 것은 도피의 하나의 형식이며 나태와 비능률의 형식과 같습니다. 물론 신경증 환자가 전문의를 찾아가는 것과는 아무런 상관이 없습니다. 그러나 이런 경우에도 환자는 완전히 치유되지 않습니다. 그러나 이런 것은 여기서는 다루지 않도록 합시다.

아무튼 무의식을 의식을 가지고 분석하는 방법은 적당하지 않습니다. 이것을 마음이 이해하고 '분석은 그만두도록 하자. 가치가 없다는 것을 알았다. 또한 열을 올리며 공포에 대항하는 그런 짓은 하지 말자'라고 고백한다면 어떻게 되겠습니까? 전통적인 방법, 즉 시간을 들여서 저항하는 분석적 방법을 포기할 때 마음이 어떻게 될까요? 그때 마음은 대단히 예리하게 됩니다. 또 다른 접근방법이 없을까 하고 다시 묻기 시작합니다. 그리하여 잠재의식의 전모와 모든 과거, 민족적·국가적 유산, 문화적·종교적 중요성 등 몇천 년 아니 몇 만 년에 걸쳐 찾아내지 못한 사항을 해명하기 시작합니다. 이와 같이 마음은 모든 것으로부터 자유롭게 되어서 공포를 처리해 버릴 수가 있을까요?

모든 형태의 분석을 제거해 버린 예리한 마음은 시간이 걸리는 일체의 분석을 배제하고 내일이라는 말을 하지 않으며 지금 즉시로 전 존재를 걸고 결단하지 않으면 안 됩니다. 이것이 당면한 문제입니다. 이런 마음은 이상을 운운하거나 미래라는 영역으로 도피하는 일이 없습니다. 그리고 '그러는 사이에 공포로부터 벗어날 수 있을 것이다' 라는 등의 변명을 하는 일도 없습니다. 그 마음은 현재, 즉 자기집중의 상태에 놓여 있습니다. 문제로부터 도피하지 않으면 문제해결의 방편으로 시간이라는 술책을 사용해서 조롱하거나 하지 않습니다. 분석을 하거나 저항을 하거나 몸부림치지 않습니다. 따라서 그 마음은 이제 전혀 새로운 질(質)을 획득한 것입니다.

심리학자는 '인간은 꿈을 꾸어야 한다. 그렇지 않으면 잘못 된다'고 설득합니다. 그러나 우리는 정말 꿈을 꾸어야 할까요? 꿈을 꿀 필요가 없는 생활방법이 있지 않을까요? 즉 꿈을 꿀 필요가 없을 정도로 마음이 휴식을 취하고 있는 그런 생활을 말하는 것입니다. 하루종일 마음이 활발하게 활동하며 주시하고 경청하며 문제를 발견해 나가는 생활 말입니다. 구름의 아름다움, 얼굴의 아름다움, 흐르는 물, 생명의 약동――이 모든 것을 주시하며 맛보는 생활――등 이런 마음만이 잠들었을 때 완전히 휴식을 취할 수 있습니다. 그렇지 않을 경우에는 다음날 아침까지 피로가 지속되어 신선하게 될 수 없습니다.

따라서 꿈을 꿀 필요가 없는 생활――눈을 뜨고 있을 때에는 생기가 있고 잠잘 때에는 완전한 휴식을 취하는 것과 같은――을 발견하자는 것입니다. 이것은 가정(假定)이라든가 이론・공론・기대 같은 것이 아니라 사실에 있어 그런 것이며 우리가 낮에 완전히 눈을 뜨고 관찰할 수 있을 때만 가능한 것입니다. 낮에는 자기의 사고나 감정의 움직임을 주시하며 어떤 동기든지 어떤 친근성이든지 또는 마음속에 깊이 잠겨 있는 어떤 사소한 일도 깨달을 수 있을 정도로 눈을 뜨고 있는 마음이지 않으면 안 됩니다. 떠들고 있을 때에도 산보할 때에도 남의 말을 듣고 있을 때에도 자기의 야심이나 선망을 주시하고 있을 때에도 언제나 그런 마음이라야 합니다. '…… 국의 영광'이라는 말을 들었을 때의 자기의 반응, 책을 읽으며 '…… 파와 같은 신앙은 난센스다'라는 구절이 나왔을 때의 자기의 반응——이런 것을 깨닫고 거기에 포함된 의미를 알게 될 정도의 관찰력이 있어야 합니다. 활동하고 있을 때에는 마음이 완전하게 눈을 뜨고 있어야 합니다. 버스에 탔을 때, 처자나 친구와 말하고 있을 때, 담배를 피우고 있을 때(왜 그렇게 하고 있는가), 탐정소설을 읽고 있을 때, 영화를 보고 있을 때(왜 보고 오락을 추구하는가, 섹스에 흥미가 있어서인가)——어떤 때이든지 말입니다. 아름다운 나무, 창공을 떠다니는 구름의 움직임을 보려면 그것을 완전히 감상하며 자기의 안팎에서 일어나는 변화를 자각할 수 있는 주의력이 필요합니다. 그리하여 일단 잠들게 되면 악몽으로 설치지 않는 완전한 휴식을 취하고 다음날 아침에 일어나면 신선하고 생생하고 강인한 정신으로 되돌아갈 수 있게 됩니다.

1969년 4월 13일 파리

제12장 초월(超越)에 대하여

**실재는 이해할 수 있는가? 명상의
전통, 실재와 마음의 평정.**

 우리는 지금까지 세계의 무질서 상태에 대하여 말해 왔습니다. 외부세계도 마음의 내부도 엄청난 폭력과 혼란에 싸여 있습니다. 폭력은 공포의 산물로서 우리는 이 문제를 이미 다루었습니다. 그래서 이번에는 여러분 대부분에게는 낯선 문제를 취급하려고 합니다. 그러나 낯선 문제라 하더라도 잘 생각하지 않으면 안 됩니다. 단순히 그것을 환상이다, 공상이다 하고 간단히 거부하는 것은 좋지 않은 태도입니다.
 역사를 통해서, 자기의 생명을 제대로 다 산 사람은 적으며 사고나 우연에 의해 비참하게 사망하는 일이 많았습니다. 그래서 인간은 언제나 이른바 신(神)이라는 개념을 만들어 왔습니다. 인간은——우리도 그렇습니다만——삶이 허무하다는 것을 깨닫고 지극히 위대한 것을 경험하기를 원했습니다. 인간은 자기의 마음이나 감정이 만들어낸 것과는 다른 그 무엇을 추구했습니다. 그래서 어떻게 해서든지 이 세상을 초월한 질적으로 다른 세계에 도달하는 길을 모색하며 경험하고 싶다고 원했습니다. 그 세상은 현실적인 비참과 고뇌의 저편에 존재하는 것입니다. 인간은 그런 초월적인 세계가 탐구에 의하여 발견되기를 기대했습니다. 그러면 대체 실재라는 것——그 명칭이 어떤 것이든 그것은 현세와 전혀 다른 영역입니다——이 있는가 하는 문제를 다루어 보도록 합시다. 이런 심원한 문제로 들어가려면 말로만 이해하는 것으로는 불충분합니다. 왜냐하면 기술(記述)은 기술되는 대상과는 다르며, 말은 또한 사실과 다르기 때문입니다. 우리는 이와 같은 신비에 도전할 수 있을까요? 인간이 언제나 그것을 얻고 싶다, 왔으면 좋겠다, 그리로 가고 싶다, 존경하며 그 신자가 되고 싶다 하며 추구해온 것을 신비라고 말해도 좋다면 말입니다.

 삶을 있는 그대로 보게 되면 천박하고 공허하고 의미도 없이 고뇌하는 존재입니다. 그래서 인간은 그 의미를 발견하고 거기에 의미를 부여하려고 하는 것입니다. 만일 그 인간이 현명하다면 발견한 것의 의의와 목적은 복잡해집니다. 또한 삶에서 아름다움과 애정과 위대성을 발견하지 못한 사람은 냉소적인 인간이 되며 회의적으로 됩니다. 신의 존재 여부에 대한 이념이나 방식을 만들어낸다고 해도 삶 자체에 의의가 없다면 이것은 무의미하고 어리석은 환상에 불과한 것입니다. 실제로 우리의 생활은 이러하며 의의 같은 것은 없다는 것을 알게 됩니다. 따라서 무리하게 의의 같은 것을 부여하려고 하지 않는 것이 좋을 것 같습니다.

 여기에서 지능이나 정서의 산물 또는 도피와 같은 것과는 다른, 참된 실재가 있느냐 없느냐 하는 문제를 함께 생각해 보도록 합시다. 역사를 통해서 인간은 참된 실재의 세계가 있다고 주장해 왔습니다. 그 세계에 들어가기 위해서 사람은 준비하지 않으면 안 된다. 일정한 수행을 해야 하며 성욕 같은 것을 억제하고 모든 유혹에 저항하며 종교적 권위나 성자(聖者)가 정한 계율에 자기를 일치시켜야 한다고 배워왔습니다. 이 세계는 부정해야 할 세계이며 사람은 마땅히 수도원이나 동굴에 은둔해서 명상하며 독신을 유지하고 유혹을 물리쳐야 한다고 배워 왔습니다. 그러나 이런 노력이 바보같은 짓이라는 것은 명확합니다. 우리는 대체적으로 세계로부터 또는 존재로부터 도피할 수는 없다는 것을 깨닫습니다. 이 세상의 고통과 위안 그리고 과학으로 이루어진 모든 것으로부터 도피할 수 없다는 것을 깨닫습니다. 따라서 신학(神學)이라는 것, 아니 신앙이라고 불리는 것은 내던져 버리는 것이 좋습니다. 만일 온갖 형태의 신앙을 완전히 제거해 버린다면 공포 같은 것은 생기지 않을 것입니다.

사회적 습관──도덕이란 이름으로 통용되고 있는──이 도덕적이라기보다는 부도덕하다는 것을 알게 될 때 사람은 참으로 도덕적이어야겠다고 자각하게 됩니다. 왜냐하면 결국 도덕만이 자기의 안팎에 질서를 가져오기 때문입니다. 그러나 그 도덕은 단지 이론적이거나 개념적인 것이어서는 안 되며 실제로 활동하는 것이라야 합니다.

억압이나 통제 또는 도피하지 않고 자기를 훈련시킬 수 있을까요? 훈련이란 말의 본래의 의미는 '배운다'는 것이지만 남의 제자가 되어서 모방한다든가 자기를 적응시키며 억압한다는 뜻은 아닙니다. 배운다는 행위는 훈련을 요구합니다. 그것은 어떤 이념을 부과한다든가 그것으로 무장한다는 것이 아닙니다. 또한 수도승의 엄격한 금욕도 아닙니다. 그러나 심원한 준엄성이 없으면 일상생활에서의 우리의 행동은 아무래도 무질서해집니다. 우리는 자기 마음의 내부에 수학적인 질서와도 같은 정연한 질서를 갖는 것이 중요하다는 것을 알 수 있습니다. 그것은 상대적이며 비교적인 질서가 아니라 주위의 영향에 좌우되지 않는 절대적인 것이라야 합니다. 마음이 완전하게 질서잡히려면 바른 행동이 확립되어야 합니다. 주위의 영향을 받고 사회적 습관에 자기를 적응시키며 고뇌와 불만으로 고민하는 마음은 그 자신이 혼란되어 있는 것이 틀림없습니다. 그리고 혼란된 마음은 진리를 발견할 수 없습니다.

만일 사람의 마음이 그와 같은 신비(마음의 질서)──그와 같은 것이 있다고 하고──를 만날 수 있다면 그것은 확실히 기성사회의 습관과는 다른 행동과 도덕의 기초가 될 것입니다. 그것은 공포가 없고 완전히 자유로운 도덕의 기초가 될 것입니다. 이런 위대한 기초를 인간이 쌓아올렸을 때 우리의 마음은 더욱 전진해서 명상이 무엇인가를 물으며 마음의 평정과 관찰의 본질을 물을 수 있게 됩니다. 즉 속박되지 않은 참된 관찰의 본질을 발견할 수 있게 됩니다. 삶에 있어 인간의 행동을 위한 바른 행위의 기초가 쌓여져 있지 않다면 명상을 운운해 보아도 아무런 의미가 없습니다.

 동양에는 불교의 선(禪)이나 요가를 포함해서 명상의 교의나 방법 또는 종파가 많이 있습니다. 이런 것이 서구에도 전파되어 왔습니다. 그러나 우리는 다음과 같은 것을 명확하게 이해해야 한다고 생각합니다. 어떤 방법이나 교의에 의하여, 즉 전통적인 일정한 형식에 적응함으로써 인간의 마음이 참된 실재를 만날 수 있다고 이들 종파는 설득하고 있지만 이것은 합리적이라고 생각할 수 없습니다. 그것은 동양 전래의 것이든 서구에서 생겨난 것이든 다 마찬가지입니다. 어떤 방법이라고 할 때 여기에는 획일(劃一)과 반복의 의미가 포함되어 있습니다. 또한 방법이라고 하면 이미 어떤 것을 깨달은 사람이 이렇게 해라 저렇게 하지 마라 하며 지시한 것이 포함되어 있습니다. 그리하여 어떻게 해서든지 참된 실재를 찾으려 하는 우리는 이런 것을 추종해서 자신을 적응시키고 예속시키면서 마치 기계와 같이 매일 시키는 대로 수련을 쌓게 되는 것입니다. 이런 짓은 지능이 뒤떨어지고 감수성이 둔한 사람들이 잘하는 일로서 그들로서는 같은 방법으로 계속해서 실천해 나갈 것입니다. 그러나 그 마음은 차츰 둔화되고 그 지능은 텅 비게 될 것입니다. 왜냐하면 이런 방법은 자기의 경험을 규제된 조건의 틀 속으로 들이미는 것에 지나지 않기 때문입니다.

 여러분 중에는 동양에 가서 명상에 대하여 배운 분도 있을 것입니다. 동양에는 오랜 전통이 있습니다. 아시아 전역에 걸쳐, 특히 인도에서는 고대의 여러 가지 명상법이 꽃을 피웠습니다. 그 전통은 오늘날에도 동양인이 마음에 깊이 새겨져 있습니다. 명상에 관한 많은 책이 출판되었습니다. 그러나 전통이라는 것은 어떤 형식이든 간에 과거로부터 물려받은 것이며, 이것을 탐구에 사용한다는 것은 분명히 노력을 낭비하는 것입니다. 인간의 마음은 정신적·종교적 전통이나 제재(制裁)와 같은 모든 것으로부터 자유롭지 않으면 안 된다고 생각합니다. 그렇지 않으면 인간은 최고의 지혜를 갖지 못하게 되고 말 것이기 때문입니다.

그러면 전통이 없다고, 아니 전통은 쓸모없는 것이라고 한다면 명상이란 무엇일까요? 이것을 가르칠 선생은 없습니다. 여러분은 특별한 방식을 따르면서 '이 방식으로 나는 명상을 배우겠다'고 할 수 없습니다. 왜냐하면 명상이라는 의미 자체가 마음의 완전한 평정이기 때문입니다. 의식면에서뿐만 아니라 의식 속에 깊이 숨겨져 있는 잠재의식에서까지 완전히 평정하지 않으면 안 됩니다. 여기에서는 사고도 정적해져서 교란시키는 일이 없습니다. 전통적인 명상의 가르침 중의 하나──지금 문제로 하고 있는 전통적 접근──는 사고야말로 통제되어야 한다고 가르칩니다. 사고는 제쳐놓고, 인간은 자신의 감정에 사로잡히지 않고 세밀하게 객관적으로 관찰해야 한다고 말합니다.

또한 전통에 의하면 명상하는 데는 인도자인 교사나 지도자가 필요하다고 말합니다. 지도자를 따르면서 해야 할 것을 하라고 말합니다. 서구에도 기도·묵상·고백 등에 대한 독자적인 전통 형식이 있습니다. 그러나 그 원리의 전체 속에는 참된 실재를 아는 자와 그렇지 않은 자를 구분하여, 그것을 아는 자가 그것을 가르치고 깨닫도록 인도해야 한다는 생각이 내포되어 있으며, 여기에는 권위·교사·지도자·구세주·하나님의 아들 등의 사상이 포함되어 있습니다. 이들 권위자만이 지식이 있으며 당신은 모른다는 것입니다. 그리하여 이런저런 방법이나 교의를 따르라, 매일 반복해서 연습하라, 그리하면 당신도 차츰 진리에 접근할 수 있다──운이 좋으면──는 것입니다. 그런데 이것은 무엇을 말하는가 하면, 하루종일 자기와 투쟁하라는 것입니다. 가르쳐준 형식이나 교의에 자신을 일치시키라, 그리고 자기의 욕망·본능·선망·질투·야심 등을 억제하려고 노력하라는 것입니다. 이때 있는 그대로의 자기와 교의를 따르려는 자기 사이에 갈등이 일어납니다. 이것은, 즉 투쟁을 말하는 것이며, 투쟁이 있는 정신에는 평정이란 있을 수 없습니다. 투쟁을 하면서 마음이 평정해질 수는 없습니다.

　전통은 자기의 사고를 통제하기 위하여 마음을 집중하라고 설득합니다. 마음을 집중한다는 것은 저항을 하면서 자기 주위에 벽을 만든다는 것입니다. 그리하여 눈을 다른 데로 돌리지 말고 이념이라든가 원리라든가 그림과 같은 것에 초점을 맞추라는 것입니다. 전통적인 가르침은 이와 같은 괴로운 과정을 거쳐야만 구하는 것을 얻을 수 있다고 설득합니다. 또는 이성과 교제를 해서는 안 된다든가 현세를 살펴보아서는 안 된다든가 하며 주장합니다. 이런 일은 많든 적든 신경증에 걸린 성자(聖者)들이 항상 부르짖고 있는 것입니다. 그리고 이런 것이 내포하고 있는 의미를 우리가 간파했을 때──말이나 지적으로만이 아니고 실제로 간파해야 하는 것이며, 이것은 마음이 고집하지 않고 객관적으로 관찰할 수 있을 때에만 가능합니다──우리는 그 전통들을 완전히 제거할 수 있게 됩니다. 인간은 전통을 완전히 제거하지 않으면 안 됩니다. 왜냐하면 이런 과정에서만이 인간의 마음은 자유롭게 되고 따라서 지적으로 각성하게 되며 완전히 달라져 환상에 사로잡히지 않도록 될 수 있기 때문입니다.

　이런 의미에서 명상을 하는 데 있어서는 사람은 미덕을 갖추고 있어야 합니다. 미덕이라고 해도 형식이나 훈련이나 사회질서의 도덕이 아닌, 당연히 그리고 자연히 발생하는 덕을 말합니다. 또한 그것은 당신이 자신을 이해하고 사고·감정·행위·욕망·야심 같은 것을 깨달았을 때, 그리고 저렇게 하자, 이렇게 하자 하며 신경을 쓰지 않고 그저 관찰만 할 수 있을 때 홀연히 솟아나오는 덕을 말합니다. 바른 관찰에서 바른 행위가 나옵니다. 그것은 획일화라든가 이념을 추종하는 행동과는 무관한 것입니다. 그리고 그와 같은 덕이 자신의 마음속에 뿌리를 내리고 난잡한 것이 전혀 섞여 있지 않은 아름다움과 위엄이 갖추어졌을 때 ── 투쟁이 있을 때에만 난잡함이 생깁니다 ──그리고 인간이 모든 교의와 방법, 감언이설, 좋고 나쁨 등의 생각을 떠나서 객관적으로 관찰할 때에만 우리는 이 모든 것을 버리고 마음이 과거로부터 자유롭게 될 수 있습니다. 그때 우리는 더욱 전진해서 명상이란 무엇인가 하는 문제를 발견할 수 있습니다.

만일 여러분이 명상을 위한 기초를 실제로 쌓지 않는다면 명상이라는 유희를 한 것으로 끝날 것이며 전혀 의미가 없게 될 것입니다. 그것은 마치 동양을 방문해서 선생으로부터 좌선방법이나 호흡법 같은 것을 배우고 이것저것 지시를 받고 돌아와서 저서를 만들어내는 것과 같은 것입니다(이것은 정말 난센스한 일입니다). 인간은 자신에 대한 교사이자 동시에 제자이며, 거기에서는 권위 같은 것은 성립되지 않습니다. 그저 이해한다는 것만이 존재할 뿐입니다.

그렇지만 이해는 중심으로서의 관찰자라는 입장이 없을 때에만 가능합니다. 여러분은 지금과 같이 이해라는 것이 어떤 것인지에 대하여 관찰하고 주시하며 그 해답을 발견하려고 해본 일이 있습니까? 이해한다는 것은 지적인 과정이 아닙니다. 또한 그것은 직감이나 감정도 아닙니다. 누군가가 '나는 어떤 일을 명확하게 이해하였다'라고 말할 때 완전히 평정한 마음의 관찰이 있으며 그로부터 이해가 생기는 것입니다. 우리가 '무엇인가 알 만하다'고 말하는 것은 그 마음이 찬부(贊否)를 묻는 것이 아니라 조용히 듣고 있다는 것입니다. 이런 평정이 있어야만 완전히 경청할 수 있습니다. 그때에 이해가 이루어지며 그 이해가 행동을 낳게 됩니다. 그렇다고 해서 이해가 앞서고 행위가 그 뒤를 잇는다는 의미는 아닙니다. 그것은 동시적인 하나의 움직임입니다.

따라서 명상이라는 것은──이 말은 전통이라는 무거운 짐을 지고 있지만──이것저것 쓸데없는 노력을 기울이지 않고 정신과 두뇌를 최고의 능력(최고의 지능과 감수성)까지 끌어올리는 것을 말합니다. 물론 두뇌는 끊임없이 행동적이며 몇 만 년에 걸쳐 진화해 왔지만 그것은 여전히 과거의 저장소에 불과합니다. 그런 두뇌가 명상에 의하여 정적해지는 것입니다.

그러나 가장 작은 자극에 대해서도 조건에 따라 반응해온 두뇌가 평온해질 수가 있을까요? 전통적 입장을 취하는 사람들은 바른 호흡법이나 자각법을 실천하게 되면 두뇌를 제어할 수 있다고 가르칩니다. 그러나 여기에서 또한 대체 '누가' 그런 제어를 할 것인가, 두뇌를 변화시키는 일을 하는 자는 '누구냐' 하는 문제가 생깁니다. '나야말로 관찰자다, 나는 두뇌를 통제하고 사고를 종식시킬 수 있다'고 말하는 것은 역시 사고가 아닐까요? 사고가 사상가를 낳는 것입니다.

아무튼 두뇌가 완전히 평온해질 수 있을까요? 이 해답을 발견하는 일 또한 명상에 포함되어 있습니다. 남의 가르침을 받는 것이 아닙니다. 누구도 그것을 가르칠 수는 없습니다. 우리의 두뇌는──문화에 의하여, 경험에 의하여, 진화의 긴 역사에 의하여 제어되고 있지만──평온에 도달할 수 있을까요? 이 평온이 없는 한, 우리는 사물을 보아도 어떤 경험을 해도 그것을 왜곡시켜서 자기의 조건에 맞도록 해석하려고 합니다. 그러면 명상(생활)에 있어 수면은 어떤 역할을 하는 것일까요? 이것은 대단히 흥미있는 문제입니다. 여러분 스스로 생각해보더라도 여러 가지 것을 알 수 있을 것입니다. 지난 번에도 말했지만 꿈을 꾸는 것은 필요치 않습니다. 나는 다음과 같이 말했었습니다. 정신이나 두뇌는 낮에는 완전히 눈을 뜨고 있으면서 내적·외적 사건을 주시하고 외적 사건에 대해서 초래되는 마음의 내적인 반응(긴장에 의한 반응)을 자각하며 무의식이 주는 암시에도 주목하지 않으면 안 된다고 말입니다. 그리고 하루가 끝날 때에는 그것을 모두 청산해야 한다고. 만일 우리가 그날그날 청산하지 않으면 두뇌는 밤에도 활동하지 않으면 안 됩니다. 자고 있으면서도 스스로의 질서를 회복하려고 노력하게 됩니다. 이것은 명백한 일입니다. 이상과 같은 것이 실행된다면 당신은 잠자는 중에도 전혀 차원이 다른 것을 배워나갈 수 있게 될 것입니다. 그리고 이것도 명상의 일부입니다.

명상을 하기 위해서는 그 행위가 사랑인 행동의 기초를 구축할 필요가 있습니다. 또한 모든 전통으로부터 해방된 정신의 자유가 필요합니다. 그리고 두뇌도 완전히 평정해져 있어야 합니다. 만일 당신이 이런 것을 달성한다면 당신의 두뇌는 책략으로 농간을 부리지 않아도 마약을 사용하지 않아도 평온하게 될 것입니다. 그것은 그날그날에 행한 능동적이고 수동적인 자각에 의하여 달성할 수 있습니다. 그리고 만일 당신이 하루가 끝났을 때 그날에 일어난 일을 음미하여 스스로 생긴 질서가 나타나게 되면 잠든 뒤에도 두뇌는 평정해져서 다른 차원에서 움직이며 배울 수 있게 됩니다.

이렇게 해서 두뇌를 포함한 신체 전체가 어떠한 왜곡도 없이 평정해집니다. 이때 비로소 그런 마음만이 참된 실재──그것이 있다면──를 획득하게 됩니다. 광대한 진리, 명칭을 넘어선 초월은──그런 것이 있다면──누구의 초대에도 응하는 것이 아닌 평온한 마음에 의해서만 그 진위(眞僞)를 확인해 볼 수 있는 것입니다.

여러분은 "이런 것이 생활과 무슨 관계가 있는가?" 하고 물을지도 모르겠습니다. "나는 일상생활을 해야 한다. 회사일, 가정일, 그리고 혼잡한 만원버스를 타고──이와 같은 생활과 명상이 무슨 관계가 있는가?" 하고 말입니다. 그렇지만 결국 명상은 삶을 이해하는 것입니다. 비참·비탄·고독·절망·출세욕·성공욕·공포·선망 등이 복잡하게 소용돌이치는 매일매일의 생활에 대한 이해를 말합니다. 이런 것을 이해하지 못한 채 신비를 추구하며 노력한다면 그것은 헛수고이며 아무 가치도 없는 것입니다. 무질서한 생활, 무질서한 정신이 수학적 질서를 추구하는 것과 같습니다. 따라서 명상이야말로 생활과 결부된 것입니다. 그것은 정신적인 황홀경으로 사람을 탈선시키는 것이 아닙니다. 물론 거기에는 쾌락과는 다른 황홀감이 있을 것입니다. 그러나 그 황홀경은 스스로의 마음이 수학적인 질서와 같이 질서정연한 자세──절대적이라고 해도 좋습니다──를 취하고 있을 때에만 가능한 것입니다. 명상은 일상생활의 양식(樣式)입니다. 그리고 이때 불멸의 시공을 초월한 무엇인가가 이루어집니다.

질문 : 자기의 반응을 자각하는 관찰자는 누구를 말하는 것입니까. 그런 때는 어떤 에너지를 사용하면 좋을까요?

크리슈나무르티 : 당신은 반응을 일으키지 않고 사물을 관찰한 일이 있습니까? 나무, 부인의 얼굴, 산이나 구름, 물에 비친 빛──이런 것을 호오(好惡)·쾌락으로 해석하지 않고 그대로 관찰한 일이 있습니까? 나에게 묻지 말고 스스로 시험해 보십시오. 판단이나 평가를 왜곡하지 말고 있는 그대로의 반응을 관찰해 보십시오. 그리고 자기의 반응을 관찰해 보십시오. 그리고 자기의 반응에 완전하게 주목한다면 관찰하는 사람, 사고하는 사람, 경험하는 사람 같은 것은 없다는 것을 알게 될 것입니다. 두 번째의 질문은 자기를 개조하며 혼을 변혁시키기 위한 에너지는 어떤 것이 좋으냐 하는 것이었습니다. 그 에너지는 어디서 가져오면 좋을까요? 우리는 지금도 에너지를 가지고 있으며 그것을 소비하고 있습니다. 그러나 그 에너지는 긴장·모순·갈등 같은 것에 의하여 낭비되고 있습니다. 두 개의 상반되는 욕망 사이의 투쟁에서, 나의 현실과 당위 사이의 투쟁에서 막대한

양의 에너지가 낭비되고 있는 것입니다. 따라서 이런 모순이 소멸하게 되면 에너지는 대량으로 존재하게 됩니다. 인간의 생활이 현실적으로 어떻게 되어 있는가를 관찰해 봅시다. 그것은 모순에 차 있습니다. 우리는 평화롭기를 원하는 반면에 누군가를 증오하거나 사랑하고 싶다고 생각하면서 야망을 품습니다. 이런 모순이 갈등과 투쟁을 초래하고 투쟁은 에너지를 소모시킵니다. 따라서 모순이 없는 생활을 하게 되면 거기에서 자기 개조의 에너지는 얼마든지 나올 수 있게 됩니다. 그러나 다음과 같이 묻는 사람도 있을 것입니다. 즉 모순이 없는 생활──'관찰자'와 '관찰대상' 사이에, '경험자'와 '경험대상' 사이에, 사랑과 증오 사이에──은 어떻게 하면 가능할까 하는 의문 말입니다. 이와 같은 이원론이 없는 생활은 어떻게 하면 가능할까요? 사실만이 있고 그 이외의 것은 없는 그런 상태가 나는 가능하다고 생각합니다. 당신이 증오하는 마음이나 폭력적인 마음을 가지고 있다는 사실만을 남겨놓고, 그와 반대되는 개념은 만들지 않는 상태──이것은 가능합니다. 당신에게 공포심이 있을 때 당신은 그 반대개념인 용기라는 것을 발전시키려고 합니다. 이것은 저항이며 모순이며 노력이며 긴장입니다. 그러나 당신이 공포라는 것을 완전히 이해하고 그로부터 반대물로 도피하지 않을 때, 즉 공포라는 것에 대하여 당신의 모든 주의력을 돌렸을 때 당신은 공포와 직면할 수 있는 에너지를 몸에 지니게 됩니다. 전통적 입장에 서 있는 학자들은 "자기 개조를 위한 에너지를 저장하라. 따라서 성적 행위를 비롯하여 속세의 일에 관계하지 말라. 정신력을 집중해서 신을 생각하라. 속세를 떠나서 유혹에 빠지지 말라"하고 가르칩니다. 이 모든 것은 에너지의 축적을 위한 것입니다. 그러나 인간은 역시 욕구가 있는 존재입니다. 그 마음속에는 성적·생물적인 욕망의 불길이 있습니다. 그리고 '저것이 하고 싶다, 이것이 하고 싶다' 하고 요구합니다. 이에 대하여 그것을 무리하게 통제하려고 하기 때문에 막대한 에너지가 낭비되는 것입니다. 그러나 반대로 만일 당신이 사실만을 보고 다른 어떤 것도 개입시키지 않는다면, 즉 당신이 화를 내고 있다면 그 노여움을 이해하고 그 안으로 들어가서 그것과 일체가 되어 주신다면——어떻게 노여움을 가라앉힐 것인가 하고 생각하는 것이 아니고——당신은 풍부한 에너지가 생겨 있는 것을 깨닫게 될 것입니다. 이 에너지야말로 인간의 정신을 명석하게 하고 마음을 터놓고 풍부한 사랑——이념이나 감정이 아니고——을 받아들일 원동력이 되는 것입니다.

질문 : 황홀한 상태는 어떤 것인지 설명해 주십시오. 선생님께서는 황홀은 쾌락이 아니며 사랑도 쾌락이 아니라고 말씀하셨는데요.

크리슈나무르티 : 황홀이란 무엇일까요? 당신이 구름을 보았다고 합시다. 그 구름에는 빛이 있습니다. 그것은 아름답습니다. 아름다움은 정열입니다. 구름의 아름다움, 나무에 비치는 석양의 아름다움을 맛보기 위해서는 정열이 필요합니다. 마음의 집중이 필요합니다. 이 집중(정열)에는 감정도 정서도 존재하지 않고, 좋고 싫은 것도 없습니다. 황홀상태는 개인의 것이 아닙니다. 그것은 마치 사랑은 내 것 또는 네 것이라고 할 수 없는 것과 같이 역시 내 것 네 것이라고 말할 수 없는 것입니다. 쾌락은 이것과는 다릅니다. 쾌락은 네 것 내 것이라고 말하게 됩니다. 따라서 명상적인 마음이 생겼을 때에는 독자적인 황홀경을 맛보게 됩니다. 그리고 그것은 말로 표현할 수 없는 마음의 즐거움인 것입니다.

질문 : 선생님, 선악(善惡) 같은 것은 존재하지 않는다는 말씀입니까, 아니면 인간의 모든 반응은 선이라는 말씀입니까?

크리슈나무르티 : 천만의 말씀입니다. 그런 것을 말하고 있는 것이 아닙니다. 내가 말하려고 하는 것은 자기의 반응이 선이라든가 악이라든가 말하지 말고 관찰하라는 것입니다. 선악을 운운하게 되면 모순을 초래하게 됩니다. 당신은 자기의 아내를──이런 말은 실례가 될지 모르겠습니다만──몇 해에 걸쳐 만들어낸 이미지에 의하지 않고 본 일이 있습니까? 당신에게는 그녀에 대한 이미지가 있으며 그녀에게는 당신에 대한 이미지가 있습니다. 이 두 개의 이미지가 서로 관계하고 있는 것이지, 당신과 그녀가 인격적으로 관계하는 것은 아닙니다. 이와 같은 이미지가 생기는 것은 당신이 인간관계에 있어서 주의력이 부족하기 때문입니다. 주의력의 부족이 이미지를 길러냅니다. 만일 당신이 자신의 아내를 비난하거나 평가하거나 좋다든가 나쁘다든가 말하지 않고 또한 일체의 편견이 없이 있는 그대로를 관찰한다면──이렇게 될 수 있습니까 ──그때 그 관찰로부터 전혀 질적으로 다른 행동이 나타나게 되는 것을 알게 될 것입니다.

1969년 4월 24일 파리

제2부 대화편

제1장   자기탐구

> 자기 자신을 알아야 될 필요, 앎과
> 배움, 배움은 과거로부터 자유로워진
> 마음을 필요로 한다. 공포로부터의
> 도피와 공포에 대한 배움.

크리슈나무르티 : 우리는 지금부터 각 사람 모두 참가하는 7회에 걸친 토론을 시작하려 하고 있습니다. 우리는 단지 각자의 말을 듣는다든가 자기 혼자의 의견이나 판단을 견지한다든가 하는 것이 아니고 서로 대화하면서 여러분이 어떻게 생각하고 있는가, 또는 어떤 관점에서 삶을 보고 있는가, 또는 자기의 원칙이라든가 결론이 어떻게 자기의 마음을 진동 혹은 통제하고 있는가 하는 것을 스스로 발견하려고 하고 있습니다. 이제부터 매일 아침 특정한 문제를 이야기하면서 우리들 각자가 자신의 문제를 완전하게 이론적이든 지적이든 이해할 수 있도록 될 수 있는 대로 완전하게 그 문제 속으로 들어가서 그것을 초월하려고 하는 것입니다. 그러면 오늘 아침에는 무슨 이야기부터 시작할까요?

질문(1) : 사고의 루트(경로)와 원천에 대하여.
질문(2) : 마음과 두뇌의 차이에 대하여.
질문(3) : 명상의 체계는 각자가 발견하는 것일까요, 아니면 그것은 하나의 방법인가요?
질문(4) : 개인적인 재능이나 능력을 우리는 바르게 사용하고 있는 것일까요?

질문 (5) : 사람과 사람의 관계에 대하여.
질문 (6) : 모든 조건지어짐에 대해 대화를 하고 나서 그것들을 버리는 것은 어떨까요?
질문 (7) : 깨달음〔悟〕이란 무엇일까요?
질문 (8) : 진리와 아름다움에 기초한 무상의 기쁨에 도달하는 것이 왜 우리에게는 어려운 일일까요?

크리슈나무르티 : 우리가 이 문제들을 모두 한꺼번에 처리할 수 있을까요? 자기지(自己知, self-knowledge)에 대하여 이야기를 나누면 이런 문제들에 대한 해답이 나오지 않을까 생각됩니다. '명상이란 무엇인가(그것은 하나의 방법인가)? 마음과 두뇌의 차이는 무엇인가? 깨달음에 도달(이해)하는 것이 왜 어려운가? 왜 사람들은 다투지 않으면 안 되는가?' 이와 같은 모든 문제에 대하여 우리는 자기지를 참여시킬 수 있을까요? 자기 자신을 알 수 있는 방법이 있을까요? 여러분이 말씀한 이런 문제에 대한 해답을 누구의 도움도 빌지 않고 스스로 발견할 수 있는 길이 있을까요? 그것은 우리 자신이 사고의 메커니즘(기계적 작용)을 알게 되면 가능해집니다. '어떻게 두뇌는 활동하고 있는가? 어떻게 마음은 조건지어짐에 얽매여 있는가? 어떻게 해서 그것이 고착되어 있는가? 어떻게 마음은 그 자신으로부터 자유로워지기를 원하는가?' 우리 자신의 내부나 외부에는 언제나 투쟁이 있습니다. 즉 우리가 자신에게 부과된 모든 문제를 푼다든가 외부의 문제를 해결한다든가 하기 위해서는 자기 자신을 이해하는 것이 중요하지 않을까요? 이것에 대하여 토론해보지 않겠습니까?

우선 나는 어떻게 자신을 관찰해야 좋을까요? 지금까지 나의 마음을 조건지어온 권위자나 전문가나 철학자의 말에 따라서 자신을 관찰해야 할까요? 나는 현대의 심리학자나 분석가(프로이트, 융, 아들러 등)의 견해──그들의 관점에서 자기 자신을 보고 있는 것──에 정통해 있지만 별로 좋아하지는 않습니다. 어떠한 감정적 반응도 없이 객관적으로 자기를 관찰할 수 있을까요? 자기를 관찰하는 데 분석이 필요할까요? 이런 의문은 내가 '자신을 알지 않으면 안 된다', '완전히 자기를 알지 못하고는 어떠한 행동도 기반을 갖지 못한다'고 생각할 때 요구되는 것입니다. 만일 내가 자신을 알지 못하고 혼란 속에 있다면 나의 행동은 보다 많은 혼란을 초래할 것입니다. 그렇기 때문에 나는 자신을 '알아야 하는 것'입니다. 나는 자신의 성격 구조를 깊이 알아야 합니다. 나는 자기활동의 토대, 행동하는 패턴, 추종하는 방법, 즉 자기나 사회가 확립한 방향을 깨달아야 합니다. 나를 일관되게 혹은 모순투성이로 행동하도록 재촉하는 것들을 이해해야 합니다. 하나님은 존재하는가, 진리는 있는가, 명상이란 무엇인가, 누가 명상자인가 ── 명상자가 명상보다 훨씬 중요합니다 ── 이와 같은 문제를 모두 이해하기 위해서는 나는 자신을 완전히 알아야 합니다. 여러분도 자신을 아는 것이 중요하다는 것을 아시겠습니까? 자기 자신을 알지 못하면 어떠한 행동도 무지 속에서, 따라서 환상과 모순 속에서 이루어지게 됩니다. 그 때문에 모순이나 슬픔 같은 불행한 사태가 일어나는 것입니다. 아시겠습니까? 사람은 의식적인 것뿐만 아니라 보다 깊은 내면의 자기 자신도 알아야 합니다. 이 사실은 명백합니다. 내가 말했기 때문이 아니라 여러분 스스로 그것을 깨달아야 합니다.

그러면 나는 어떻게 나 자신을 알아야 할까요? 어떤 절차를 밟아야 할까요? 언젠가는 뒷날 다른 심리학자나 철학자에 의하여 변경되거나 강화될 특정한 결론에 일시적으로 도달한 권위자나 전문가를 따르는 것이 좋을까요? '아니오'라고 말하지 마십시오. 그렇지 않다면 나는 어떻게 자기 자신을 알아야 할까요? 과거나 현대의 철학자들이 발견한 것 ── 인도인들의 마음에는 그것이 깊이 새겨져 있습니다 ── 은 모두 의식적·무의식적으로 나의 마음에 기록되어 있습니다. 그들은 옛날부터 그렇게 해왔으며 나는 초보자이므로 그들보다도 한 발 더 나아가기 위해서는 그들을 따르는 것이 좋을까요? 그렇지 않으면 아무도 따르지 말고 자기 자신을 관찰하는 것이 좋을까요? 내가 자신을 '존재하는 것'으로서 관찰한다면 나는 여러 철학자나 선생이나 구세주들이 말한 결과로써 자기 자신을 관찰하고 있는 것입니다. 그러므로 나는 누구에게도 의존해서는 안 됩니다. 이 점을 확실히 아시겠습니까? 나중에 의문이 생기지 않도록 지금 깨달아 주시길 바랍니다.

나의 마음은 여러 사람들의 말의 결과입니다. 이 사실은 과거부터 현재에 이르기까지 많은 위인들에 의하여 물결치듯 수없이 되풀이되어 온 것이지만 전혀 받아들여지지 않았습니다. 나는 그 모든 것의 결과입니다. 따라서 단 하나 내가 하지 않으면 안 되는 것은 자기 자신을 관찰하는 것, 즉 자신이라는 책을 읽는 것입니다. 그러면 어떻게 읽으면 좋을까요? 아무런 방해도 받지 않고 똑똑하게 관찰하려면 어떻게 해야 좋을까요? 나는 색안경을 쓰고 있을지도 모르며 자기관찰을 방해하고 있는 특정한 선입관이나 결론을 갖고 있을지도 모릅니다. 그러므로 그 모든 것을 깨닫는 것이 자기를 관찰하는 것입니다. 그러므로 나는 어떻게 해야 할까요? 내가 조건지어져 있다면 나는 완전히 자유로운 상태에서 자기 자신을 관찰할 수 없습니다. 따라서 나는 자신을 조건지우고 있는 것을 깨달아야 합니다. 그래서 나는 이렇게 묻지 않을 수 없습니다. "깨달음이란 무엇인가?"

그러면 이렇게 생각을 전개해 봅시다. 나의 마음이 자유롭지 않기 때문에 나는 자유로운 상태에서 완전하게 자신을 관찰할 수 없는 것입니다. 나에게는 많은 의견·결론·경험·받아온 교육 등이 있으며 이런 것들이 나를 규정짓고 있는 조건의 일부입니다. 따라서 나는 나의 일부인 그 조건들을 깨달아야 합니다. 따라서 우선 '깨달음이란 무엇인가'를 알아야 하며 이해해야 합니다. 여러분에게 있어 '깨닫는다'는 것은 무엇을 의미합니까? 지난번 내가 "노트에 기록하지 마십시오"라고 말해도 몇 사람은 노트에 계속 기록을 하고 있었습니다. 이것이 '깨닫는다'는 것일까요?

질문 : 나는 2분 이상 깨달을 수 없기 때문에 혼란이 시작된 것을 알고 있습니다.

크리슈나무르티 : 우리는 '이 깨달음은 확장될 수 있는 것인가, 아니면 잠시 동안만 가능한 것인가?' 하는 문제에 이르렀습니다. 그러나 그 문제에 대답하기 전에 '깨닫는다'는 것의 의미를 발견해 보도록 합시다. 나는 저 물 흐르는 소리를 깨닫고 있을까요? 이 천막 안에 있는 모든 사람의 옷 색깔을 나는 깨닫고 있을까요? 이 천막의 넓이나 저 언덕, 저 나무들, 저 구름, 이 온도를 나는 깨닫고 있을까요? 객관적이며 외면적으로 이 모든 것들을 깨닫고 있을까요? 당신은 어떻게 깨닫고 있습니까?

질문 : 우리는 내면적으로 외면적으로 동시에 깨닫고 있습니다.

크리슈나무르티 : 차근차근 생각해 봅시다. 당신은 이 천막 안의 사람들의 갖가지 옷 색깔을 깨닫고 있습니까? 저 언덕과 나무와 목초를 깨닫고 있습니까? 당신은 의식적으로 그것들을 깨닫고 있습니까? 깨닫고 있습니까?

질문 : 거기에 주의를 기울이면 나는 그것을 깨닫습니다.

크리슈나무르티 : 거기에 주의를 기울이면 당신은 그것을 깨닫습니다. 따라서 당신이 주의를 기울이지 않을 때에는 깨닫지 못할 것입

니다. 주의를 기울였을 때에만 당신은 그것을 깨닫습니다. 이 점을 확실히 파악해 주십시오.

질문 : 나는 한 가지에 주의를 기울이게 되면 그것에 열중하게 되면서 주위의 다른 것에는 주의를 기울일 수가 없습니다.

크리슈나무르티 : 당신이 특정한 것에 열중하게 되면 다른 것들은 빛이 바래집니다. 당신이 이 천막이나 나무나 산을 주의깊게 관찰하고 있을 때 자기가 본 것을 말로 표현하려고 하는 자신을 깨달아본 일이 있습니까? '저것이 나무다', '저것이 구름이다', '저것은 천막이다', '이 색깔이 좋다', '저 색깔은 싫다' 하고 당신은 말하지 않습니까? 지루하다 생각 말고 생각해 보십시오. 왜냐하면 만일 당신이 이 일을 깊이 추구하게 되면 이 모임이 끝나도 당신 스스로 무엇인가를 깨닫게 될 것이기 때문입니다. 그러면 당신은 주의를 기울였을 때 당신 자신의 반응을 깨닫고 있습니까?

질문 : 그것은 마치 주의(attention)를 넓히는 일과 같이 생각되는데요.

크리슈나무르티 : 당신은 나의 질문에 대답하고 있지 않습니다. 나는 저 옷을 깨닫고 있습니다. 나는 '얼마나 멋진가' 또는 '얼마나 흉한가' 하고 반응합니다. 나의 질문은 "당신은 저 붉은색을 보았을 때의 자신의 반응을 깨닫고 있는가?" 하는 것입니다. 다른 여러 가지 반응에 대해서가 아니라 저 붉은색을 보았을 때의 특정한 반응을 깨닫고 있는가 하는 것입니다. 왜 다른 반응으로는 안 되느냐구요? 그것은 그것이 깨달음의 일부이기 때문이 아닐까요?

질문 : 무엇인가에 이름을 붙이고 있을 때에는 우리는 그것을 깨닫지 못합니다.

크리슈나무르티 : 나는 지금 그 의미를 발견하려고 하고 있습니다. 당신은 그것을 탐구하고 있지 않습니다. 나는 깨닫고 싶지만 자신이 깨닫지 못하고 있다는 것을 알고 있습니다. 나는 때때로 주의가 깊어지기는 해도 거의 절반은 잠을 자고 있습니다. 나는 나무나 색깔을 보면서 다른 일을 생각합니다. 몇 번이고 말씀드렸듯이 '자기 자신을 모르면 어떠한 행동도 기반을 갖지 못한다'는 것을 깨닫고 있기 때문에 나는 자신을 완전히 알고 싶어하는 것입니다. 나는 나 자신을 '알아야 합니다.' 그러면 어떻게 나는 나 자신을 깨닫게 될까요? 어떻게 자신을 관찰하면 좋을까요? 나는 관찰하면서 배워야 합니다. 즉 학습은 깨달음의 일부인 것입니다. 나는 타인──철학자·선생·구세주·목사──에 의존해서 자신을 배워야 할까요? 그것이 배우는 것일까요? 남의 말에 의존하여 배우는 것은 자신을 배우는 것을 그만둔다는 것을 의미하는 것이 아닐까요? 따라서 우선 나는 나 자신에 대하여 배워야 합니다. 그러면 자신을 배운다는 것은 어떤 의미일까요? 그것을 탐구하십시오. 그것이 의미하는 바를 발견하십시오. 자신에 대해 배우십시오.

질문 : 자기의 반응을 보는 일입니다.

크리슈나무르티 : 아니, 부인, 그런 것이 아닙니다. '배운다'는 것은 어떤 의미일까요?

질문 : 사람은 필사적으로 그와 같은 깨달음에 이르는 특정한 방법을 찾고 있는 것으로 생각됩니다. 전에 나는 우리의 사고를 모두 글

로 써서 읽으니까 마치 영화를 보는 것과 같았으며, 그것을 알 수 있는 교육이 가능하다고 생각한 적이 있습니다. 이런 방법이라면 우리는 아마 무엇인가를 배우게 될 것입니다.

크리슈나무르티 : 질문한 분은 "우리는 자기 자신을 알아야 한다는 것을 알고 열심히 자신을 알기 위해 노력하지만, 어떻게 하면 좋을지를 모르고 형식이나 방법을 찾기 때문에 결국은 '이렇게 하면 자신을 알 수 있다'고 말하는 사람을 찾게 되는 것이다"라고 말씀하고 있습니다.

여기서 잘 들어보십시오. 여기에 나라는 것이 존재하고 있습니다. 그 나는 이 사회와 종교와 문화의 결과이기도 하고 또한 이 경제세계나 기후나 식사 등, 즉 국한된 과거와 현재의 결과이기도 합니다. 나는 자신을 알고 싶어하며 자신에 대해 배우고 싶어합니다. 그러면 배운다는 것은 어떤 의미일까요? 여기에 숨어 있는 까다로운 점을 깨달아 주십시오. '나는 독일어를 모른다'는 의미는 '독일어의 의미를 알고 싶다. 그 언어와 문법을 기억하고 싶다'는 것입니다. 즉 이것은 그 언어나 기타에 대해 지식을 쌓아올리면 독일어를 말할 수 있을 것이라는 것을 의미합니다. '나는 언어라든가 여러 가지 방법으로 기억을 축적한 뒤 행동한다'고 할 때의 배움은 축적을 의미합니다. 그러면 그렇게 해서 자기 자신을 배울 때 무엇이 일어날까요? 자신에 대하여 무엇인가를 알았을 때 나는 이렇게 말합니다. "나는 저것을 배웠다", 즉 나는 '저것이 그렇다는 것'을 알아버린 것입니다. 나는 그것을 배워버린 것입니다. 그리고 그것은 지식을 남기고 나는 그 지식을 이용해서 다음 일어날 일을 조사합니다. 그리고 그것이 또다시 보다 많은 축적을 추가하게 됩니다. 그리하여 나는 자신을 관찰하고 배우면 배울수록 자신에 대한 지식을 더욱더 축적하게 됩니다. 그렇지 않습니까?

질문 : (지식을 축적하고 있는 사이에) 저는 변화하고 있습니다.

크리슈나무르티 : 나는 지식을 축적하고 있는 사이에 변화하고 있습니다. 그러나 나는 관찰에 의하여 지식과 경험을 축적하고 있습니다. 자아, 무엇이 일어날까요? 요컨대 나는 그 지식으로 자신을 보는 것입니다. 왜냐하면 지식이 신선한 관찰을 방해하기 때문입니다. 아시겠습니까? 예컨대 당신이 나에게 무엇인가 화낼 말을 했다고 합시다. 그러면 그것이 나의 지식이 됩니다. 그리고 당신을 다시 만났을 때 그 노여움의 지식이 소생합니다. 즉 과거가 현실과 직면하게 되는 것입니다. 지식은 과거이며 나는 그 과거의 눈으로 현실을 보고 있는 것입니다. 아시겠습니까? 자신을 배우고 보기 위해서는 과거의 지식으로부터 자유로워져야 합니다. 그러므로 자기 자신을 배우기 위해서는 언제나 신선해야 합니다. 이 까다로운 의미를 이해하시겠습니까?

질문 : 나로서는 언제나 변화하고 있는 삶 같은 것은 없다고 생각되는데요.

크리슈나무르티 : 변화의 이야기는 나중에 하겠습니다. 나는 지금 '자기 자신을 배우고 싶다'라는 것에 주의를 기울이고 있습니다. '자기 자신'은 여러 가지 방향으로 활동하고 있으며 결코 정적이지 않습니다. 만일 과거라는 마음과 두뇌로 배운다면 그것이 자기 자신을 배우는 것을 방해하게 됩니다. 일단 이런 일을 깨달으면 '어떻게 하면 마음이 그 자신을 배울 수 있도록 과거로부터 자유로워질 수 있을까?', 즉 '마음은 언제나 신선한가?'라는 의문을 갖게 됩니다. 이것의 아름다움과 황홀함에 주목해 주십시오.

"나는 자신을 배우고 싶다. 그러나 '자기 자신'이란 죽어 있지 않은 살아 있는 것이다." 나는 어느 날 이렇게 생각했습니다. "자기 자신은 언제나 끊임없이 활동하고 있다. 그러나 그것을 관찰하고 배우기 위해서는 마음이 자유로워야 한다. 만일, 과거에 속박되어 있다면 마음은 관찰할 수 없을 것이다." 자아, 어떻게 하면 좋을까요?

질문 : 그것은 기억상실이 아닌 과거의 영향으로부터 자유로워진다는 의미군요.

크리슈나무르티 : 그렇습니다. 자아, 어떻게 하면 좋을까요? 붉은색을 보고 "붉은색은 싫다"고 말한다면 그것은 과거의 반응입니다. 그 과거가 즉석에서 작용하여 배움을 그만두게 해버립니다. 어떻게 하면 좋을까요?

질문 : 생각하는 것을 잊어버리면, 즉 사고를 가지지 않으면 됩니다.

크리슈나무르티 : 당신은 내가 한 말을 이해하지 못하고 있습니다. 당신이 "사고는 갖지 마라"고 말할 때 당신은 하나의 결론에 도달했을 뿐, 정말로 배우고 있는 것은 아닙니다.

질문 : 자신을 텅 비우면 어떨까요?

크리슈나무르티 : 그것도 하나의 결론입니다. 당신은 어떻게 자신을 텅 비게 할 수 있습니까? 마음을 텅 비게 하려는 그 실체는 누구입니까?

질문 : 그 실체를 텅 비워야 합니다. 모든 것을 텅 비워야 합니다.

크리슈나무르티 : 그것을 텅 비우려는 것은 누구입니까? 실례지만 당신은 내 말을 듣지 않았던 것 같군요. 나는 자기 자신을 배우고 싶다고 말했습니다. 과거가 간섭하게 되면 나는 자기 자신을 배울 수 없습니다. '배운다'는 것은 그 말을 현재 자체, 즉 그 현재의 활동을 의미합니다. 그러나 마음—— 두뇌 —— 이 과거에 속박되어 있을 때에는 그것이 불가능합니다. 자아, 어떻게 하면 좋을까요?

질문 : 주의를 기울이고 있어야만 합니다.

크리슈나무르티 : 그렇습니다. 그러면 어떻게 주의를 기울이면 될까요?

질문 : 현재에 살지 않으면 안 됩니다.

크리슈나무르티 : 나의 과거가 나를 속박하고 있는데 어떻게 현재에 살 수 있을까요?

질문 : 현재 일어나고 있는 과정을 깨달음에 의해서.

크리슈나무르티 : 그것은 어떤 의미입니까? 과거가 간섭하고 있기 때문에 두뇌가 배우는 것을 방해당하고 있다는 것을 깨닫는다는 의미입니까? 당신은 우리가 한참 말하고 있을 때 그 두뇌의 활동을 깨닫고 있습니까? 만일 그것을 깨닫고 있다면 무엇이 일어납니까? 추측하지 말아주십시오. '그랬어야 한다', '그렇게 하지는 말았어야 한다'고는 말하지 말아주십시오. 그런 것은 아무 의미도 없습니다.

전부터 말해온 의미에서의 '과거가 현재를 간섭하면서 배움을 방해하고 있다'는 그 활동을 깨달았을 때 실제로 어떤 일이 일어납니까? 그 활동상태를 깨달았을 때 무엇이 일어납니까?

질문 : 자기가 과거의 결과라는 것을 깨닫습니다.

크리슈나무르티 : 우리는 그것이 사실이라는 것을 알고 있습니다. 우리가 물어온 것은 '자기가 과거의 결과이기 때문에 현실을 배우는 데 방해를 받고 있다는 것을 깨달았을 때 그 결과로서 대체 무엇이 일어날까?' 하는 것이었습니다. 상상해 보십시오. 그 과정을 깨달을 때 대체 무엇이 여러분 속에서 일어날까요?

질문(1) : 그 움직임이 정지합니다.
질문(2) : 이미 사고는 사라지고 없습니다.
질문(3) : 공포가 있습니다.

크리슈나무르티 : 한 사람은 이미 사고는 없다고 말씀하셨고, 또 한 사람은 침묵이 있다고 말씀하셨으며, 다른 또 한 사람은 공포가 있다고 말씀하셨습니다.

질문 : 나로서는 현재 이외에는 아무것도 없는 것 같은데요.

크리슈나무르티 : 자아, 어느 의견이 정말일까요?

질문 : 우리는 혼란되어 있습니다.

크리슈나무르티 : 그렇습니다. 우리는 혼란되어 있습니다.

질문 (1) : 지각하고 있습니다.

질문 (2) : 배우고 있습니다.

질문 (3) : 직접적인 행동에 의하여 파괴되어야 할 모순이 있다고 생각합니다.

크리슈나무르티 : 들어주십시오. 부탁입니다. 어떤 결론도 내리지 말아주십시오. 왜냐하면 결론은 배움을 방해하기 때문입니다. "직접적인 행동이 일어나지 않으면 안 된다"고 말할 때 그것이 결론인 것입니다. 우리는 배우고 있습니다. 나는 자기가 과거의 결과라는 것을 깨달았습니다. 그 과거에는 어제의 일도 있을 것이며 지식으로서 새겨져 있는 것도 있을 것입니다. 그 지식(과거)이 현재를 배우는 나를 방해하고 있습니다. 그것은 습관적으로 언제나 일어나고 있습니다. 그러면 이것을 깨달은 나에게 무엇이 일어날까요? 결론을 묻고 있는 것이 아닙니다. 만일 내가 누구인가의 결론을 받아들인다면 그 사람은 새로운 철학자가 될 것입니다. 그러나 나는 새로운 철학자 같은 것은 찾고 있지 않습니다. 나는 배우고 싶은 것입니다. 그렇기 때문에 나는 두뇌가 이 작용──과거가 배움을 방해하고 있는 것──을 깨닫고 있는가, 실제로 무엇이 일어나고 있는가를 알아야 합니다. 두뇌는 그 작용을 깨달을 수 있을까요? 아니면 그것은 새로운 것을 깨닫는 것을 두려워하고 있을까요?

질문 : 그 작용이 정지할 것입니다.

크리슈나무르티 : 그리고 어떻게 됩니까? "이젠 다 배웠다"입니까? 아니면 아직도 배우고 있습니까?

질문 : 완전히 침묵하고 있다면 자기가 무엇을 지각하고 있는지, 그리고 자기로부터 무엇이 나오고 있는지를 알 수 있으리라 생각됩니다.

크리슈나무르티 : 그렇습니다. 내가 말하는 것을 관찰해 주시기 바랍니다. 나는 그 움직임을 배우고 싶어합니다. 그러나 배우는 데는 호기심이 필요합니다. 그리고 단지 결론을 지어버리면 호기심은 정지해 버립니다. 즉 배운다는 것은 호기심·정열·에너지를 필요로 합니다. 이런 것이 없으면 배울 수 없습니다. 공포가 있으면 정열이 있을 수 없습니다. 여기에서 나는 그것을 제쳐놓고 이렇게 물어야 합니다. '왜 나는 새로운 것을 배우는 것을 두려워하는가?' 나는 공포를 탐구해야 합니다. 과거의 기억을 버린 나는 지금 공포를 배우려고 하고 있습니다. 아시겠습니까? 자아, 나는 왜 무서워하고 있을까요?

질문 : 자기의 이미지를 잃어버리지 않을까 두렵기 때문입니다.

크리슈나무르티 : 자기가 만들어낸 '자기'라는 이미지 ──지식, 죽은 실체──를 잃게 될까 봐 두려워한다는 말이지요. 그러나 그것은 틀립니다. 설명하지 마십시오. 왜 나는 자신이 두려워하고 있다는 것을 알게 되었을까요? 자기가 죽어 있다는 것을 알기 때문일까요? 나는 과거 속에서 살고 있는 까닭에 현재를 관찰하며 현재에 살고 있다는 의미를 알지 못합니다. 즉 현재가 전혀 새로운 것이어서 새로운 일을 하는 것이 두려운 것입니다. 이것은 나의 두뇌와 마음은 지금까지 낡은 형식──낡은 순서, 낡은 사고방식, 낡은 생활방식, 낡은 활동방식──을 따랐었는데 배우기 위해서는 마음이 지금까지 진리로 확립하여온 과거라는 것으로부터 자유로워져야 한다는 것을

의미합니다. 자아, 무엇이 일어날까요? 과거가 간섭하게 되면 배울 수 없다는 사실을 나는 깨달았습니다. 그리고 자기가 두려워하고 있다는 것도 깨달았습니다. 즉 '배우기 위해서는 마음이 과거로부터 자유로워져야 한다'는 깨달음과 동시에 '그렇게 하는 것을 두려워하는 자신'이라는 깨달음과의 모순(이중성)이 그곳에서 일어난 것입니다. 알았지만 그 아는 것이 두려운 것입니다.

질문 : 우리는 언제나 새로운 것을 아는 것을 두려워하고 있다는 말입니까?

크리슈나무르티 : 틀립니까? 우리는 변화하는 것을 두려워하지 않습니까?

질문 : 새로운 것은 미지(未知)의 것입니다. 우리는 미지의 것을 두려워합니다.

크리슈나무르티 : 이를테면 우리는 낡은 것에 집착하고 있기 때문에 필연적으로 공포를 만들어내고 있는 것입니다. 왜냐하면 삶은 변화하고 있기 때문입니다. 따라서 사회변동──소동·전쟁──이 일어나는 것입니다. 거기에서 공포가 생깁니다. 그러면 어떻게 공포를 배워야 할까요? 우리는 앞서의 움직임으로부터 전진해서 이제는 공포의 움직임을 배우려고 하고 있습니다.
공포의 움직임이란 무엇일까요? 여러분은 자신들이 두려워하고 있는 것을 알고 있습니까? 공포를 갖고 있는 것을 깨닫고 있습니까?

질문 : 언제든지는 아닙니다만.

크리슈나무르티 : 당신은 '지금'은 깨닫고 있습니까? 지금 자신의 공포를 깨닫고 있습니까? 그것을 소생시켜 '남의 평판이 두렵다'고 말할 수 있습니다. 그러면 지금 당신은 죽는다든가 돈이나 아내를 잃게 되는 것을 두려워하고 있는 자신을 깨닫고 있습니까? 그리고 '내일 나는 고통을 받게 될지도 모른다'와 같은 육체적 공포도 깨닫고 있습니까? 그 움직임을 깨달을 수 있습니까? 자기가 두려워하고 있다는 것을 깨달을 때 무엇이 일어납니까?

질문 : 그것을 쫓아버리려고 합니다.

크리슈나무르티 : 그것을 쫓아버렸을 때 무엇이 일어납니까?

질문 : 그것을 억누르려고 합니다.

크리슈나무르티 : 그것을 억누르려고 하든 그로부터 도망을 가든 거기에는 쫓으려는 의지와 공포 사이에 투쟁이 없습니까? 그것을 쫓아버리려고 할 때는 공포심만을 증가시키는 투쟁이 있게 됩니다. 즉 억압이나 도피 중 어느 한쪽만이 있게 된다는 말입니다.

질문 : 잠깐 물어보고 싶은 말이 있는데요. 두뇌는 새로운 경험을 언제나 추구하는 데 싫증이 나서 쉬려고 하는데 '나'는 그 두뇌 자체일까요?

크리슈나무르티 : 두뇌 자체는 자유로워지는 것을 두려워하며 또한 이것이 공포의 원인이라는 말입니까? 들어주십시오. 나는 공포를 배우고 싶어하고 있습니다. 그것은 '나는 호기심에 차 있어야 한다. 정열적이어야 한다'는 의미입니다. 우선 나는 호기심에 차 있어야

하지만 내가 결론을 내리면 호기심은 사라져 버립니다. 즉 배우기 위해서는 공포로부터 도피해서는 안 됩니다. 그로부터 도피하려는 것과 같은 억제가 있어서는 안 됩니다. '공포를 쫓아버리자'는 감각이 있어서는 안됩니다. 그런 감각이 있는 한 배울 수 없습니다. 자아, 공포가 있다는 것을 깨닫고 있을 때 이러한 감각을 느낍니까? 나는 이러한 감각을 가지지 말라고 말하는 것은 아닙니다──그것은 거기에 있습니다. 이것을 깨달은 나는 어떻게 해야 할까요? 나의 공포는 도망치고 싶을 만큼 강렬한 것입니다. 그러나 그로부터 도피하는 행위는 더 많은 공포를 만들어냅니다. 당신은 공포로부터의 도피가 공포를 증대시킨다는 사실, 즉 이 진리를 진실로 알고 있습니까? 만일 그렇다면 당신은 그로부터 도피하려고 하지 않을 것입니다.

질문 : 나는 이해가 되지 않습니다. 왜냐하면 만일 내가 두려워하고 있다면 나는 두려워하지 않게 해줄 수 있는 것을 찾아서 그것을 향해 움직여갈 것이라고 생각되기 때문입니다.

크리슈나무르티 : 당신은 무엇을 두려워하고 있습니까?

질문 : 돈입니다.

크리슈나무르티 : 당신은 돈이 아니라 돈이 없어지는 것을 두려워하고 있습니다. 돈이 많으면 기쁘지만 없어지는 것은 두렵다──이런 말입니다. 그러면 당신은 어떻게 하면 좋을까요? 돈이 완전하게 보관되어 있어도 공포는 계속됩니다. 은행도 파산할 수 있습니다. 변화하는 이 세계에서 돈은 안전할 수 없습니다. 돈을 많이 가지고 있어도 항상 공포는 있게 마련입니다. 그 공포에서 도피한다고 해서 그 문제가 해결되는 것도 아니며 '그 일은 생각하고 싶지 않다'고

말해도 다음 순간 당신은 그 일을 생각하게 됩니다. 그것으로부터 도피해서 무엇을 해보려 해도 그것은 공포를 계속시킬 뿐입니다. 이것은 사실입니다. 여기에서 우리는 두 가지의 사실을 확인했습니다. 즉 배우기 위해서는 호기심이 필요하며 과거의 압력은 불필요하다는 것과, 공포를 배우기 위해서는 절대적으로 공포로부터 도피해서는 안 된다는 것을 말입니다. 이것은 사실이며 진리입니다. 따라서 '도피해서는 안 됩니다.' 그러면 그것으로부터 도피하지 않으면 무엇이 일어날까요?

질문 : 그것과의 동일화를 그만두게 됩니다.

크리슈나무르티 : 그것이 배우는 것입니까? 당신은 그만두어버린 것입니다.

질문 : 어떤 의미입니까?

크리슈나무르티 : '그만둔다'는 것은 '배우지 않는다'는 것입니다. 즉 '공포를 갖고 있지 않다'는 욕구가 당신을 그로부터 도피하도록 만드는 것입니다. 이 미묘한 점에 주목해 주십시오. 그것을 두려워하지만 배우고 싶다, 무엇이 일어날지 모른다, 공포의 움직임을 배우고 싶다. 자아, 무엇이 일어날까요? 나는 그것으로부터 도피하지 않습니다. 그것을 억누르려고도 하지 않으며 그것을 피하려고도 하지 않습니다. 나는 그저 그것을 배우고 싶어할 뿐입니다.

질문 : 나는 그것을 어떻게 하면 제거할 수 있을까를 생각합니다.

크리슈나무르티 : 몇 번이고 말한 바와 같이 그것을 제거하려는 사

람은 누구입니까? 당신이 그것을 제거하려고 그것에 저항하고 있기 때문에 공포가 증대되는 것입니다. 당신이 이 사실을 모른다면 유감이지만 나는 당신을 도울 수가 없습니다.

질문 : 우리는 공포를 받아들여야 합니다.

크리슈나무르티 : 나는 공포를 받아들이지 않습니다. 공포를 받아들이고 있는 그 실체는 누구입니까?

질문 : 피할 수 없으면 받아들여야 합니다.

크리슈나무르티 : 많은 사람들이 하고 있는 바와 같이 공포로부터 도피하기 위하여 소설을 읽는다든가 텔레비전을 본다든가 절이나 교회에 간다든가 하더라도 그런 일들은 모두 공포를 증강시킬 뿐입니다. 이것은 사실입니다. 이 사실을 알았으므로 나는 그것으로부터 도피하려 한다든가 억압하려 한다든가 할 생각이 없습니다. 나는 배우고 있는 것이지 도피하고 있는 것이 아닙니다. 그러면 공포를 깨달았을 때 무엇이 일어날까요?

질문 : 공포의 진행과정을 이해하게 됩니다.

크리슈나무르티 : 우리는 지금 그것을 하고 있습니다. 나는 그 과정을 이해하고 있습니다. 관찰하며 배우고 있습니다. 나는 두려워하고 있지만 그로부터 도피하지는 않습니다. 자아, 무엇이 일어날까요?

질문 : 공포와 직면하게 됩니다.

크리슈나무르티 : 그리고 무엇이 일어납니까?

질문 : 어떠한 방향으로의 움직임도 없게 됩니다.

크리슈나무르티 : 그것이 나의 질문에 대한 대답입니까? 제발 잠시 동안만 내가 하는 말을 들어주십시오. 나는 공포로부터 도피하고 있지도 않고 그것을 억누르려 한다든가 도피하려 한다든가 저항하려 한다든가 하지 않습니다. 그것은 거기에 있으며 나는 그것을 보고 있습니다. 그리고 거기에서 자연히 이런 의문이 일어납니다. '누가 그 공포를 보고 있는가?' 추측하지 말아주십시오. '공포를 보고 있다. 공포를 배우고 있다'고 말하고 있는 그 실체는 누구일까요?

질문 : 공포 그 자체입니다.

크리슈나무르티 : 공포 자체가 그것을 보고 있다는 말입니까? 부디 추측하지 말아주십시오. 결론을 내리지 말고 발견하여 주십시오. 그 마음은 공포로부터 도피하지도 않고 용기 같은 것으로 공포에 대한 장벽도 만들지 않고 있습니다. 보고 있을 때 무엇이 일어날까요? 그러면 자연히 의문이 생깁니다. '공포를 보고 있는 것은 누구인가?' 나에게 대답하지 마십시오. 당신이 아니고 나에게 의문이 생긴 것입니다. 공포를 보고 있는 것은 누구인가 발견해 보십시오. 그것은 내 안에 있는 다른 단편일까요?

질문 : 그 실체는 과거의 결과가 아닌 신선한 것——이 순간에 일어나고 있는 것——입니다.

크리슈나무르티 : 나는 지금 그 실체가 과거의 결과인지 아닌지를 말하고 있는 것이 아닙니다. 나는 보고 있습니다. 공포를 깨닫고 있습니다. 돈이 없어지는 것, 병에 걸리는 것, 아내와 헤어지는 것, 하나님이 무엇인가를 알고 있다는 것 등을 두려워하고 있다는 것을 나는 깨닫고 있습니다. 그리고 나는 그것을 배우고 싶어서 그것을 보고 있는 것입니다. 거기에서 자연히 '공포를 보고 있는 것은 누구인가?' 라는 의문이 일어납니다.

질문 : 그것은 '자기 자신' 이라는 자기의 이미지입니다.

크리슈나무르티 : 누가 보고 있는가 하고 생각할 때 무엇이 일어날까요? 그렇게 생각하고 있을 때에는 확실히 자기 안에 분열이 있게 됩니다. 즉 '누가 보고 있는가?' 하고 생각할 때에는 거기에는 '존재하는 것'과 그것을 보고 있는 '나'가 있게 되기 때문에 분열이 있게 됩니다. 그러면 왜 그런 분열이 있게 되는 것일까요? 대답해 보십시오. 그러나 추측은 하지 마십시오. 그리고 남의 말을 앵무새처럼 되풀이하지는 마십시오. "누가 보고 있는가?"라고 생각한 순간 왜 분열이 있게 되는가를 발견해 보십시오.

질문 : 내 안의 일부에 보려고 하는 욕구가 있기 때문입니다.

크리슈나무르티 : 그것은 그 욕구가 '도피하기 위하여 보아두자'고 말하는 것과 같은 것을 의미합니까? 당신은 전에 "도피해서는 안 된다는 것을 알았다"고 말했습니다. 그러나 지금은 그 욕구가 미묘하게 당신을 도피시키고 있습니다. 즉 당신은 아직도 방관자로서 공포를 보고 있는 것입니다. 이 점의 중대성을 깨달아 주십시오. 당신은 공포를 제거하려고 보고 있습니다. 그러나 잠시 전에도 말했지만 공

포를 제거하는 일은 공포를 검열하는 것을 의미합니다. 즉 당신의 관찰이 공포를 제거하려고 하기 때문에 분열이 있는 것이며 그것은 단지 공포를 증가시킬 뿐입니다. 다시 한 번 묻겠지만 누가 공포를 보고 있습니까?

질문 : 다른 점도 있지 않을까요? 즉 '누가 공포를 보고 있는가?' 하고 묻는 사람은 누구인가 하는 것 말입니다.

크리슈나무르티 : 나는 그것을 묻고 있는 것입니다.

질문 : 그러나 그것을 묻고 있는 것은 누구일까요?

크리슈나무르티 : 당신은 같은 일을 반복하고 있을 뿐입니다. 귀를 기울여 주십시오. 이것은 가장 실천적인 방법입니다. 당신이 이 말을 주의깊게 듣는다면──지금까지는 그렇게 하지 않았지만──그 마음이 공포로부터 자유로이 될 수 있으리라는 것을 알게 될 것입니다. 돈이 없어지는 것을 두려워하면 어떻게 됩니까? 그런 일을 생각하지 않으려고 하게 될 것입니다. 그리고 피하려고 하는 그 행위가 얼마나 어리석은 짓인가를 깨닫게 될 것입니다. 왜냐하면 그에 저항하면 할수록 두려워하게 되기 때문입니다. 그리고 그것을 보고 있으면 '누가 보고 있는가?' 하는 의문이 생깁니다. 공포를 제거하고자 ──그것을 초월하고자, 그로부터 자유로워지고자── 하는 욕구가 보고 있는 것일까요? '그것은 거기에 있습니다.' 그리하여 그런 방법으로 공포를 관찰하는 것은 단지 분열을 만들고 공포를 강화할 뿐이라는 것을 알게 됩니다. 이 진리를 깨닫게 되면 그것을 제거하려는 욕구는 자연적으로 사라지게 됩니다. 독사를 보았을 때처럼 그것을 건드리려는 욕구가 사라지게 됩니다. 마약을 써보려는 욕구도 그 위험성

을 깨닫게 되면 사라지게 됩니다. 그러나 당신이 그 위험성을 깨닫지 못하는 한 그것은 계속됩니다. 그와 같이 공포로부터 도피하는 일이 공포를 강화시킬 뿐이라는 것을 깨닫지 못하는 한, 그로부터 계속 도피하려고 하게 될 것입니다. 그러나 그것을 깨닫는 순간 도피하는 것을 그만두게 됩니다. 그러면 무엇이 일어날까요?

질문 : 혼란되는 것을 두려워하는 사람은 어떻게 하면 관찰할 수 있을까요? 인간은 겁이 많은 존재입니다.

크리슈나무르티 : 나는 지금 그것을 여러분에게 지적하고 있습니다. 공포에 직면하는 것을 두려워하는 순간 그것을 배우려고 생각하지 않게 됩니다. 그러므로 공포를 배우고 싶으면 두려워해서는 안됩니다. 그것은 간단한 것으로 수영을 모르면 물 속에 뛰어들 생각을 하지 않게 되는 것과 같습니다. 만일 당신이 공포를 보는 것을 두려워하면 공포를 종식시킬 수 없다는 것을 깨닫고 진실로 관찰하고 싶다고 원한다면 "까짓 것 관찰해보자" 하고 말하게 될 것입니다.

질문 : 공포로부터 도피하려는 욕구가 언제나 보다 많은 공포를 만들어냅니다. 무서울 때는 그로부터 도피하려 합니다. 그래서 나는 언제나 공포와 동일화하려고, 나 자신과 일체화시키려고 노력합니다.

크리슈나무르티 : 그렇습니다! 그것이 우리가 우리 자신에게 행하고 있는 트릭(속임수)입니다. 잘 들어주십시오. '나는 공포와 자신을 동일화시키려고 노력하고 있다'고 말하는 것은 누구일까요?

질문 : 내가 그 공포입니다.

크리슈나무르티 : 좀 기다려 주십시오. 당신이 그 공포라면 당신이 '나'라고 말할 때 무엇이 일어납니까?

질문 : 나와 그것이 사이가 좋아지면 그것은 사라지기 시작합니다.

크리슈나무르티 : 천만의 말씀입니다. 사이가 좋아져서는 안 됩니다. 당신이 '나는 공포다'라고 말하는 순간 공포는 당신으로부터 분리되지 않습니다. 무엇이 일어날까요? 나의 피부는 갈색입니다. 내가 그것을 두려워하고 있어도 '그럼, 내 피부는 갈색이지'하고 생각하면 그것으로 끝나는 것이 아니겠습니까? 나는 그로부터 도피하지 않습니다. 그러면 무엇이 일어날까요?

질문 : 받아들입니다.

크리슈나무르티 : 나보고 받아들이라는 것입니까? 그와는 반대로 나는 갈색이라는 것을 잊고 있습니다. 당신은 그것을 충분히 알지 못하면서 단지 추측만 하고 있습니다. 나는 나 자신을 배우고 있습니다. 나는 나 자신을 완전히 정열적으로 알아야 합니다. 왜냐하면 그것이 나의 모든 행동 —— 혼란한 생활 속으로 빠지지 않는 행동 —— 의 기초가 되기 때문입니다. 자신을 배우기 위해서는 남에게 의존해서는 안 됩니다. '남에게 의존한다'는 것은 '배우지 않는다'와 같은 것입니다. 배움이란 과거가 간섭하지 않는다는 의미입니다. 왜냐하면 '나 자신'이란 대단히 특별하고 활동적이며 다이내믹하기 때문에 나도 새로운 마음으로 새롭게 그것을 관찰하지 않으면 안 되기 때문입니다. 내 안에서 과거가 항상 활동하고 있는 한, 새로운 마음 같은 것은 있을 수 없습니다. 이것은 사실입니다. 나는 그것을

깨닫고 있습니다. 자기가 놀라고 있는 일을 깨달았을 때에는 '나는 무엇이 일어나는지를 모르고 있다'는 말이 됩니다. 그래서 나는 공포를 배우고 싶어하는 것입니다. 나는 언제나 배우면서 움직이고 있습니다. 나는 나 자신을 알고 싶습니다. 그리하여 어떤 심원한 진리를 깨닫게 되었습니다. 즉 공포를 배운다는 것은 '절대로 그로부터 도망해서는 안 된다'라는 것을. 나는 그로부터 도피하려는 어떤 미묘한 욕구도 가져서는 안 됩니다. 그러면 분열이 없이 볼 수 있는 마음에 대체 무엇이 일어날까요? 그것을 제거하려 한다든가 억누르려 한다든가 그로부터 도피하려고 하는 것과 같은 분열이 전혀 없다면 공포와 직면한 그 마음에 무엇이 일어날까요? 여러분의 마음을 그리로 돌려서 스스로 발견해 보도록 하십시오.

1970년 8월 2일

제2장 공포의 구조

> 공포는 성숙을 방해한다. 공포의 영향을 깨닫
> 고 있는가, 혹은 알고만 있는가? 기억으로서
> 의 공포와 현실적인 공포와의 접촉의 차이점.
> 허무와 공허감에 대한 공포에 의해 야기되는
> 의존과 집착.

크리슈나무르티 : 어제 우리는 공포와 자기지(自己知)의 필요성에 대하여 이야기했습니다. 여러분이 자신의 성격과 구조를 이해하는 것이 얼마나 중요한 문제인가에 대하여 얼마만큼 깨달았는지 모르겠습니다. 전에도 말씀드린 바와 같이 진정으로──지적이나 이론적으로가 아닌──자기라는 것과 그 자기를 초월할 가능성을 이해할 수 있는 힘을 갖지 못하면 필연적으로 혼란과 모순, 불행과 슬픔 속에 휩싸이게 됩니다. 그렇기 때문에 자기라는 것을 표면적으로뿐만 아니라 전체적으로──숨어 있는 부분까지 모두──이해하는 것이 절대적으로 필요합니다. 거기에서 나는 이 문제 전체를 서로 이야기하고 이해하면서 자기지에 의하여 마음이 실제로──이론적이 아니라──그 자신을 규정하고 있는 조건이나 선입관 같은 것을 초월할 수 있는가 어떤가를 깨달을 수 있기를 희망합니다.

우리는 또한 자기 자신을 배우는 데 관하여도 이야기했습니다. 배움이란 '아무것도 축적하지 않는 움직임'이라는 의미입니다. 즉 축적이 있게 되면 어떠한 움직임도 없게 된다는 말입니다. 흐르는 물이 연못으로 흘러 들어가면 그 움직임은 정지합니다. 연속적인 흐름──강한 흐름──이 있을 때에만 움직임이 있습니다. '배운다'는 것은 외적인 사물이나 과학적 사실만이 아니라 자기 자신도 배운다는 의미입니다. 왜냐하면 '자기 자신'은 언제나 변화하며 활동적이기 때문입니다. 그것을 배우는 데 과거의 경험은 쓸모가 없습니다. '과거'는 배우는 것을 정지시킬 뿐만 아니라 어떠한 완전한 행동도 이루어지지 못하도록 방해합니다. 나는 지금 언제나 활동적인 생명의 흐름과 같은 '나'라는 것의 움직임에 대하여 말하고 있다는 것을 확실히 알아주시길 바랍니다. 그 미묘한 '나'라는 것을 이해하기 위해서는 강렬한 호기심, 지속적인 지각, 아무것도 축적되어 있지 않은 '이해'라는 감각이 필요합니다. 나는 지금 '배움'이라는 문제 전체에 대하여 우리가 서로 대화할 수 있기를 바랍니다.

우리의 고민은 지금 그곳에 도달하려고 하고 있습니다. 그 이유는 우리의 마음은 하나의 관습이나 형식 속에서 고정된 결론(선입관)이나 지식을 사용하기를 좋아하기 때문입니다. 마음은 특정한 신념에 속박되어 있으면서 그 안에서 '나'라는 것의 이런 특수한 움직임을 이해하려고 합니다. 그렇기 때문에 '나'와 관찰자 사이에 모순이 있게 되는 것입니다.

또한 우리는 공포에 대해서도 이야기했었습니다. 그것은 '나'라는 총체적인 움직임 중의 일부분이며 또한 그 '나'는 삶을 어떤 하나의 움직임으로써 파괴해 버리는 동시에 그 자신을 '당신'이나 나로 나누어버린다는 것을 이야기했었습니다. 공포란 무엇인가 하고 우리는 물었습니다. 우리는 지식을 절대로 축적하지 않으면서 공포를 배우려고 하고 있습니다. 왜냐하면 '공포'라는 말 자체가 '공포'라고 불리는 위험한 것과 직면하는 것을 방해하고 있기 때문입니다. 주목해주십시오. 성숙(mature)이라는 것은 인간의 총체적인 자연적―― 모순되지 않고 조화 있는 ―― 발달을 의미하는 것으로서 그것은 나이와는 관계가 없습니다. 그리고 조금전에 말한 공포의 요소는 마음의 이러한 자연적인 총체적 발달을 방해합니다. 이에 대해서 좀더 이야기하고 토론해 보도록 합시다.

육체적인 일에 있어서나 심리적인 일에 있어서 두려워하고 있을 때 무엇이 일어날까요? 육체적으로는 병에 걸린다든가 죽는다든가 눈이 먼다든가 하는 데 대한 공포가 있습니다. 이런 공포를 만들어 낸 마음에 대하여 공포는 무엇을 하고 있을까요? 나의 의문을 이해하겠습니까? 나에게 대답하지 말고 당신 스스로 관찰하십시오. 마음——개인의 전체 생활——에 있어서의 공포의 영향은 무엇일까요? 공포, 이미 습관이 되어 버려서 그 영향을 깨닫지 못하고 있는 일상적인 습관이 되어 버린 것이 아닐까요? 만일 내가 자신이 인도인이라는 것——그 교의나 신앙——에 습관이 붙어버리면 나는 그런 조건에 둘러싸여서 그 영향을 완전히 깨닫지 못하게 됩니다. 즉 내 안에서 일어나고 있는 느낌, 즉 국가주의만을 깨닫고 그것에 만족하게 됩니다. 그 나라——신앙이라든가 기타 등등——와 동일화되어 있는 것입니다. 그러나 우리는 그와 같은 주위의 조건의 영향을 깨닫지 못하고 있습니다. 이와 마찬가지로 우리는 정신 신체 의학적으로나 정신적으로도 공포가 무엇을 하고 있는지를 깨닫지 못하고 있습니다. 공포는 무엇을 하고 있을까요? 이것이 오늘의 과제입니다. 여러분도 참가해 주시길 바랍니다!

질문 : 나는 공포가 일어나지 않도록 노력하고 있습니다.

크리슈나무르티 : 공포는 행동을 정지시킨다든가 고정시켜 버립니다. 아시겠습니까? 우리 안에서 실제로 무엇이 일어나고 있는가를 알기 위하여 지금 토론하고 있는 것입니다. 그렇지 않다면 이 대화는 아무런 의미도 없을 것입니다. 공포가 행하는 일을 이야기하면서 동시에 우리가 이것을 의식하게 된다면 그에 따라 공포를 초월할 수 있게 될 것입니다. 참으로 내가 진지하다면 반드시 공포의 영향을 깨닫게 될 것입니다. 나는 그 영향을 알고 있을까요? 혹은 이론적으

로만 알고 있는 것일까요? 기억으로서 남아 있는 과거에 일어났던 것이 "이것이 그 영향이다"고 말했기 때문에 나는 그것을 알고 있는 것일까요? 그러나 그 기억은 그 영향을 알고 있지만 그 마음은 현실적인 영향에 대해서는 아무것도 모르고 있는 것입니다. 아시겠습니까? 나는 지금 아주 중대한 것을 말했습니다.

질문 : 미안하지만 한 번 더 말씀해 주시지 않겠습니까?

크리슈나무르티 : '공포의 영향을 알고 있다'는 것은 어떤 의미일까요? 만일 당신이 그것을 지적으로나 이론적으로 알고 있다고 해도 기억에 의해서든가 과거에 일어났던 일로써 그것을 아는 것이라면 그것은 과거에 일어난 것입니다. 즉 과거가 그 영향을 당신에게 말해준 것입니다. 그리고 그것은 곧 현재의 순간에 있는 공포의 영향은 모른다는 말이 됩니다. 따라서 그것은 기억되었던 것이지 진리는 아닌 것입니다. '안다'는 것은 아무런 축적도 없이 깨닫는 것을 말합니다. 즉 인식에 관한 것이 아니라 사실을 깨닫는 것을 의미합니다. 아시겠습니까?

"배가 고프다"는 말은 어제의 공복감에 대한 기억이 나에게 말해준 것일까요, 아니면 실제로 '지금 배가 고프다'라는 사실일까요? '나는 지금 배가 고프다'라는 현실적인 지각은 '이전에 배가 고팠다' 하고 말하면서 '지금 배가 고픈지도 모르겠다'고 생각케 하는 기억의 반응과는 전혀 다른 것입니다. 지금 당신은 과거의 공포의 영향이 말해주는 것을 듣고 있습니까, 아니면 실제로 일어나고 있는 현실적 공포의 영향을 깨닫고 있습니까? 이 두 가지 행위는 분명히 다른 것이지요? 우선 현재의 공포의 영향을 똑똑히 지각하게 되면 즉시 행동하게 됩니다. 그러나 만일 기억이 여러 가지 영향을 말해주게 되면 그에 따른 행동도 달라지게 됩니다. 이해가 되십니까? 자아, 당신의 행동은 어느 쪽입니까?

질문 : 당신은 특정한 공포의 영향과 실제적인 공포의 영향 ── 기억된 공포의 영향과는 다른 것 ── 을 구별할 수 있습니까?

크리슈나무르티 : 나는 그것을 설명하려고 했습니다. 그 두 가지는 전혀 다른 것입니다. 아시겠습니까? 모르면서 "알았다" 하고 말씀하지 마십시오. 서로 농담은 하지 맙시다. 이것을 이해하는 것은 매우 중요한 일입니다. 과거가 당신에게 공포의 영향을 말해주고 있습니까, 아니면 스스로 공포의 영향을 지금 직접 지각하고 있습니까? 과거가 당신에게 공포의 영향을 말해주고 있다면 당신은 불완전하고 모순적인 행동을 하게 될 것입니다. 그리고 그것은 혼란을 초래할 것입니다. 그러나 당신이 지금 실제적 공포의 영향을 완전히 깨달았다면 당신은 총체적으로 행동하게 될 것입니다.

질문 : 나는 지금 이 천막 안에 앉아서 당신의 이야기를 듣고 있기 때문에 지금은 공포 같은 것은 없지만 이 천막을 나갔을 때는 공포가 나에게 밀려오리라고 생각됩니다.

크리슈나무르티 : 당신은 여기에 앉아 있으면서 어제의 공포를 볼 수가 없습니까? 그것을 불러일으킨다든가 상기할 수 없습니까?

질문 : 그것은 아마도 생명에 관한 공포가 아닐까요?

크리슈나무르티 : 그 공포가 어떤 것이든 지금은 갖고 있지 않지만 이곳을 나가면 그것은 확실히 밀려올 것입니다. 즉 그것은 이곳에 있는 것입니다!

제2장 공포의 구조 199

질문 : 당신은 그것을 불러일으킬 수 있다, 생각해낼 수 있다고 말씀하셨습니다. 요컨대 당신은 공포에 대한 생각이나 기억을 불러일으켰다는 말입니다.

크리슈나무르티 : 내가 말하고 있는 것은 "천막을 나갈 때까지 공포의 발견을 기다릴 필요가 있겠는가?", "여기에 앉아 있으면서 그것을 지각할 수 없을까?" 하는 것입니다. 나는 지금 누군가가 나에게 하는 말을 두려워하지는 않습니다만 누군가가 말할 때에는 두려워하게 될 것입니다. 나는 그 현실적인 사실을 지금 지각할 수 없을까요?

질문 : 만일 그렇다고 한다면 당신은 이미 그런 습관을 갖고 있는 것입니다.

크리슈나무르티 : 아니, 그것은 습관이 아닙니다. 아시다시피 당신은 습관이 될지도 모른다는 것을 대단히 두려워하고 있습니다. 당신은 직업을 잃는 것을 두려워하고 있지 않습니까? 죽는 것을 두려워하고 있지 않습니까? 실현되지 않는 일을 두려워하고 있지 않습니까? 사랑을 받지 못하는 것을 두려워하고 있지 않습니까? 당신은 무엇인가 공포를 가지고 있지 않습니까?

질문 : 나는 자극받는 일만이 두렵습니다.

크리슈나무르티 : 그러나 나는 당신에게 자극을 주고 있습니다! 나는 당신이 한 말을 정신적으로 이해할 수 없습니다!

질문 : 어떤 충동이 있으면 무엇인가 하지 않으면 안 됩니다.

크리슈나무르티 : 천만의 말씀입니다. 당신은 말을 복잡하게 하고 있습니다. 그것은 저 기차 소리를 듣는 것과 마찬가지로 자연적인 것입니다. 기차 소리를 생각해낼 수 있더라도 혹은 그 소리를 실제로 들을 수 있더라도 제발 그것을 복잡하게 하지 마십시오.

질문 : 공포를 불러일으킨다고 당신이 말해놓고 그것을 복잡하게 한 것입니다. 나는 나 자신의 공포를 복잡하게 하지 않습니다. 나는 그저 여기에서 나 자신의 반응을 지켜볼 수 있도록 하고 있을 뿐입니다.

크리슈나무르티 : 그것은 모두 내가 말하고 있는 것입니다.

질문 : 서로 대화하기 위해서는 두뇌와 마음은 다르다는 것을 알아야 합니다.

크리슈나무르티 : 그 일에 대해서는 이전에 서로 토론한 적이 있습니다. 지금 우리는 공포를 발견하려고 —— 배우려고 —— 하고 있습니다. 공포의 움직임을 보고 배울 수 있을 정도로 여러분의 마음은 자유롭습니까? 과거의 공포를 생각해내지도 말고 또한 그에 대한 기억도 관찰하지 않을 때 공포의 움직임을 볼 수 있습니다. 이 차이점을 아시겠습니까? 나는 그 움직임을 볼 수가 있습니다. 여러분은 공포가 있을 때 실제로 일어나고 있는 것에 대하여 배우고 있습니까? 우리는 언제나 공포에 휘둘리고 있습니다. 그러나 그것을 제거할 가능성이 있다고는 생각하지 않습니다. 과거에 당신이 갖고 있으면서 지각했던 공포는 어떤 영향을 당신이나 당신 환경에 주었습니까? 무엇

이 일어났습니까? 당신은 남과 단절되지 않았습니까? 그 공포의 영향이 당신을 고립시키지 않았습니까?

질문 : 공포가 저를 둔감하게 만들었습니다.

크리슈나무르티 : 당신은 어떻게 하면 좋을지를 몰라서 될 대로 되라는 마음이 되었군요. 그러면 고립되어 있을 때의 당신의 행동에 무엇이 일어났습니까?

질문 : 단편적인 일이 일어났습니다.

크리슈나무르티 : 부디 주의깊게 들어주십시오. 우선 공포가 있어 그 결과가 나를 고립시키고 또는 둔화시켜서 나의 마음을 절망적으로 만들어 놓습니다. 거기에서 도피하고 싶다, 또는 무엇인가에 의지하고 싶다는 생각이 들게 됩니다. 우리는 잠시 동안 모든 관계로부터 고립되면서 그것들을 불러댑니다. 그리고 그 고립화된 행동의 결과가 단편화를 가져옵니다. 당신은 그렇지 않습니까? 어떻게 하면 좋을지 몰라 두려워하는 당신은 그로부터 도피하려 한다든가, 그것을 억누르려 한다든가, 혹은 이론적으로 처리하려 한다든가, 하며 고립된 공포로부터 행동하게 됩니다. 즉 공포에서 나온 행동은 반드시 단편적이라는 말입니다. 모순된 그 단편화 속에는 수많은 갈등·고통·걱정이 있습니다. 그렇지 않습니까?

질문 : 선생님, 예컨대 지팡이를 짚고 걸어다니는 사람처럼 공포에 마비된 사람은 여러 가지 지팡이를 사용합니다.

크리슈나무르티 : 지금 그것을 말하고 있습니다. 그렇습니다. 지금

당신은 과거의 공포의 결과——그것이 단편적인 행위를 낳는다는 것——에 대하여 잘 알고 있습니다. 그러면 그것과 기억의 반응이 없는 공포의 행동과의 차이점은 무엇일까요? 당신은 육체적인 위험을 당했을 때 어떻게 하겠습니까?

질문 : 자연적인 행동을 취합니다.

크리슈나무르티 : 자연적인 행동이라고 사람들은 말합니다만 그것이 과연 자연적인 행동일까요? 탐구해 보십시오. 우리는 무엇인가를 발견하려고 하고 있습니다. 예컨대 당신 혼자 숲속에서 갑자기 곰을 만났다면 어떻게 될까요? 곰이 위험한 동물이라는 것을 알고 있다면 당신에게 무엇이 일어날까요?

질문 : 아드레날린이 증가됩니다.

크리슈나무르티 : 그렇습니다. 그리고 어떤 행동이 일어날까요?

질문 : 자신의 공포가 그 곰에게 전해질 정도로 위협을 느낍니다.

크리슈나무르티 : 아니, 당신에게 어떤 일이 일어날까요? 물론 당신이 놀라면 곰도 놀라서 당신에게 공격하게 되겠지요. 당신은 그 전체적인 관점을 보지 못하고 있지만 이것은 아주 간단한 일입니다. 당신은 숲속에서 곰을 만난 일이 있습니까?

질문 : 그런 경험을 한 사람이 이 가운데 있습니다.

크리슈나무르티 : 나도 그것을 경험했습니다. 나와 그 신사분은 몇

번인가 그런 경험을 했습니다. 그러나 무엇이 일어났을까요? 만일 당신 곁에 곰이 있다면 모든 육체적 반응——아드레날린의 흐름도——이 일어나서 즉시 도망가게 됩니다. 그러면 거기서 무엇이 일어난 것일까요? 그 반응은 무엇이었을까요? 조건지어진 반응이 아니었습니까? 오랜 옛날부터 사람들은 "야수를 조심하라"고 말해왔습니다. 당신이 놀라면 그것이 곰에게 전해져서 곰의 습격을 받게 됩니다. 이 일은 즉시 일어납니다. 그러면 그것은 공포의 기능일까요, 아니면 지혜일까요? 무엇이 일어나고 있을까요? "야수를 조심하라"고 어릴 때부터 반복되었던 당신의 조건지어짐을 되살리는 것이 공포일까요? 그렇지 않으면 그것은 지혜일까요? 야수에 대하여 조건지어진 반응과 그 조건지어진 반응의 행동은 동일한 것입니다. 그러나 지혜의 작용과 지혜의 행위는 전혀 다른 것입니다. 이 두 가지는 전혀 다릅니다. 아시겠습니까? 당신은 달리고 있는 버스 앞으로 뛰어들지 않을 것입니다. 그것은 당신의 지혜가 '그런 짓은 하지 마라'고 말하기 때문입니다. 당신이 정신이상자이거나 약을 먹지 않은 한 그것은 공포가 아닙니다. 공포가 아니라 지혜가 당신을 제지하는 것입니다.

질문 : 선생님, 야수를 만났을 때는 지혜도 조건지어진 반응도 모두 갖고 있어야 하지 않을까요?

크리슈나무르티 : 천만에요, 들어보십시오. 조건지어진 반응이 일어나는 순간에는 공포가 일어나서 그것이 야수에게 전해지지만 지혜가 있는 순간에는 공포가 야수에게 전해지는 일이 없습니다. 그러므로 당신은 어느 쪽이 작용하는가를 스스로 발견해야 합니다. 만일 그것이 공포이면 그 행동은 불완전하며 야수에게서 공격을 받게 됩니다. 그러나 그 반대로 그것이 지혜 있는 행동이면 공포 같은 것은

전혀 없게 됩니다.

질문(1) : 당신이 말씀하신 것은 지혜를 가지고 그 곰을 보면 경험적 공포가 없이 곰에게 잡혀 죽을 수 있다는 것입니까?
질문(2) : 곰을 본 일이 없는 사람은 그것이 곰인 줄 모릅니다.

크리슈나무르티 : 당신들은 모든 것을 복잡하게 만들고 있습니다. 야수의 이야기는 그만두고 우리 자신에 대하여 이야기하도록 합시다. 물론 우리도 동물임에는 틀림이 없습니다만.
과거의 기억에 의한 공포의 영향과 행동은 파괴적이고 모순에 싸여 있으며 마비되어 있습니다. 아시겠습니까? 두려워할 때 당신은 완전히 고립되어서 그 고립에서 나오는 행위는 어떤 것이든 반드시 단편적이며 모순적이고 따라서 갈등·고통 같은 것이 있게 됩니다. 요컨대 어떠한 기억의 반응도 갖지 않고 공포를 지각하는 것이 완전한 행위인 것입니다. 그렇게 해보십시오. 집에 혼자 있을 때 당신의 낡은 공포가 나타나거든 관찰해 보십시오. 그 공포가 현실적인 것인가, 아니면 기억에 의한 사고의 투영인가를 지각해 보십시오. 공포가 일어났을 때 당신은 사고의 반응으로부터 관찰하고 있는지 또는 그저 관찰만 하고 있는지를 잘 보십시오. 생명은 행동입니다. 그래서 우리는 지금 '행동'에 대하여 말하고 있습니다. 그러나 나는 생명의 일부만이 행동이라고 말하는 것은 아닙니다. 생명 전체가 행동인데 사고와 고립을 수반하는 기억상태에 의하여 그것이 파괴되고 있다는 것입니다. 아시겠습니까?

질문 : 즉, 아이디어(idea)라는 것은 사고의 개입 없이 매순간을 전체적으로 경험하는 것이라는 말입니까?

크리슈나무르티 : 그와 같은 의문을 느낄 때는 기억에 대하여 탐구해야 합니다. 기억이라는 것은 보다 명확하게 갖고 있어야 합니다. 우리는 기계적으로 행동할 때——예컨대 집으로 돌아갈 때——에는 기억을 갖고 있어야 합니다. 그러나 기억의 반응으로서의 사고와 기억에서 나온 공포를 투영하고 있는 사고는 전혀 다른 것입니다.

자아, 공포란 무엇일까요? 공포는 어떻게 일어나는 것일까요? 대답해 주시겠습니까?

질문 : 나로서는 그것은 과거에의 집착같이 생각됩니다.

크리슈나무르티 : 그것에 대해서 이야기해 봅시다. 당신이 말한 '집착'이란 어떤 의미입니까?

질문 : 마음이 무엇인가를 계속 찾고 있는 것을 말합니다.

크리슈나무르티 : 마음은 무엇인가를 계속 갖고 있습니다. '내가 어렸을 때는 모든 것이 사랑스러웠습니다.' 나는 과거에 일어났던 일은 계속 갖고 있습니다. 즉 나는 나를 보호해줄 신념을 기르고 있습니다. 나는 기억에 집착하고 있습니다. 가구(家具)에 집착하고 있습니다. 유명해지기 위하여 책을 쓰는 데 집착하고 있습니다. 이름이라든가, 가족이라든가, 집이라든가 여러 가지 기억에 집착하고 있습니다. 나는 그런 것과 자신을 동일화해 왔습니다. 그러면 왜 그와 같은 집착이 일어나는 것일까요?

질문 : 그것은 공포라는 것이 우리 문명의 기반, 바로 그것이기 때문이 아닐까요?

크리슈나무르티 : 아닙니다. 왜 우리는 집착하고 있는 것일까요? '집착'이란 말은 무엇을 의미할까요? 나는 무언가에 의존하고 있습니다. 나는 당신에게 모든 주의를 기울이고 있기 때문에 당신과 말할 수 있습니다. 즉 나는 당신에게 의존하고 있으며 따라서 당신에게 집착하고 있는 것입니다. 왜냐하면 나는 그 집착으로부터 특정한 에너지와 활기라는 하찮은 것을 얻기 때문입니다. 그러면 집착한다는 것은 어떤 의미일까요? 나는 당신에게 의존하고 있습니다. 나는 가구에 의존하고 있습니다. 가구·신념·책·가족·아내에게 집착하고 있을 때 나는 위안과 명성 그리고 사회적 지위를 얻기 위하여 거기에 의존하고 있는 것입니다. 즉 의존이란 집착의 한 형태인 것입니다. 그러면 왜 의존하는 것일까요? 나에게 대답하지 말고 여러분 스스로 그것을 관찰해 보시기 바랍니다. 여러분은 무엇인가에 의존하고 있지 않습니까? 자기 나라라든가 하느님이라든가 신념이나 마약이나 술 같은 것에 말입니다!

질문 : 그것은 사회적 조건의 일부입니다.

크리슈나무르티 : 당신이 의존하도록 만드는 것은 사회적 조건이라는 말입니까? 그 말은 당신은 사회의 일부이며, 사회는 당신에게 의존하고 있다는 것을 의미합니다. 당신이 부패한 사회를 만들고 성립시켜온 것입니다. 여러분은 그 새장 속에 사로잡혀 그 일부분이 되어 있습니다. 따라서 사회를 욕해서는 안 됩니다. '의존'의 깊은 의미를 아시겠습니까? 어떤 의미입니까? 왜 의존하고 있는 것일까요?

질문 : 고독감을 갖지 않기 위해서입니다.

크리슈나무르티 : 기다리십시오. 조용히 들어 보십시오. 나는 나 자

신의 공허감을 충족시켜줄 것에 의존하고 있습니다. 나는 나 자신의 공허감·천박함·미련함을 감싸줄 지식에 의존하고 있습니다. 그래서 나에게는 지식이 가장 중요한 것이 됩니다. 그림이 아름다움을 말하는 것은 내가 은밀히 그것에 의존하고 있기 때문입니다. 즉 의존이라는 것은 나의 공허감·고독감·불만감을 나타내는 것으로서 이런 것이 나를 당신에게 의존하도록 만드는 것입니다. 이것은 사실입니다. 거기에 이론을 덧붙인다든가 논란을 벌이지 마십시오. 이것은 사실입니다. 그러나 내가 공허하지도 않고 불만에 차 있지도 않다면 나는 여러분의 행위나 말에 주의를 기울인다든가 하지 않을 것입니다. 나는 아무것에도 의존하지 않을 것입니다. 공허하고 고독하기 때문에 나는 살아가면서 무엇을 해야 할지 모르는 것입니다. 하찮은 책을 쓰고 우쭐해 한다든가, 즉 무엇엔가 의존하고 있다는 것은 자기의 공허감——외톨이로 있는 것——을 두려워하고 있다는 것을 의미합니다. 그렇기 때문에 나는 그 공허감을 사물이나 이상(理想)이나 다른 사람으로 메우려고 하게 되는 것입니다.

당신은 자신의 고독감을 털어놓는 것을 두려워하지 않습니까? 당신은 자신의 고독감·불만감·공허감을 털어놓은 적이 있습니까? 지금 그것이 일어나고 있지는 않습니까? 요컨대 당신은 '지금' 자신의 공허감을 두려워하고 있습니다. 어떻게 하시겠습니까? 무엇이 일어나고 있습니까? 전까지는 당신은 남이나 이상 같은 온갖 것에 집착해왔습니다만, 지금은 그 '의존'이라는 것이 당신의 공허감·천박함을 가려주고 있다는 것을 깨달았습니다. 그것을 깨달았을 때 당신은 자유로워진 것이 아닐까요? 자아, 그 반응은 무엇일까요? 그 공포는 기억의 반응입니까, 그렇지 않으면 현실적인 것입니까?

당신 한 사람 때문에 많은 설명을 해야 했군요. (웃음) 어제 아침 이런 만화를 보았습니다. 사내아이가 다른 사내아이에게 말했습니다. "나는 커서 위대한 예언자가 될 거야. 그래서 아무도 들어주지 않는 심원한 진리를 말해줄 꺼야." 그러자 다른 사내아이가 물었습니다. "아무도 들어주지 않는데 왜 말을 하니." 그러자 그 사내아이는 "우리 예언자들이란 매우 완고하기 때문이지". 하고 말했습니다. (웃음)

   자아, 당신은 지금 집착에 따른 공포(의존)를 털어놓았습니다. 당신은 그것을 관찰하고 자기의 공허감·천박함을 깨닫고 그것에 놀랐습니다. 그런 다음에 무엇이 일어났습니까?

   질문 : 저는 도피하려고 합니다.

   크리슈나무르티 : 당신은 집착하거나 의존하면서 도피하려고 합니다. 즉 또다시 낡은 패턴으로 돌아온 것입니다. 그러나 그 집착이나 의존이 당신의 공허감을 가리고 있다는 사실을 당신이 깨닫는다면 당신은 도피하지 않아도 되지 않을까요? 그 사실을 당신이 깨닫지 못한다면 당신은 도피하려 하거나 여러 가지 방법으로 공허감을 메우려고 하게 될 것입니다. 사람들은 마약을 먹는다든가 섹스를 하면서 그것을 메우려고 하고 있습니다. 그러나 그런 사실을 깨달은 당신에게 무엇이 일어났습니까? 계속해 주십시오! 나는 지금까지 집이나 아내, 책이나 '유명해지는 것' 등에 집착해 왔습니다. 즉 나 자신이 텅 비어 있는 데 대하여 어떻게 하면 좋을지를 몰랐기 때문에 공포가 생겨나서 무엇인가에 의존(집착)하게 되었던 것입니다. 갈피를 잡을 수 없는 이 같은 공허감을 느낄 때 나는 어떻게 해야 좋을까요?

   질문 : 거기에는 무엇인가 강한 감각이 있습니다.

   크리슈나무르티 : 그것은 공포입니다. 나는 자신이 두려워하고 있

는 것을 발견하였기 때문에 집착하고 있는 것입니다. 그러면 그 공포는 기억의 반응일까요, 아니면 실제의 발견일까요? 발견이라는 것은 과거의 반응과는 전혀 다른 것을 말합니다. 자아, 당신은 어느 쪽입니까? 사실의 발견입니까? 과거의 발견 쪽입니까? 나에게 대답하지 말고 스스로를 철저하게 탐구해 보십시오.

질문 : 선생님, 그 공허감 속에는 세계로의 개방성이 있는 것이 확실할까요?

크리슈나무르티 : 아니오. 나는 그것과는 전혀 다른 것을 묻고 있습니다. 여러분이 지금까지 충분히 이해하지 못하고 종결짓지 못한 공허감이나 고독감 같은 것에 대한 불안이 공포를 초래하고 있는 것입니다. 당신은 '지금' 여기서 그것을 발견하고 있습니까, 아니면 과거의 인식으로써 알고 있습니까? 당신은 '내가 의존하고 있기 때문에 집착하고 있다'는 것과, '공허감을 두려워하기 때문에 의존하고 있다'는 것을 발견했습니까? 당신은 자신의 공허감과 그것을 포함한 상태를 깨닫고 있습니까? 그 공허감을 지각하고 있을 때 거기에 공포가 있습니까? 혹은 당신은 그저 공허할 뿐입니까? 당신은 자신이 고독하다는 사실만을 지각하고 있습니까?

질문 : 그것을 깨달았다면 벌써 외톨이로 있지는 않았을 것입니다.

크리슈나무르티 : 차근차근 풀어나가 봅시다. 당신은 그것을 깨닫고 있습니까, 그렇지 않으면 낡은 의존, 낡은 집착, 그리고 수없이 되풀이되는 종전의 패턴으로 되돌아가고 있습니까? 어느 쪽입니까?

질문 : 선생님, 그것은 살아가는 고통 그 모든 것이 아닐까요? 왜

냐하면 이와 같은 문제를 전혀 갖고 있지 않은 강아지보다 우리가 행복하다고는 생각되지 않기 때문입니다.

크리슈나무르티 : 유감이지만 우리는 개가 아닙니다. 당신은 나의 질문에 대답하고 있지 않습니다. 자신의 공허감·고독·천박함을 깨달았을 때 공포가 일어난다는 것을 당신은 스스로 발견하였습니까, 아니면 그것을 발견했을 때 그로부터 도피해서 무엇인가에 집착하게 되었습니까? 그런 공허감이 있더라도 의존이나 집착을 통해 도피하려고 하지 않는다면 무엇이 일어날까요?

질문 : 자유(freedom)입니다.

크리슈나무르티 : 이것은 대단히 복잡한 문제이므로 잘 보아주십시오. 자유 따위로는 말하지 마십시오. 이전까지는 집착하면서 공포를 감추고 있었지만, 지금은 이 의문에 의하여 잠시 동안 자신의 공허감을 깨달았을 때에 오는 공포로부터 도피하는 것이 집착이라는 것을 발견했습니다. 그래서 그로부터도 도피하기를 멈추었습니다. 자아, 무엇이 일어날까요?

질문 : 내가 말한 것은 그 '잠시 동안' 뒤에 또 다른 도피가 있게 된다는 것입니다.

크리슈나무르티 : 그것은 당신이 도피가 무익하다는 것을 깨닫지 못했음을 의미합니다. 그래서 도피를 계속하는 것입니다. 그러나 당신이 자신의 공허감을 깨닫는다면 무엇이 일어날까요? 주의깊게 관찰하고 있으면 '누가 그 공허감을 지각하고 있는가?' 하는 의문이 일어나게 될 것입니다.

질문 : 그것은 마음입니다.

크리슈나무르티 : 그렇게 말을 비약시키지 말고 차근차근 풀어갑시다. 누가 그것을 지각할까요? 마음일까요? 마음의 일부가 '고독'이라는 다른 일부분을 지각한 것일까요? 내 질문을 이해하시겠습니까? 나는 나 자신이 고독하다는 것을 갑자기 깨달았습니다. 그러면 마음의 단편이 '나는 고독하다'라고 말하고 있는 것일까요? 그것은 분열된 상태입니다. 분열이 있는 한 도피가 있게 됩니다. 당신은 이것을 깨닫지 못하고 있습니다!

질문 : 그 공허감을 경험할 때 당신에게는 무엇이 일어납니까? 그 고독을 경험할 때 그 사람은 이미 그것을 지각하고 있지 않은 것입니다.

크리슈나무르티 : 귀를 기울여 주십시오. 지금 당신에게 필요한 것은 결론도 아니고 당신이 '해야 한다'고 생각하고 있는 것도 아니며 끈기 있게 관찰하는 일입니다. 나는 나 자신의 공허감을 깨달았습니다. 이전까지는 나는 그것을 감추고 있었지만 지금은 그것이 분명해져서 나는 그것을 지각하고 있습니다. 그러면 이 공허감을 지각하고 있는 것은 누구일까요? 그것은 마음의 일부일까요? 만일 그렇다면 그 공허와, 공허를 지각하고 있는 것과의 분열이 있는 것입니다. 그러면 그 공허──그 분열──에서 무엇이 일어날까요? 나는 그것에 대하여 아무것도 할 수 없습니다. 나는 그것에 대하여 무엇인가 하고 싶다고 생각하기 때문에 '나는 그것과 함께 살지 않으면 안 된다', '이 공허감을 경험해야만 된다', '행동하지 않으면 안 된다' 등의 생각을 하게 되는 것입니다. 관찰자와 관찰되는 것 사이에 분열

이 있는 한, 모순이 있고 투쟁이 있게 됩니다. 당신은 그런 것을 하고 있는 것이 아닐까요? 공허로부터 떨어져 있는 마음의 일부가 그 공허를 보고 있는 것이 아닐까요? 무엇이 보고 있는 것일까요? 대답해 보십시오. 마음의 일부가 그것을 보고 있다면 그 일부는 무엇이겠습니까?

질문 : 그것은 에너지에서 생겨난 지혜가 아닐까요?

크리슈나무르티 : 복잡하게 하지 말아주십시오. 다른 말을 사용하지 말아주십시오. 나의 질문은 매우 간단합니다. "지금까지 집착함으로써 도피해 있던 공허감을 깨닫고 이미 그로부터 도피할 수 없게 되었을 때 그것을 지각하고 있는 것은 누구인가?"――이것이 나의 질문입니다. 당신 스스로 발견해 보십시오.

질문 : 이러한 자신이 공허하다는 지각도 도피의 일종입니다. 따라서 자신은 그 전체 이외의 아무것도 아니라는 지각 자체인 것입니다.

크리슈나무르티 : 자신의 공허를 깨달았다고 생각하는 순간 그것은 또 다른 도피가 되어 우리는 도피의 그물에 사로잡히게 됩니다. 그것이 우리의 삶입니다. 사람은 집착이 도피라는 것을 깨닫게 되면 거기에서 도피해 버립니다. 당신은 하나의 도피로부터 다른 도피로 이전하고 있습니까, 아니면 하나의 도피의 요소를 깨닫고 나서 '도피'의 전요소를 이해했습니까?

아마 여러분은 10분 이상 주의를 계속 기울일 수 없으리라 생각하겠지만 우리는 벌써 1시간 50분 동안 서로 이야기를 해왔습니다. 이제 그만하는 것이 좋겠지요? 나의 말로써가 아니라 여러분 자신에게 이것이 '진실'이 될 때까지 내일도 같은 문제를 계속 다루어 보도록 합시다. 그것이 여러분의 삶이니까요.

1970년 8월 3일

제3장 습관적 행위와 창조적 행위

> 의존과 공포의 깊이, 집착의 관찰, 집착의 수준. 전체 습관을 깨달을 필요성. 어떻게 하면 총체적으로 깨달을 수 있을까? 분석과 관찰의 차이점. 습관 뒤에 숨어 있는 기계작용. 창조성이란 무엇인가?

크리슈나무르티 : 어제 우리는 의존과 그에 대한 집착, 그리고 공포에 대하여 이야기를 나누었습니다. 오늘은 그에 대하여 더욱 깊게 이야기를 나누어 보도록 합시다. 왜냐하면 이것이 우리의 삶에 있어 중대한 문제 중의 하나가 아닌가 생각되기 때문입니다. 요컨대 그것이 무엇이든지 간에 의존이라는 것이 있게 되면 자유로워질 수 없다는 것을 깨달았기 때문입니다. 의존에는 생물학적인 것과 정신적인 것이 있습니다. 식품이라든가 의복이나 주거 같은 생물학적인 의존은 자연적인 것입니다. 그러나 생물학적 필요성에 의하여 생기는 집착──정신적으로 집착하기 위하여 집을 갖는 것이나 특정한 음식이나 과식(過食)에 대한 집착──은 아직 발견되지 않은 다른 공포의 요소 때문에 일어납니다.

흡연·마약·음주같이 정신적으로 의존하게 되는 여러 가지 육체적 자극은 누구든지 간단하게 깨달을 수 있습니다. 그리고 '정신적 의존'이라는 것도 있습니다. 그것은 세심한 주의를 기울여 관찰해야 합니다. 왜냐하면 그것들은 각 사람의 안에 주입되어서 서로 밀접하게 관련을 맺기 때문입니다. 남이라든가 신념이라든가 확립된 관계라든가 사고라는 정신적 습관에 대한 의존이 있습니다. 나는 누구든지 간단하게 그런 모든 것을 깨달을 수 있다고 생각합니다. 그리고 육체적으로나 심리적으로 의존과 집착이 있기 때문에 그 집착하고 있는 것을 잃어버리지 않을까 하는 두려움에서 공포가 일어나는 것입니다.

대개 여러분은 신념이나 경험 또는 특정한 선입관에 집착하고 있는 하나의 결론에 의존하고 있을 것입니다. 그러면 그 집착은 어느 정도로 깊은 것일까요? 여러분이 그것을 관찰해본 적이 있는지 없는지 나는 모르겠습니다. 매일 이리로 온다든가 특정한 집에 산다든가 타인의 본을 따서 외국에 간다든가 사람들과 이야기를 하며 존경받는다든가 비판을 받는다든가 영향을 받게 되는——이와 같은 집착이 있는지 없는지를 발견하기 위해서 우리는 하루종일 그것을 계속 관찰했습니다. 어제 하루종일 계속 관찰한 사람은 얼마나 깊이 다른 사람이나 사물에 자신이 집착하고 있는가, 혹은 하고 있지 않은가를 자연스럽게 발견하고 있을 것입니다. 집착이라는 것——그 대상이 책이든 음식이든 사고의 형식이든 사회적 책임이든 그것은 관계가 없습니다——이 있으면 그것은 반드시 공포를 만들어냅니다. 공포에 휩싸인 마음——집착하고 있기 때문에 아마 그 상태를 깨닫지 못하고 있을 것입니다만——은 자유롭지 못하고 따라서 반드시 모순된 상태에 있게 됩니다.

특출한 음악적 재능이 있는 음악가라면 그는 자기의 악기나 세련된 목소리에 대단히 집착하게 됩니다. 그리고 그 악기나 목소리가 망가지게 되면 그 사람은 완전히 자신을 잃게 되어 그의 일생은 끝나게 됩니다. 그는 그의 팔이나 바이올린에 보험을 들든가 혹은 지휘자가 될지도 모르지만 그는 집착을 통해서 피할 수 없는 어두운 공포가 자기를 기다리고 있다는 것을 알고 있습니다.

'자유'라는 것은 모든 집착, 즉 모든 의존으로부터 자유로워지는 것이라는 것을 여러분 각자가 탐구했는지 어쨌는지 나는 모르겠습니다. 집착하고 있는 마음은 객관적이지도 않고 명석하지도 않으며 이성적으로 생각할 수도 직접 관찰할 수도 없는 것입니다.

집착에는 표면적인 것과 정신적인 것, 그리고 심층에 있는 여러 가지 형태의 것들이 있습니다. 당신은 어떻게 그것들을 발견할 것입니까? 수많은 집착을 의식적으로 관찰하고 그 성질을 깨달은 마음은 어떻게 진리를 발견하고 그 의미를 깨달을 수 있을까요? 아마 그 마음은 감추어진 다른 집착을 가지고 있을 것입니다. 그러면 여러분은 어떻게 그 숨어 있는 집착을 발견할 것입니까? 집착하는 마음은 "그것을 허물지 않으면 안 된다"는 인식의 갈등 속에 휩싸이거나 또는 고통을 겪으며 무엇인가 다른 것에 집착하게 됩니다. 그것이 우리의 삶입니다. 나는 내가 아내에게 집착하고 있다는 것과 그 결과가 어떻게 되는지를 알고 있습니다. 그녀에게 집착하고 있으면 그와 관계되는 공포가 필연적으로 있게 되는 것을 알고 있습니다. 따라서 거기에서 그것을 허물려고 하는 것과 그 관계를 계속하려는 것과의 사이에 모순이 생기게 됩니다. 이것은 우리에게 분명한 사실입니다.

지금 문제가 되고 있는 것은 우리가 어떻게 우리들 마음 깊은 곳에서 여러 가지 전통에 집착하고 있는가 하는 것입니다. 이 점을 잘 이해해주십시오. 왜냐하면 그렇게 하면 "그런 모든 것으로부터의 완전한 자유가 '자유'이며, 그렇지 못하면 공포밖에 없다"는 것을 여러분도 알게 될 것이기 때문입니다. 그리고 공포에 사로잡혀 있는 마음은 이해할 수 없으며 있는 그대로 그것들을 보고 초월할 수 없습니다.

어떻게 그 숨어 있는 집착을 관찰하면 좋을까요? 자신은 집착하고 있지 않다고 생각하는 완고한 사람은 '나는 어떤 것에도 의존하고 있지 않다'라는 결론 때문에 완고해진 것입니다. 그러나 배우고 있는 사람——관찰하고 있는 사람——은 배울 때에는 아무런 결론도 내리지 않습니다. 거의 모든 사람들은 무엇인가의 결론에 집착하면서 그에 따라 행동하고 있습니다. 그러면 마음은 결론내리는 것으로부터 자유로워질 수 있을까요? 그것도 때때로가 아니라 언제든지 말입니다.

"저것이 좋다, 이것이 싫다"고 하듯이 우리는 지적으로 또는 경험적으로 하나의 사고방식을 가지고 있습니다. '마음은 결론없이 활동할 수 없는가?' 이것이 첫번째 문제입니다. 두 번째 문제는 '그 숨어 있는 집착이나 형식이나 의존을 마음이 밝혀낼 수 있는가?' 하는 것입니다. 그리고 세 번째 문제는 '마음은 집착의 성질과 구조를 관찰했을 때 어떠한 문제에도 고정되지 않고 또한 고립되지 않고 고도의 활동을 할 수 있을까?' 하는 것입니다. 자아, 시작해 봅시다.

우선 여러분은 자신이 생물학적으로 육체적으로 그리고 정신적으로 집착하고 있다는 것을 깨닫고 있습니까? 육체적으로 어떤 것에 집착하고 있는 자신을 깨닫고 있습니까? 그리고 그 집착의 깊은 의미를 깨닫고 있습니까? 담배에 집착하고 있는 사람은 그것을 끊는 것이 얼마나 어려운가를 생각해 보십시오. 그 사람은 단순히 자극이나 사회적 습관으로서 담배를 피울 뿐만 아니라 그것에 집착하고 있는 것입니다. 여러분은 자신이 음주나 마약이나 여러 가지 자극물에 집착하고 있는 것을 깨닫고 있습니까? 깨달았다면 즉시 그것을 그만둘 수 있겠습니까?

예컨대 내가 위스키에 집착하고 있으며 그것을 깨달았다고 합시다. 그러나 그것이 아주 습관이 되어서 육체가 그것을 요구하고 그것에 길이 들어 그것 없이는 아무것도 할 수 없게 되었다고 합시다. 그러나 의사의 주의를 받고 '더 이상 마셔서는 안 된다. 그것은 몹시 해롭다'는 결론을 얻게 되었다고 합시다. 그런데 육체와 마음은 그 습관에 완전히 빠져버렸습니다. 그러면 이 습관을 보고 있으면서 마음은 즉시 완전하게 그 습관을 없애버릴 수 있을까요? 여기에 어떤 의미가 포함되어 있는지 깨달아 보십시오. 습관화 되어 버렸기 때문에 육체는 그것을 요구합니다. 그러나 마음은 '그것을 끊어야 한다'

고 생각합니다. 여기에서 육체의 요구와 마음의 결심 사이에 싸움이 생기게 됩니다. 어떻게 하시겠습니까? 꼭 위스키가 아니더라도 이와 같은 여러분의 다른 습관들을 생각해 보십시오. 여기 계신 분들은 위스키 같은 것은 마시지 않을지도 모르겠습니다. 그러면 얼굴을 찌푸린다든가 입을 벌리고 쳐다본다든가 손가락을 움직인다든가 하는 여러 가지 생리적인 습관을 가지고 있을 터이므로 그것들에 대해서 이야기해 보도록 합시다. 육체는 음주에 집착하고 있지만 마음은 '그로부터 자유로워져야 한다'고 생각합니다. 그리하여 육체와 마음이 싸울 때 그것이 문제가 되고 갈등이 된다는 것을 알게 되었습니다. 자아, 어떻게 하시겠습니까? 생각해 보십시오! 이야기를 나누기 위해서 우리는 모든 습관으로부터 자유로워지지 않으면 안 됩니다!

질문 : 마시는 것을 그만두든가 계속하든가 두 가지 중의 하나입니다.

크리슈나무르티 : 당신은 실제로 어떻게 하고 있습니까? 농담은 하지 말아주십시오. 왜냐하면 일단 이것을 이해하게 되면 어떠한 노력(왜곡)도 없이 행동(존재)하는 것이 얼마나 활동적이며 얼마나 중요한 것인지를 알게 될 것이기 때문입니다.

질문 : 나는 나 자신이 습관이라는 것을 알았습니다.

크리슈나무르티 : 그렇습니다. 그러면 어떻게 하시겠습니까? 나는 나 자신이 습관이며 습관이 나 자신이라는 것을 알았습니다.

질문(1) : 그 습관의 진상을 규명하면 되지 않을까요?
질문(2) : 우선 그에 대한 저항을 그만두지 않으면 안 됩니다.

크리슈나무르티 : 다시 한 번 말씀드리지만 이론을 덧붙인다든가 깊이 생각한다든가 하지 마십시오. "해야 한다"와 같은 말은 하지 말고 발견해 보도록 하십시오. 보는 방법과 거기에서 생기는 참된 관찰행위를 배우도록 하십시오.

나에게는 머리를 긁는다든가 손가락을 움직인다든가 입을 벌린 채로 쳐다본다든가 하는 것과 같은 완전히 육체적인 습관이 있습니다. 그러면 어떤 노력도 기울이지 않으면서 그것을 그만두게 하려면 어떻게 하면 좋을까요? 우리는 우리 자신들이 의식적 또는 무의식적으로 집착하는 습관에 대하여 말하고 있습니다. 그것도 머리를 긁는다든가 눈등을 누른다든가 손가락을 움직인다든가 하는 사소한 습관에 대하여 말하고 있습니다. 무엇을 억제한다든가 무엇으로부터 도피할 때의 노력에는 '이중성'·'저항'·'비난'·'초월하려는 욕구' 등과 같은 의미가 포함되어 있습니다. 어떻게 하면 마음은 어떠한 노력도 기울이지 않고 습관을 물리칠 수 있을까요? 그런 모든 것을 마음속에 간직하면서——그들 요소를 이해하면서——우리는 어떻게 하면 노력을 기울이지 않고 육체적 습관을 버릴 수 있을까요?

질문 : 있는 그대로의 상태로 관찰하면 됩니다.

크리슈나무르티 : 잠깐만, 그 말은 이 모든 문제에 대한 대답일지도 모르겠습니다. "있는 그대로의 상태로 관찰한다"——이것은 어떤 의미일까요? 머리를 긁는다든가 손가락을 움직인다든가 하는 습관의 한 단편이 아니라 전체 습관의 기능상태에서 그것은 어떤 의미일까요? 자아, 어떻게 하면 마음이 있는 그대로의 습관 전체를 관찰할 수 있을까요?

질문 : 정열적인 지각과 수동적인 관찰에 의하여.

크리슈나무르티 : 당신은 내 말을 인용하고 있습니다. 누구의 말도 인용하지 마십시오!

질문 : 습관을 만들고 있는 것은 마음일까요?

크리슈나무르티 : 여러분, 들어보십시오. 탐구하기 위해서는 지금의 질문은 대단히 중요합니다. 마음은 특정한 습관뿐만 아니라 습관을 만드는 전체 기능을 관찰(지각)할 수 있을까요? 부디 될 수 있다고는 말하지 마십시오. 결론짓지 마십시오. 이 질문이 무엇을 의미하는가를 생각해 보십시오. 그 안에는 손가락을 움직이는 것과 같은 하찮은 습관뿐만 아니라 섹스의 습관이나 사고의 습관 같은 여러 가지가 포함되어 있습니다. 내가 생각한 것이나 결론지은 것이 습관이 됩니다. 나는 습관 속에서 살며 나의 전삶의 구조는 습관으로 되어 있습니다. 그러면 어떻게 하면 마음은 그 습관의 메커니즘(기계작용) 전체를 지각할 수 있을까요?

사람은 여러 가지 습관을 가지고 있습니다. 이를 닦는 방법, 머리를 만지는 방법, 책을 읽는 방법, 걷는 방법 그리고 유명해지고 싶어하는 습관도 있습니다. 어떻게 하면 마음은 그런 모든 습관을 지각할 수 있을까요? 한 가지 한 가지씩 지각하는 것일까요? 그렇게 한다면 시간이 얼마나 걸릴까요? 예컨대 내가 자신의 여러 습관을 관찰하는 데 남은 여생을 다 바친다 하더라도 이것은 해결되지 않을 것입니다. 나는 그것을 배우고 있습니다. 그것을 발견하려고 하고 있습니다. 나는 그것을 그만두지 않을 것입니다. 마음은 모든 습관을 알 수 있을까요? 어떻게 하면 좋을까요? 추측은 하지 마십시오. 결론도 짓지 마십시오. 그런 것에 나는 흥미가 없습니다. "이렇게 하십시오"라는 말에는 의미가 없습니다. 나는 '지금' 그것을 배우고 싶습니다. 어떻게 하면 좋을까요?

질문 : 습관의 특정한――혹은 많은――패턴을 재촉하고 있는 에너지의 낭비를 지각하면 자기 자신을 해방시킬 수 있을까요?

크리슈나무르티 : 말씀하신 대로입니다. "도와주십시오. 나는 배가 고프니까 메뉴 말고 먹을 것을 주시오!" 즉 나는 어떻게 해야 하는가를 묻고 있는 것입니다.

질문 : 하나의 습관을 전체적으로 이해하게 되면 모든 습관을 버릴 수 있게 되리라 생각됩니다.

크리슈나무르티 : 어떻게 하면 하나의 습관――예컨대 손가락을 가지고 노는 것――을 보고 다른 습관을 깨달을 수 있을까요? 그런 사소한 것을 가지고 그렇게 될 수 있을까요? 긴장하고 있기 때문에 습관이 들게 된다는 것을 나는 알고 있습니다. 아내와 사이가 좋지 않아서 습관이 만들어진다든가, 신경질적이기 때문에 또는 부끄럼을 잘 타기 때문에 습관적으로 행동하게 되는 수도 있습니다. 그러나 나의 모든 습관을 배우고 싶습니다. 조금씩 배워야 할까요, 아니면 그 모두를 즉시 관찰하는 방법이 있을까요? 대답해 보십시오.

질문 : 나의 전체 삶도 습관이고 나의 마음도 습관입니다. 그리고 이 마음의 상태야말로 내가 변화시키지 않으면 안 되는 것입니다.

크리슈나무르티 : 그것을 변화시키려고 하는 '나'는 누구입니까? 그 '나'라는 것은 말의 연속이며 기억이며 지식이며 과거입니다. 즉

그것도 습관인 것입니다.

질문 : 우리는 습관에 사로잡혀 있기 때문에 그것을 확실하게 알지 못하는 것입니다.

크리슈나무르티 : 그런데 왜 당신은 조금 더 생각해보지 않고 "모른다"고 말합니까? 모르면 배우십시오. 우선 "모른다"는 것을 확실히 하도록 합시다. 즉 남의 말을 인용하지 않도록 합시다.

질문 : 그런데 왜 우리는 습관을 가지고 있는 것일까요?

크리슈나무르티 : 그것은 간단합니다. 매일 아침 여덟 시에 일어나서 회사에 갔다가 여섯 시에 돌아와서 술을 마시는 것과 같은 많은 습관을 가지고 있으면 깊이 생각한다든가 충실하게 산다든가 하지 않습니다. 마음은 틀(습관)에 따라서 활동하는 것, 즉 안전한 것을 좋아합니다. 이제 아시겠습니까? 자아, 마음은 이 전체 습관을 어떻게 관찰하면 좋을까요?

질문 : 우리의 에너지를 항상 될 수 있는 한 투입하며 주의하고 있으면 되지 않을까요?

크리슈나무르티 : 그것은 단순한 생각입니다. 그런 것에는 흥미가 없습니다. 당신이 한 말은 "마음은 습관의 메커니즘이다. 그 전체구조와 성질을 알 수 있는 것이다. 그리고 그것이 그 전체를 보았을 때 아마 지금까지와는 다른 행동이 일어날 것이다"라는 뜻이지요? 우리가 지금 탐구하고 있는 것이 그것입니다. 아시겠습니까? 우리는 발견하려고 하고 있습니다.

마음은──두뇌를 포함하여──어떻게 하면 사물을 전체적으로 볼 수 있을까요? 우리는 사물을 단편적으로 보고 있는 것이 아닐까요? 하는 일, 가족, 집단생활, 개인, 자기의 의견과 타인의 의견, 우리의 하느님과 당신의 하느님──우리는 모든 것을 단편적으로 보고 있습니다. 틀립니까? 보는 것이 단편적이라면 전체를 볼 수 없습니다. 마음이 조건지어져 단편적으로 삶을 본다면 인간 전체를 볼 수 없습니다. 야심이나 선입관으로 자신을 분리하는 한 그 전체를 볼 수 없습니다. '나'와 '나가 아닌 것', '우리'와 '그들'이라는 식으로 인생을 단편적으로 보고 있는 자신을 당신은 깨닫고 있습니까? 그런 방법으로 삶을 보고 있지는 않습니까? 만일 그렇다면 결코 전체적으로 볼 수 없습니다. 단편적인 관점과 활동의 습관에 사로잡힌 마음은 절대로 그 전체를 볼 수 없습니다. 만일 내가 특정한 목적·야심·경쟁 같은 것에 관련되어 있다면 인류 전체를 볼 수 없습니다. 그러면 어떻게 하면 좋을까요? 만족감이나 지위나 목적 달성을 추구하는 것은 습관──사회적 습관──이며, 쾌락을 가져다주는 습관과 똑같은 것입니다. 거리에 나가면 나를 본 사람이 "그 사람이군"하며 나에게 쾌락을 가져다줍니다. 마음이 단편적으로 활동하고 있는 한, 절대로 전체를 볼 수 없습니다. 그러면 단편적으로 활동하고 있으면서도 그러한 한 그 자체를 볼 수 없다고 깨닫고 있는 마음은 어떻게 하면 좋을까요? 모든 단편을 분석해야 할까요? 이해를 해야 할까요? 그러나 그렇게 하면 많은 시간이 걸릴 것입니다. 여러분은 나의 대답을 기다리고 있습니까?

질문 : 전체적인 침묵이 필요합니다.

크리슈나무르티 : 아아, 저분도 남의 말을 흉내내고 있습니다.

질문 : 한창 습관이 행해지고 있을 때 그 습관을 알고, 실제로 그것을 보는 것을 방해하고 있는 상태를 안다면.

크리슈나무르티 : 그것이 지금 말하고 있는 것이 아닙니까? 당신은 같은 말을 되풀이하고 있습니다. 손가락을 움직인다든가 입을 벌리고 남의 말을 듣는다든가 하는 습관에 속박되어 있는 것을 나는 지금 깨달았습니다. 그러면 모든 습관의 메커니즘을 지금 이해할 수 있을까요? 잘 들어주십시오. 단편적인 마음은 그 전체를 볼 수 없습니다. 그러므로 어떤 특정한 습관에 대하여 배우면서 모든 습관의 메커니즘을 알아야 합니다. 어떤 습관이 좋을까요?

질문 : 담배 피우는 것.

크리슈나무르티 : 좋습니다. 그러나 나는 분석하지는 않겠습니다. 분석과 관찰의 차이는 아시겠지요? 분석에는 '분석하는 사람'과 '분석되는 것'이 포함되어 있습니다. 이 경우 담배는 '분석되는 것'이고 그것을 분석하기 위한 분석자가 반드시 있게 됩니다. 그러나 관찰은 분석하지 않고——관찰자 없이——좋고 싫은 것도 생각하지 않으며 솔직하게 있는 그대로를 관찰하는 것을 의미합니다. 아시겠습니까? 관찰하는 중에는 관찰자는 없습니다. 나는 지금 붉은색을 보고 있지만 좋고 나쁜 판단은 없습니다. 거기에는 관찰만이 있을 뿐입니다. 그러나 분석은 어렸을 때까지 소급해서 "내가 붉은색을 싫어하는 것은 아버지와 싸운 어머니가……" 하는 식이며 거기에는 분석자가 있게 됩니다. 분석자와 분석되는 것 사이의 분열을 깨달아 주십시오. 그러나 관찰을 하면 분열은 없습니다. '이것은 좋다, 싫다', '이것은 예쁘다, 밉다', '이것은 내 것이다, 내 것이 아니다'라고는 생각하지 않습니다. '검열자가 없는 관찰'이라는 것이 있습니

다. 여러분은 이것을 해야 합니다. 이론을 덧붙여서는 안 됩니다. 그러면 발견할 수 있을 것입니다.

우리는 지금 분석을 하고 있는 것이 아닙니다. 담배의 습관을 그저 관찰하고 있을 뿐입니다. 관찰하고 있으면 무엇이 밝혀집니까? 그렇다고 나는 여러분에게 의견을 물은 것은 아닙니다. 그 차이를 아시겠습니까? 거기에는 설명도 번역도 정당화도 비난도 없습니다. 담배의 습관은 무엇을 말하고 있습니까?

질문 : 폐 속에 연기를 넣고 있습니다.

크리슈나무르티 : 그것도 하나의 사실입니다. 그 다음에 그것은 무엇을 말하고 있습니까? 아무런 해설도 없다면 그것은 담배의 역사를 말하려고 할 것입니다. 담배에다 귀를 기울일 수 있다면, 주목할 수 있다면 그가 요구하는 모든 것이 당신에게 전해지게 됩니다. 폐에다 연기를 넣는 것 이외에 무슨 말을 하고 있습니까?

질문 : 담배에 의존하고 있다는 것.

크리슈나무르티 : 담배는 당신이 잡초에 의지하고 있다는 것을 나타냈습니다.

질문 : 내적으로 공허하다는 것.

크리슈나무르티 : 그것은 당신의 번역입니다. 담배는 무엇을 말하고 있습니까?

질문 : 나는 그것이 전혀 기계적인 것이라는 것을 알았습니다. 나

는 거기에 대하여 아무것도 생각하지 않고 그저 행하고 있습니다.

　크리슈나무르티 : "당신은 기계적으로 행동하고 있다. 처음 담배를 피웠을 때 그것에 매혹되어 버렸다. 즉 즐겁지는 않았어도 타인이 그렇게 하고 있으니까 당신도 그렇게 했다. 그래서 습관이 되었다." 이렇게 담배가 말했습니다.

　질문 : 그러나 그것은 어느 정도 자기를 진정시켜 준다고는 말하지 않습니까?

　크리슈나무르티 : 담배는 "당신을 잠들게 한다. 당신을 약으로 취하게 한다. 신경을 진정시킨다. 만족시킨다. 따라서 불만에 차지 않게 한다"고 말하고 있습니다.

　질문 : 생활에 싫증이 났다고 담배는 말하고 있습니다.

　크리슈나무르티 : 남과 만나서 신경질이 났을 때 마음을 진정시켜 준다고 담배는 말하고 있습니다. 그것은 많은 것을 말하고 있습니다.

　질문 : 내가 부주의하다는 것을 담배는 말하고 있습니다.

　크리슈나무르티 : 그것은 당신이 번역한 말입니다. 부주의하다는 등의 말은 하지 않습니다.

　질문 : 특히 점심식사 후 그것은 나를 만족시켜 줍니다.

크리슈나무르티 : 그렇습니다. 그것은 당신을 도와주고 있습니다. 그것은 그 모두를 말하고 있습니다. 그러면 왜 담배를 피우는 것일까요? 들어주십시오. 성급하게 대답하지 마십시오. 왜 우리는 우리에게 말해지는 모든 것을 받아들이고 있는 것일까요? 텔레비전은 "…… 비누를 사라", "이렇게 해라, 저렇게 해라" 하는 식으로 여러 가지 선전을 합니다. 우리는 그런 선전을 모두 보아왔습니다. 왜 그것을 받아들이고 있을까요? 성서에는 '해야 할 일'과 '해서는 안될 일'들이 적혀 있습니다. 왜 우리는 교회나 정치가의 말을 받아들이는 것일까요?

질문 : 그것은 하나의 체계를 따르는 것이 편안하기 때문입니다.

크리슈나무르티 : 왜 그것을 따릅니까? 안전해서입니까? 다른 사람들과 친밀감을 가지고 싶어서입니까? 다른 사람들과 비슷해지기 위해서입니까? 즉 그것은 다른 사람들과 같지 않은 것을 우리는 두려워하고 있다는 것을 뜻합니다. 거기에 완전한 안전이 있기 때문에 우리는 다른 사람들과 같이 되려고 하는 것입니다. 카톨릭 국가에서 카톨릭 교도가 되지 않기란 어려운 일입니다. 공산국가에서 집단행동에 따르지 않는 일도 어려운 일입니다.

자아, 그 잡초가 말한 것과 왜 자기가 습관에 묶여 있는가를 관찰해주십시오. 담배와 나는 상호관계에 있습니다. '안전하기 때문에 무엇인가를 한다'라는 것이 습관입니다. 마음은 모두가 그런 방식으로 기능하고 있습니다. 그것이 중요한 것이든 하찮은 것이든 습관에 빠지는 이유는 그것에 대하여 아무것도 생각하려고 하지 않기 때문인 것입니다. 마음은 습관적으로 작용하는 것이 안전하다고 생각합니다. 나는 이 습관을 만드는 메커니즘을 깨달았습니다. 담배라는 하나의 습관을 통해서 전체의 패턴을 발견했습니다. 습관을 만들고 있는 메커니즘을 발견했습니다.

질문 : 나로서는 당신이 어떻게 해서 하나의 습관을 듣고서 습관 전체의 메커니즘을 이해했는지 알 수가 없습니다.

크리슈나무르티 : 나는 이미 그것을 당신에게 보여 주었습니다. 습관이란 기계적으로 작용하는 것을 의미합니다. 그리고 '담배'라는 기계적인 습관을 관찰함으로써 그 마음이 습관 속에서 어떻게 활동하고 있는가를 깨닫게 되었습니다.

질문 : 그러면 습관은 모두가 기계적인 것일까요?

크리슈나무르티 : 그렇습니다. 당신이 그 '습관'이라는 말을 사용하는 순간 그것은 반드시 기계적입니다.

질문 : 기계적인 습관 같은 것보다도 좀더 깊은 의존은 없을까요?

크리슈나무르티 : 우리가 '습관'이라는 말을 사용하는 순간 그것은 '같은 일을 몇 번이고 반복'한다는 의미의 기계적인 습관을 뜻합니다. 따라서 습관에는 좋고 나쁜 것이 없습니다. 우리는 그저 습관에 대하여 말하고 있을 뿐인 것입니다.

질문 : 예컨대 내가 '권력'이라는 습관이나 또는 '소유한다'는 습관을 가졌을 때 그것은 단순히 기계적인 습관이라기보다는 더욱 깊은 의미를 가지는 것이 아닐까요?

크리슈나무르티 : 권력의 습관, 즉 권력·지위·지배·공격·폭력

의 요구 등은 '권력을 추구한다'는 욕망을 의미합니다. 어린애든 어른이든 하고 싶어하는 것은 습관이 됩니다.

질문 : 그리고 안전에 대한 요구도……

크리슈나무르티 : 아니오. 습관은 안전 등을 제공합니다. 나는 하나의 습관을 조사하면서 모든 습관도 그에 기인하고 있다는 것을 알게 되었습니다. 습관은 기계적이고 반복적이기 때문에 만일 당신이 '위인이 되고 싶다'고 생각할 때에는 그것에 사로잡히게 됩니다. 왜냐하면 우리는 그 습관 속에서 안전함을 발견할 수 있고 또한 그것을 깊이 추구하고 있기 때문입니다. 어떤 습관도 기계적입니다. 내가 지금 말하고 있는 것은 좋은 습관이나 나쁜 습관에 대해서가 아니고 그저 습관에 대해서일 뿐입니다. 반복적으로 하고 있는 일은——어제도 오늘도, 그리고 내일도 계속하는 일——어떤 것이든 반드시 기계적입니다. 기계적인 행동의 몇 가지는 얼마간 특출나게 보이고 순조롭게 진행될지도 모릅니다. 그러나 그것도 그저 습관이며 반복일 뿐인 것입니다.

질문 : 특정한 창조적인 노력도 습관이라는 말입니까?

크리슈나무르티 : 여러분, 이 질문에 대하여 생각해 봅시다. 당신은 "창조는 습관이다"고 말하시겠습니까?

질문 : 창조성이란 신선함을 의미합니다. 인간은 노력한다고 해서 창조적으로 될 수는 없습니다.

크리슈나무르티 : 당신이 그렇게 말하는 것은 당신이 창조적이기

때문입니까, 아니면 그렇게 추측하고 있는 것입니까? 창조성이란 무엇을 의미할까요? 참으로 엄청난 문제입니다. 그래서 사람들은 이 문제를 취급하려 하지 않습니다. 그림을 그리는 것이 좋아서, 돈이 생기므로, 또는 그림을 그리는 새로운 방법을 발견하고 싶어서 등, 아무튼 여러분은 그림을 그립니다. '창조적'이란 어떤 의미일까요? 부부 사이가 좋지 않기 때문에 시(詩)를 쓰는 사람이 창조적일까요? 바이올린에 집착해서 그것으로 돈을 벌고 있는 사람이 창조적일까요? 대단히 긴장하고 있는 사람이 그 긴장 속에서 세계가 깜짝 놀랄 희곡을 써냈다면 그 사람을 창조적이라고 할 수 있을까요? 술에 취해서 리드미컬한 훌륭한 시를 쓴 사람이 창조적일까요?

질문 : 당신은 어떻게 판단하십니까?

크리슈나무르티 : 나는 판단하지 않습니다.

질문 : 그러나 그것은 당신이 제기한 질문입니다. '누가 창조적이다, 아니다'라는 것은 판단이 아닐까요?

크리슈나무르티 : 나는 판단 같은 것은 하지 않습니다. 나는 질문하며 배우고, 작가나 시인이나 희곡가나 바이올린 연주자와 같은 모든 사람들을 관찰하고 있습니다. 나는 눈앞에 있는 것을 보고 있을 뿐이며, 그것이 좋다든가 나쁘다든가 하는 식으로는 말하지 않습니다. 나는 "창조란 무엇인가?" 하고 질문하고 있습니다. "이것이 옳다" 하고 내가 말하는 그 순간 나는 그것을 그만두게 되고 이미 배울 수 없게 되어버립니다. 나는 지금 '창조적이란 무엇인가?' 하는 것을 배우고 싶어하고 있습니다. 발견하고 싶어하고 있습니다.

질문 : 아마도 그것은 순수한 보편성을 가지는 것이 아닐까요……

크리슈나무르티 : 나는 모르겠습니다 —— 아마 —— 나는 발견하고 싶습니다. 배우고 싶습니다.

질문 : 그것은 활동적이라는 말입니다.

크리슈나무르티 : 미술관에 가서 여러 가지 그림을 보고 감탄하고 비교하며 '어쩌면 저렇게 창조적일까?' 하고 생각합니다. 그래서 나는 무엇이 창조적인가를 발견하고 싶은 것입니다. 창조적으로 되려면 시나 그림이나 희곡을 써야 하는 것일까요? 즉 "창조성에는 표현이 필요한가?" 하는 것입니다. 주의해서 들어주십시오. 부엌에서 빵을 굽는 여성이 창조적일까요?

질문 : 보통 일반적으로는 그것을 창조적이라고 말합니다만.

크리슈나무르티 : 그것을 묻고 있습니다. 창조적이 아니라고 하는 것은 아닙니다. 모르기 때문에 배우고 싶은 것입니다.

질문 : 빵을 만들어본 일이 없는 사람이 빵을 만들면 그것은 창조적입니다.

크리슈나무르티 : 창조란 무엇일까요?

질문 : 지금 이 순간 우리는 창조적입니다.

크리슈나무르티 : 아닙니다. '창조적인 일'이라고 불려지는 모든

사물을 관찰하면서 나는 나 자신에게 '도대체 창조란 무엇인가?' 하고 묻고 있는 것입니다. 그것은 표현되어야 하는 것일까요? 예를 들어 빵을 굽는다든가 그림을 그린다든가 희곡을 쓴다든가 돈을 번다든가 하는 것과 같이.

 질문 : 그렇습니다. 우리는 지금 창조적이라고 생각합니다.

 크리슈나무르티 : 지금 우리는 그런 말을 하고 있는 것이 아니라 '우리는 창조적인가, 아니면 그저 남이 말하는 것을 듣고만 있는 것인가?' 에 대해서 말하고 있는 것입니다.

 질문 : 비난하지 않고 관찰하고 있다면 그것은 창조적이라고 나는 생각합니다.

 크리슈나무르티 : "이렇게 생각합니다"라고 말하지 마십시오. 나는 정말 그것을 발견하고 싶습니다.

 질문 : 자기가 집착하고 있다는 것을 깨닫는 순간 우리는 깨닫고 행동하게 됩니다. 그것이 창조의 순간인 것입니다.

 크리슈나무르티 : 그러니까 관찰은 행동이고 그런 순간이 창조적인 순간이라는 말씀이지요? 그러나 그것은 단순한 정의일 뿐입니다.

 질문 : 인간과 자연이 조화를 이루는 것이 창조가 아닐까요?

 크리슈나무르티 : 당신은 자연과 조화되고 있습니까? 지금은 그 말을 하고 있는 것이 아닙니다. 나는 지금까지 위대한 예술작품을 여

럿 보아왔습니다. 그래서 나는 창조가 무엇인가를 발견하고 싶은 것입니다. 창조란 무엇일까요? 정의 같은 것은 듣고 싶지 않습니다. 배우고 싶습니다.

질문 : 무엇인가 새로운 것을 하는 것이 창조입니다.

크리슈나무르티 : 그것은 어떤 의미입니까? 결정함이 없이 총체적으로 새롭고 신선한 일을 한다는 의미입니까? 그것은 "과거는 사라져야 한다"는 것을 의미합니다. 당신의 과거는 소멸되었습니까? 아니면 어떤 책에서 읽은 것을 말하고 있는 것입니까? 나는 그런 농담은 하고 싶지 않습니다. 나는 그것을 배우는 데 필사적입니다. 우리는 빵을 굽는다든가 그림을 그린다든가 시를 쓴다든가 하지 않아도 창조적으로 살 수 있습니다. 그렇게 되는 것은 마음이 단편적이 아닐 때, 마음이 모든 과거와의 관계로부터 자유로워졌을 때, 마음이 앎으로부터 자유로울 때뿐입니다.

질문 : 나에게 있어서는 창조란 하나의 사물이 아니고 하나의 움직임입니다.

크리슈나무르티 : 그것은 당신에게 있어서도 아니고 나에게 있어서도 아닙니다. 당신은 그것을 개인적인 것으로 만들고 있습니다. 창조는 견해가 아닙니다. 나는 배고파 하는데 당신은 말을 주고 있습니다. 그것은, 즉 당신은 배가 고프지 않다는 것을 뜻합니다. 이제 나는 집착에 대한 말을 끝내고 나서 그것을 쭉 지켜보았습니다. '마음이 무엇인가에 집착하고 있지 않을까?' —— '연단에 선다든가 사람들과 말을 한다든가 책을 쓴다든가 하는 일에 집착하고 있지 않을까?' '남이나 어떤 생각이나 사회적 지위에 집착하고 있지 않을

까?'——하며, 내 마음은 하루종일 주의를 기울이고 있었습니다. 우리는 발견하지 않으면 안 됩니다. 그리고 발견하고 있을 때 거대한 '자유'의 아름다움과 그로부터 생기는 사랑을 발견하게 됩니다. 즉 지금 말하고 있는 창조는 '어떠한 공격도 없는 마음'이란 의미입니다.

그러므로 습관 전체와 그의 기계성을 발견하기 위해서는 우리는 깨달아야 합니다. 즉 그것을 탐구하며 강물의 흐름과 같이 그것이 내부에서 흐르는 대로 흐르게 해야 합니다. 하루종일 그 탐구를 흐르는 대로 두고 있으면 당신은 거대한 것을 발견하게 될 것입니다.

1970년 8월 4일

제4장 사고의 메커니즘

> 공포와 도피, 전체에 대한 깨달음.
> 집착과의 투쟁은 단지 단편적인 행위일 뿐이
> 다. 단편화를 통해서 완전 깨달음에 도달할
> 수 있는가? 단편화는 어떻게 일어나는가? 앎
> 으로부터 해방된 마음의 작용.

크리슈나무르티 : 어제는 필연적으로 공포에 이르게 되는 집착에 대하여 이야기했습니다. 그리고 우리는 의식적·무의식적으로 갖고 있는 여러 가지 공포에 대하여서도 이야기를 나누었습니다. 오늘은 '공포와 도피의 전체구조를 분석하지 않고 관찰하면서 알 수는 없을까?'라는 문제에 대하여 이야기해 보도록 합시다. 이 문제는 대단히 깊게 탐구해야 할 문제라고 생각됩니다. 왜냐하면 공포로부터 자유롭지 못하고 갖가지 형태로 도피하는 마음은 필연적으로 둔한 까닭에 공포로부터 완전히 자유로워지지 않는 한 비록 어떤 명상을 하더라도 그것은 완전히 성숙되지 못한 것이 되기 때문입니다.

보다 깊이 탐구함으로써 마음을 발견하고 배울 수 있게 될까요? 그것은 표면적인 부분만이 아니라 공포가 숨겨져 있는 마음의 깊은 부분까지도 통찰하는 것을 의미합니다. 대부분의 사람들이 타인이나 사물에 집착하는 것은 자기들의 고독감·불만감·공허감·천박함으로부터 도피하기 위해서입니다. 그러면 공포의 움직임──자기가 텅 비어 있다는 사실로부터 도피하고 있는 상태──그 모든 것을 깨달을 때, 우리는 그 일부가 아니라 그 전체적인 상태를 알 수 있을까요? 이것이 오늘 우리가 이야기할 문제입니다.

어떤 것의 전체를 보기 위해서는 무엇인가를 성취하고 싶어하는 마음의 단편적인 상태가 정지해 있지 않으면 안 됩니다. '무엇인가를 하기 위하여 공포로부터 자유로워지고 싶다', '깨닫기 위하여 특정한 명상을 하고 싶다', '최고로 훌륭한 것이 알고 싶으므로 나 자신을 훈련(억압)하고 싶다' —— 이와 같은 생각이나 삶의 방식이나 행동은 모두 단편적인 것입니다. 내가 하는 말을 명확히 아시겠습니까?

우리는 우리의 전존재가 그로부터 도피하고 있는 공포의 구조와 그로부터 파생되는 여러 가지 도피를 관찰할 수 있을까요? 공포의 바로 그 참된 본성인 복잡하고 대단히 교묘한 도피를 우리는 깨달을 수 있을까요? 어떠한 결론도 그 이상의 배움을 방해하기 때문에 결론에서 이루어지는 행동은 반드시 단편적일 수 밖에 없습니다. 비록 배운다 하더라도 그로부터 결론을 끌어내는 순간 그것은 단편적으로 되고 맙니다. 아시겠습니까? 그러면 무엇이 단편화를 만들어내고 있을까요? 우리는 공포를 이겨내기 위하여 정신을 다른 데로 돌려 무엇인가에 집착하고 있다는 것을 전에 이야기한 적이 있습니다. 그것이 단편적인 사고입니다. 무엇이 삶의 단편화를 만들어내고 있을까요? 부디 지금의 말에서 어떠한 결론도 내리지 말아주십시오. 나는 그저 인간은 총체적으로 완전하게 공포로부터, 즉 물리적·육체적 공포로부터뿐만 아니라 깊은 심리적 공포로부터도 자유로워질 수 있다는 것을 여러분에게 전하고 싶을 뿐입니다.

공포는 단편화의 한 형태입니다. 그리고 집착도 그 중의 하나입니다. 그리고 그 집착을 깨닫고 그것을 떼어놓으려고 하는 것도 단편적 행위입니다. 나는 가족에게 집착하고 있는 것을 깨달았으며 그것이 고통과 쾌락의 원인이라는 것도 발견했습니다. 고통스런 일이 일어나면 그로부터 자신을 떼어놓으려고 집착과 싸웁니다. 따라서 그것은 단편적인 행위이며 거기에는 아무런 해결책도 없습니다. 다른 국적이나 종교나 관습으로 분열시켜버리는 정신적·육체적인 단편화, 도대체 이 단편화의 근원과 구조는 무엇일까요? 우리는 하나의 단편화를 탐구함으로써 총체적이고 완전한 깨달음――그 명칭은 무엇이라도 좋다――에 도달하기를 바라고 있습니다. 즉 단편화를 탐구함으로써 비단편적인 마음에 도달하려고 하고 있습니다. 이것이 가능할까요? 요가를 하는 사람이나 고승(高僧)들은 그런 것을 약속하고 있습니다. 왜 단편화가 생기는 것일까요? 그 구조는 어떻게 되어 있을까요? 그 상태를 지적으로나 이론적으로 결론짓지 말고 또한 전체구조를 분석도 하지 말고 실제로 깨달아 주십시오. 비록 내 말이 잘 전달되지 못했을지도 모르겠지만 이 정도로 그치고 이에 대하여 토론해 보도록 합시다.

질문 : 당신이 말한 현인(賢人)들은 사람들이 깨닫도록 했을까요?

크리슈나무르티 : 당신은 어떻게 생각하십니까? 내 의견을 듣고 싶습니까? 우둔한 사람만이 의견을 갖습니다! (웃음) 깨달음에 도달한 사람을 사람들은 어떻게 이해하고 있을까요? 당신은 그와 같이 질문하지 않았습니다. 단상에 올라가서 "나는 최고의 현자이며 선각자이며 신성한 인간이다"라고 하는 사람을 당신은 어떻게 이해합니까? 이것이 세계에서 행해지고 있는 일입니다. "이렇게 하십시오. 그러면 당신도 깨닫게 될 것입니다", "내가 이것을 가지고 있으니 당신에게도 드리지요"――이렇게 말하는 사람을 당신은 어떻게 생각하십니까? 왜 당신은 '누군가가 선각자이겠지' 하는 등의 생각으로 고민합니까?

질문 : 특정한 일을 하면 그 체험으로부터 자기 자신을 알 수 있을 것으로 생각됩니다. 무엇인가 방법이 있을 수 있다고 생각됩니다.

크리슈나무르티 : 아니오. 거기에는 방법이 없습니다. 우리는 방법을 제시하고 있는 것이 아니라 배우고 있는 것입니다. 배움이란 방법이 아닙니다. 만일 방법에 의하여 배웠다고 해도 그것은 특정한 방법 때문에 마음을 조건지우는 것에 불과합니다. 배운다는 것은 관찰하는 것입니다. 한 가지 방법을 관찰하게 되면 그것이 마음을 조건지우고 기계적으로 만드는 것을 알 수 있으며 따라서 다른 모든 방법도 그같이 만들어 버린다는 것을 알게 됩니다. 어떤 방법에 의하여 놀라운 경험을 하게 될지도 모르겠습니다만 그것 역시 매우 한정된 경험일 뿐입니다.

질문 : 그러나 비록 그것이 부분적이라 해도 훌륭한 것에 도달할 수 있는 하나의 아이디어를 처음으로 갖는다는 의미에서 하나의 방법을 사용할 수는 없을까요?

크리슈나무르티 : 처음에는 지팡이를 사용하다가 그것을 버리는 것이 의의 있는 일일까요? 문제는 '자기 자신을 보고 또한 그 전 존재 현상을 관찰하고── 배우고──나서 그것을 초월할 수 있을 때 왜 우리는 여러 가지 흐름에 집착하고 있는가?' 하는 것입니다. 당신은 남의 손을 빌고 싶을 것입니다. 그러나 만일 내가 잘난 척하고 지적하면 그것이 방해가 되어 버립니다. 당신은 남이 도와줄 것이라고 생각하고 있는 것 같은데 그것이야말로 명백한 단편화의 시작입니다. 즉 '당신'과 '선생', '당신'과 '선각자'라는 분열이 거기에 있게 되는 것입니다.

질문 : 그러나 당신은 가르쳐 주고 있지 않습니까?

크리슈나무르티 : 내가 말입니까? 나는 처음부터 여기에는 선생도

학생도 없다고 말했습니다. 이것은 단순히 반감에서나 엉터리로 말하고 있는 것이 아닙니다. 나는 45년 전부터 '방법·명상·훈련에 의하여 사람들을 도와줄 수 있는 사람은 존재하지 않는다'라는 진리를 깨달았기 때문에 그런 말을 해왔습니다. 나는 45년 전에 그것을 깨달았습니다. 이것이 내가 선생이 아니냐고 당신이 한 말에 대한 대답입니다. 선생이란 지식을 축적해서 남에게 그것을 전하는 사람을 의미합니다. 그것이 선생과 학생의 관계입니다. 그러나 여기에서는 우리는 그런 관계에 있지 않습니다. 몇 번이고 말했다시피 우리는 배우고 있습니다. '친교'라는 것은 '함께 배운다', '함께 창조한다', '함께 관찰한다'는 의미입니다. 이것을 이해하게 되면 우리의 관계도 지금과는 완전히 달라지게 될 것입니다. 그러나 연단에 서 있는 나를 지식인이라고 생각하고 있다면 그런 생각으로 남에게 의지하지 마십시오. 우리는 '깨달음'에 대해서는 아무것도 모르고 있습니다. 그것을 알고——이해하고——있다면 여러분은 이곳에 오지 않았을 것입니다. 가르침을 받기보다는 발견하는 것과 배우는 쪽이 보다 훌륭한 것입니다. 진리에 대해 가르침을 받는 데 돈을 지불하지 말고 진리를 배우는 데 돈을 지불하도록 하십시오! 여러분은 어떻게 하고 있습니까?

지금 우리는 단편화의 의미를 발견하고 배우려고 하고 있습니다. '선생'과 '학생'은 단편적인 관계입니다. '높은 자아'와 '낮은 자아', '혼'과 '육체'로 계속 분열하게 됩니다.

질문 : 사고는 한 번에 한 가지 것에 대해서밖에 주의를 기울일 수 없습니다. 당신은 사고가 단편화의 원인이라고 말하는 것입니까? 만일 사고가 한 가지 것에 대해서밖에 주의를 기울일 수 없어 다른 것들을 버려두고 있다면 그것은 사고가 단편화를 기르고 있으며 사고 자체의 과정이 단편화라는 말이 됩니다.

크리슈나무르티 : 지금 우리는 그것을 배우고 있습니다. 부디 결론을 내리지 말아주십시오. 왜 우리는 단편화 속에서 살고 있을까요? 그것은 왜 일어나는 것일까요? 그리고 이 단편화를 추구하고 있는 이면에는 무엇이 숨겨져 있을까요? 간단한 것부터 예를 들어 시작해 보도록 합시다. 만일 당신이 선생이고 내가 학생이라면 왜 우리 사이에 분열이 있게 될까요? 왜 나는 배우고 싶어할까요? 혹은 나에게 권위를 부여하고 있는──혹은 표현하고 있는──당신이라는 권위자를 따르고 싶어할까요? 당신은 "알고 있다. 깨닫고 있다"고 말합니다. 그리고 나는 그것을 갖고 싶어합니다. 나에게 행복을 갖다줄 그 무엇을 갖고 싶어합니다. 그래서 나는 학생으로서 당신을 따르게 됩니다. 내가 당신을 따르게 될 때 단편화가 있게 됩니다. 그러나 지금까지 나는 왜 당신을 따르는 것인지를 당신(선생)에게 묻지 않았습니다. 당신을 권위자로서 받아들인 원인이 무엇일까요? 당신은 정신병자일지도 모르며 당신이 과장해서 말하는 경험을 조금은 했을지도 모르겠지만 나는 당신의 목소리나 날카로운 눈에 억눌려서 판단도 하지 못하고 그저 따르고 있을 뿐입니다. 그러나 당신이 권위자가 되는 순간 단편화가 생긴다는 것을 알게 된 지금으로서는 당신을 권위자로 받아들이고 싶지 않습니다. 즉, 나는 배우고 싶을 뿐입니다. 부디 이 점을 깨달아 주십시오.

정신적 권위든 정치적 권위든 군사적 권위든 그런 것은 상관없습니다. 권위라는 가정──당신(선생)은 알고 있지만 나(학생)는 모른다는 가정──을 세우는 순간 단편화가 있게 됩니다. 그리하여 그것는 필연적으로 선생과 나 사이에 갈등을 일으키게 됩니다. 아시겠습니까? 그렇기 때문에 나는 결코 그 누구도 따르지 않는 것입니다.

질문 : 만일 그 선생이 어떤 좋은 것을 가르쳐 준다 할지라도 당신

은 그렇게 하지 않을 것입니까? 왜 그렇습니까? 단편적인 것이라 해도 아무것도 하지 않는 것보다는 낫지 않을까요?

크리슈나무르티 : 선생이 말하는 것을 따르고 있을 때에는 대단히 즐겁다는 것은 무엇을 의미할까요? 그것은 자기의 것이 아니라 선생의 말을 경험하고 싶다는 열망을 뜻합니다. 그러나 "너 자신을 이해하라"고 선생이 말했다면 그것은 다른 무엇보다도 중요한 것이 될 것입니다. 나를 이해하려고 하지 말고 자기 자신을 이해하도록 하십시오. 여러분은 자기 자신을 이해하지 않고 무엇인가를 따르고 있습니다. 그러면 왜 그럴 때에는 단편화가 있게 되는 것일까요?

질문 : 그 이유는 우리가 단편적인 상태로 만들어졌기 때문에, 즉 우리의 재능이 단편적이기 때문입니다. 각기 그 재능은 부분적인 활동력밖에 갖고 있지 않습니다.

크리슈나무르티 : 우리는 기술적인 재능을 가지고 있습니다. 그러면 왜 그러한 재능으로부터 단편화가 일어나는 것일까요? 나는 피아노를 치는 재능을 가지고 있습니다. 왜 그것이 단편화를 가져올까요? 당신은 잘못 생각하고 있는 것이 아닐까요? 재능이 단편화를 가져오는 것일까요, 아니면 마음이 분열되어 있기 때문에 그 단편(재능)의 하나를 사용함으로써 분열을 더욱 강하게 하는 것일까요? 내가 하는 말의 의미를 아시겠습니까?

나는 이 단편화에 대하여 배우고 싶습니다. 일단 이 문제를 해결해버리면 나의 행동은 지금과는 전혀 다른 것(비단편적)으로 될 것입니다. 그런 만큼 나는 발견하지 않으면 안 됩니다. 나는 어떠한 결론에 도달하지도, 결론으로부터 시작하지도 않습니다. '선생'과 '학생', '권위자'와 '추종자', '깨달았다고 말하는 사람'과 '모른다고 말하는 사람', 공산주의자, 사회주의자 등 여러 가지 단편이 있습니다. 왜 그럴까요? 그것은 어떻게 해서 일어나는 것일까요? 참으로 그것을 이해할 수 있게 된다면 나는 그것을 그만두게 될 것입니다. 그리고 나와 타인과의 관계도 전혀 다른 것이 되고 나의 활동도 언제나 총체적인 것이 될 것입니다. 그런 만큼 나는 '배워야만' 합니다. 단편화란 무엇일까요?

질문 : 우리는 기대와 욕망 속에서 살고 있습니다.

크리슈나무르티 : 우리는 기대 속에서 살고 있습니다. 그리고 바로 그 기대는 단편화의 형태를 취하고 있습니다. 당신은 무엇을 기대하고 있습니까? 기대한다는 것이 단편화가 일어나는 이유일까요? 그것은 성공을 바라는 것과 같이 단편화의 하나의 결과입니다. 그러면 성공을 바라는 것도 단편화의 결과일까요? 이것은 대단히 중요합니다. 그림을 그리고 책을 써서 성공하고 싶어하는 것──이러한 단편화의 근원은 무엇일까요?

질문 : 그것은 우리가 각기 그 재능이 한정되어 있고, 관찰력도 한정되어 있으며, 감각이나 지성도 한정되어 있기 때문에, 즉 인간은 전체를 한 번에 관찰할 수 없기 때문입니다.

크리슈나무르티 : 나는 한 방향밖에 보지 못한다. 그러나 머리 뒤에 눈이 있다면 전체를 볼 수 있을 것이다──우리가 지금 이것을 말하고 있을까요? 그런 이유에서 우리의 관찰력이 한정되어 있다고 말했습니까? 확실히 육체적인 관찰력은 한정되어 있습니다. 나는 알프스 산맥 전체를 볼 수는 없습니다. 물론 비행기에서 보면 다르겠지만. 우리는 그런 것을 말하고 있는 것이 아닙니다. 우리는 왜 마

음(두뇌)이 분열되어 있는가 하는 것에 대해서 토론하고 있는 것입니다.

질문 : 한 번에 전세계를 생각한다는 것은 불가능한 일입니다.

크리슈나무르티 : 즉 당신은 한 번에 모든 사물을 생각할 수 없는 사고라는 것이 있는 한 단편화는 존재하게 된다는 말이군요. 사고가 단편화의 원인이란 말입니까?

질문 : 그렇습니다. 우리는 지금 등산에 대해서가 아니라 자기지(自己知)에 대하여 생각하고 있습니다. 즉 타인과의 대화 역시 단편적입니다. 모든 것을 함께 할 수는 없습니다.

크리슈나무르티 : 자아, 좀더 말의 내용을 명백히 해보도록 합시다. 지금 우리는 등산을 한다든가 머리 뒤에 눈을 단다든가 하는 것이 아니라 우리의 마음 —— 생각하는 것, 보는 것, 듣는 것, 결론짓는 것 —— 에 대하여 말하고 있습니다. 왜 마음은 반드시 단편화를 초래하게 되는 것일까요? 우리는 지금 그것에 대하여 말하고 있습니다.

질문 : 그 모두를 말한다는 것 자체가 이미 단편적입니다.

크리슈나무르티 : 그러므로 이 토론의 결론은 하나의 단편입니다. 그러나 우리는 '왜 단편화가 존재하는가?'에 대해서 묻고 있습니다. 나와 당신이 완전하게 대화하지 못하는 것은 무엇 때문일까요? 그리고 왜 당신은 완전하게 나에게 전달하지 못하는 것일까요? 발견해 보도록 합시다. 차근차근 풀어나가 봅시다. 이 단편화의 원인, 메커니

즘, 그리고 그 과정은 무엇일까요?

질문 : 그것은 우리가 자기라는 관념이나 특정한 사물의 관념에 집착하고 있기 때문입니다.

크리슈나무르티 : 그렇습니다. 우리는 결론에 집착하고 있습니다. 그리고 그것이 단편화의 원인인 것입니다. 그러면 우리는 왜 결론에 집착하는 것일까요?

질문 : 나는 아직도 대화가 원인이 아닌가 하고 생각하고 있습니다. 예를 들어 우리는 학교에서 프랑스어나 영어나 지리를 배우는데 그 교육 자체가 처음부터 단편적입니다.

크리슈나무르티 : 즉 교육이 단편적이기 때문에 우리의 마음도 어릴 때부터 이 단편화에 의하여 조건지어져 있다는 말이군요.

질문 : 사고의 과정이 결론을 형성하고 있습니다. 즉 우리는 결론을 짓지 않고는 생각할 수가 없다는 말입니다.

크리슈나무르티 : 사고가 모든 단편화의 원인이라는 말입니까?

질문 : 사고도 우리의 단편 중 하나입니다.

크리슈나무르티 : 그렇습니다. 생각하고 있는 사고는 단편적입니다. 사고도 우리의 단편 중의 하나입니다.

질문 : 우리의 사고의 결과, 즉 결론은 모두 반드시 보다 많은 단

편을 초래하게 마련입니다.

크리슈나무르티 : 그렇습니다. 그 사고가 모든 단편화의 원인이란 말이지요? 당신이 배우고 있는 것과 같이 나도 배우고 있습니다. "그렇다"든가 "틀린다"든가 말하지 말고 발견하도록 합시다. 사고란 결과 또는 기억의 반응입니다. 그리고 기억은 과거입니다. 그리고 그 과거의 기억은 언제나 분열하고 있습니다. 그것은 분명합니다. 과거──오늘과 내일──란 과거의 경험──현재의 경험과 미래──입니다. 과거는 말합니다. '배운 적이 없기 때문에 나는 모른다. 그래서 당신에게서 배우려고 하는 것이다'라고. 그것이 단편화의 주요 원인이 아닐까요? 어떻게 생각하십니까?

질문 : 전에 당신이 시간에 대하여 말했을 때에도 그렇게 말했습니다. 시간에 대한 지각이 우리의 주의력을 현재에서 차단하기 때문에 분열하는 것이라고.

크리슈나무르티 : 확실히 시간은 우리를 분열시킵니다. 시간이 무엇인지 발견해 보도록 합시다. 열차를 타기 위하여 정거장으로 가야 한다라는 연대기적인 시간이 있습니다. 그리고 다음으로는 달성이나 성공, '당신은 알고 있다', '나는 모른다', '나는 배우고 있다'라는 심리적 시간이 있습니다. 즉 사고는 이렇게 말하고 있습니다. "나는 차근차근 배우고 있다. 나는 천천히 순서를 밟아 훌륭한 상태에 도달할 생각이다"라고. 즉 거기에는 성공을 바라는 사고에 의하여 초래된 분열이 있는 것입니다. 이 경우의 성공은 돈을 버는 것이 아니고 깨달음이나 신념을 달성하는 것을 말합니다.

그 때문에 당신은 단편화를 가져오는 메커니즘이 사고라는 것입니까? "당신은 인도인", "당신은 카톨릭 신자", "당신은 갈색이다",

"당신은 검다"고 사고는 말합니다. 사고는 특정한 사회에다 문명의 가치라는 조건을 붙여놓고 그 문명에 속하지 않는 사람은 모두 야만인이라고 말합니다. 아시겠습니까? 만일 사고가 이러한 단편화의 원인이라고 한다면 당신은 어떻게 하시겠습니까? 나는 돈을 벌지 않으면 안 됩니다. 일반적인 생활에 따르지 않으면 안 됩니다. 가정이 있습니다. 그리고 또한 문제와 야심과 성공을 가진 '나'도 있습니다.

생활이 있다, 가정이 있다, 그리고 할 일과 그 일에서 지위를 얻고 싶어하는 욕구가 있다, 그리고 '나'가 있다──이 모두 단편적입니다. 자아, 어떻게 해야 할까요? 사고가 그 모든 것의 원인이라는 것을 나는 알았습니다. 그렇지 않습니까? 우리는 배우고 있습니다. 만일 내가 틀린 말을 하고 있는 것 같으면 말씀해 주십시오. 발견해 주십시오.

질문 : 그러나 우리는 언제나 생각하고 있습니다.

크리슈나무르티 : 좀 기다려 주십시오. 우리는 발견하려고 하고 있습니다. 당신이 말한 그것이 요점입니다. '돈을 벌어야 한다. 가정·유희·성공이 있다. 권위·선생·깨달음을 발견하고 싶은 소망도 있다'라고 우리는 계속 생각하고 있습니다. 그리고 그런 모든 것에 혼란되어 있는 '나'가 있습니다. 당신은 그 원인이 사고라고 말했습니다. 나는 특정한 문명이 가져온 사고를 갖고 있기 때문에 그 문명에 조건지어져 있는 것입니다. 사고는 이렇게 해왔으며 또한 돈을 벌지 않으면 안 됩니다. 가족과 아이들을 위하여 돈을 벌라고 사고는 말합니다. 즉 사고가 그 원인인 것입니다. 명확히 아시겠습니까? 나중에 그렇지 않다고 말하지 마십시오. 지금 배우도록 하십시오.

질문 : 사고의 이면에는 더 많은 무엇이 숨겨져 있다고 느껴지는데요.

크리슈나무르티 : 우리는 그 문제에 이르게 될 것입니다. 우선 지금 다루고 있는 것을 살펴보도록 합시다. 그런데 사고의 이면에까지 이르기 위해서는 사고 전체의 메커니즘을 이해하지 않으면 안 됩니다. 그렇지 않으면 우리는 사고로부터 도피해 버리고 말 것이기 때문입니다. 그러면 사고가 분열되어 있다는 것은 진리——개인적인 진리(나의 진리라든가, 당신의 진리)가 아닌——일까요? 아닙니다. 사고는 '살아 있는 현재'와 '죽어 있는 내일'로 나뉘어져 있습니다. 나는 언젠가 죽을 것입니다. 그래서 사고는 이렇게 말합니다. '너는 죽을 것이다.' '너는 두려워할 것이다.' 그리고 사고는 이렇게도 말합니다. '그것은 대단히 훌륭한 즐거움이었다. 그것을 더욱 가져야만 한다.' '그 과거의 경험은 무서웠다. 그것이 두 번 다시 일어나지 않도록 주의하자.' 요컨대 사고는 공포와 고통과 쾌락을 만들어 내고 있습니다. 사고는 분열되어 있습니다. 당신이 깨닫든 깨닫지 못하든 이것은 진리입니다. 자아, 사고가 단편화를 가져오기 때문에 분열이 계속된다는 것을 알게 된 당신은 어떻게 하시겠습니까?

질문 : 사고는 그 자신을 분열시켜버리는 것일까요, 아니면 그것이 우리가 사용해야 할 사고의 길일까요?

크리슈나무르티 : '우리들'이란 누구입니까? 분열되어 있는 사고를 사용하고 있는 '나'란 누구입니까? 결론짓지 말고 내 말에 귀를 기울여 주십시오. 우리는 생활비를 벌어야 합니다. 그리고 그러기 위해서는 반드시 사고를 사용해야 합니다. 집으로 돌아가 사고는 '나의

가정', '나의 책임'이라고 말하기도 하고 또는 '나는 섹스를 퍽 좋아한다', '아내가 도망친다면 매우 쓸쓸할 것이다'고 말하기도 합니다. 사고는 '선생'·'제자'·'성공'과 같은 단편을 만들어내면서 언제나 활동하고 있습니다. 사고가 '공포'나 '분쟁'과 같은 단편화를 가져오는 것을 알게 된 당신은 어떻게 하시겠습니까? 단편화에는 '어떠한 평화도 없다'라는 의미가 들어 있습니다. 여러분은 평화에 대하여 말하기도 하고 평화를 약속해주는 단체에 가입하고 있을지도 모르겠습니다만 사고에 의한 단편화가 있는 한, 평화 같은 것은 있을 수 없습니다. 이런 사실에 직면할 때 무엇이 일어날까요?

질문 : 나는 사고와 자신을 동일화하고 있습니다.

크리슈나무르티 : 사고와 동일화하고 있는 '나'란 누구입니까? 사고가 '나'를 만드는 것이 아닐까요? 나의 경험, 나의 지식, 나의 성공인 '나'는 모두 사고의 산물입니다. 예컨대 당신이 그것을 '고귀한 자아'나 '하느님'이라고 불렀다 하더라도 그 역시 사고인 것입니다. 결국 하느님에 대한 사고를 가지고 있다는 것뿐입니다. 자아, 어떻게 하시겠습니까?

질문 : 사고가 정지되어야 합니다.

크리슈나무르티 : 어떻게 말입니까? 예컨대 차를 운전한다든가 어떤 기계적인 일을 할 때에는 사고는 활동해야 합니다. 당신은 사고는 모두 정지되어야 한다고 말했지만 그렇게 되면 생활비를 벌지 못하게 되고 집으로 돌아갈 수도 없으며 말할 수도 없게 됩니다. 여러분도 자신을 관찰하며 이것을 발견하고 배우도록 하십시오! 사고는 사용하지 않으면 안 되며 스스로 단편화를 초래한다는 것도 깨달아

야 합니다. 자아, 사고는 어떻게 해야 좋을까요?

질문 : 우리는 수없이 토론했지만 결국 이 문제로 되돌아온 것 같은데요. 그것은 대답할 수 있는 질문입니까?

크리슈나무르티 : 우리는 발견하려 하고 있습니다.

질문 : 저는 두렵습니다. 왜냐하면 그 종말을 알고 있기 때문입니다.

크리슈나무르티 : 어떻게 하면 좋을지 모르겠다는 것을 알고 난 뒤에도 여전히 당신은 배울 생각입니까?

질문 : 될 수 있으면.

크리슈나무르티 : 왜 "될 수 있으면"이라고 말합니까? 나는 될 수 있느냐 없느냐를 물은 것이 아니고 "배울 생각이 있느냐"하고 물었습니다. 배운다는 것은 어떤 의미일까요? 호기심을 말하는 것일까요? 적당히 동의하지 마십시오. 당신은 열심히 정열적으로 배우고 있습니까? 왜냐하면 이것이 우리의 문제를 '모두' 풀어줄지 모르기 때문입니다. 그렇기 때문에 '발견하자' 라는 열성·호기심·정열이 필요합니다. 당신은 어떻습니까? 혹시 '좀 기다리고 있자. 지금까지는 한 가지 결론으로 움직이고 있었지만 이번에는 다른 결론을 만들어서 그에 따라 행동 해보도록 하자' 라고 생각하고 있지는 않습니까?

만일 배우고 싶다면 호기심과 정열과 에너지 이 세 가지가 절대로 필요합니다. 그 에너지가 우리에게 발견하고 배우고 싶어하는 열의를 부여하는 것입니다. 당신은 그 세 가지를 가지고 있습니까? 그렇지 않으면 적당히 말하고 싶을 뿐입니까?

질문 : 오로지 한 곳만을 지향해야 한다는 말입니까?

크리슈나무르티 : 아니오. 배움이란 한 곳만을 지향하는 것이 아닙니다. '배움'에는 '배우고 싶다. 발견하고 싶다'는 의미가 포함되어 있습니다. 그것은 아이들이 "저 산은 무엇으로 이루어져 있을까?" 하고 묻는 것과 같습니다.

질문 : 나는 점점 배움에만 집착할 것 같은데요.

크리슈나무르티 : 왜 당신은 나의 말을 당신의 말로 바꾸어 놓습니까? 우리에게는 많은 에너지와 발견하기 위한 호기심과 끈기가 필요합니다. 그러나 그것은 몇 분 동안만 호기심을 가지고 있다가 "유감이지만 아주 피곤하고 지루하다. 밖에 나가서 담배를 피우고 싶다"고 말하며 배우지 않게 되는 것을 말하는 것은 아닙니다.

질문 : 나에게는 확신이 필요합니다. 나는 나에게 확신이 있는지 없는지를 모르기 때문에 두렵습니다.

크리슈나무르티 : 당신은 만일 그것이 자신의 삶을 확실히 보장해준다면 배우겠다는 말이군요.

질문 : 그 단편화가 나에게 안정감을 주기 때문에 나에게는 그러한 환각이 필요합니다.

크리슈나무르티 : 그렇기 때문에 당신은 그것에 동의하면서 결국

자신의 안전을 방해하고 있는 것입니다! 나는 두렵다. 따라서 배우고 싶지 않다. 이것이 바로 당신이 행하고 있는 일입니다. 즉 당신은 "나는 책을 쓰고 있는 것이 매우 행복하다는 것을 알았다. 내가 단편적으로 움직이고 있다는 것은 알고 있지만 그 책은 나에게 명성과 돈과 지위를 가져다준다. 집에 불이 났다는 말과 같은 것으로 나를 방해하지 말라"고 하는 것과 같습니다!

앞서 말하던 것을 계속하도록 합시다. 사고는 필요하지만 단편화의 원인이기도 하니 어떻게 하면 좋을까요? 사고는 어떻게 활동하고 있으며 또한 어떻게 활동하지 않으면 안 될까요?

사고는 단편화의 원인이며 따라서 모든 결론도 단편적입니다. "나는 안전해야 한다. 불확실한 것이 두렵다"는 이 점을 잘 깨달아주십시오. 추구하고 있는 것과 같은 육체적인 안전을 제공할 수 있는 생활방법이 있을지도 모릅니다. 또한 심리적인 자유를 줄 수 있는 생활방법이 있을지도 모릅니다. 그리고 그런 자유가 완전한 육체적 자유를 가져다줄지도 모르지만 여러분은 그것을 모르고 있습니다. 그래서 우리는 배우고 있는 것입니다.

살기 위해서는 사고가 활동해야 하지만 그 사고가 단편화의 원인이라면 사고는 어떻게 해야 할까요? 내 질문을 아시겠습니까? 만일 모르겠다면 그 문제 자체를 나와 함께 탐구해보도록 합시다. 여기에서 집으로 돌아가기 위하여, 돈을 벌기 위하여, 직장에 가서 착실히 일하기 위하여 우리는 사고를 사용하지 않으면 안 됩니다. 그러나 우리는 사고 자체가 단편적이라는 것과 갈등의 원인이라는 것을 깨닫고 있습니다. 사고가 활동해야 한다는 것도 알고 있습니다. 그리고 사고 자체가 단편화를 가져온다는 것도 알고 있습니다.

질문 : 단편화를 관찰하면 정말로 단편적인 것이 결합됩니까?

크리슈나무르티 : 아니오. 그것은 결합이 아닙니다. 단편을 연결해서 전체를 만들어 낼 수는 없습니다. 많은 차바퀴의 축이 차바퀴를 만들고 있는 것은 아닙니다. 이것은 축만 가지고 차바퀴를 만들려는 것과 같습니다.

질문 : 단편화는 바라지 않지만 사고를 사용하지 않으면 안될 때 우리는 단편화를 가져오는 사고의 버릇을 깨달을 수 있을까요?

크리슈나무르티 : 사고가 단편화를 가져오는 과정 전체를 참으로 깨닫게 되면 지금까지와는 전혀 다른 특질이 나타납니다. 당신은 그것을 말하고 있습니까? 당신은 지금 그런 상태에 있습니까? 주의깊게 차근차근 해나가도록 합시다. 사고는 반드시 필요합니다. 그리고 스스로 단편화나 갈등이나 공포, 그리고 이 세상의 모든 슬픔을 만들어내고 있다는 것을 사고는 깨달아야 합니다. 지적한 바와 같이 사고는 그 전체 과정을 깨달아야 합니다. 자아, 무엇이 일어나는지 살펴보십시오. 사고가 단편화의 근원입니다. 그러므로 사고는 그 자신이 어떻게 단편화를 초래하는지를 차츰 깨달아갈 때 사고는 그 자신을 이것저것으로 분열시켜 갑니다.

질문 : 우리는 사고를 사용해야 합니다. 그리고 단편화의 원인이 되는 사고의 종류도 의식해야 합니다.

크리슈나무르티 : 차근차근 해나갑시다. 그 '의식한다' 란 어떤 의미일까요?

질문 : 깨닫는다는 것입니다.

크리슈나무르티 : 그 '깨닫는다'라는 것은 어떤 의미입니까? 당신은 기계적으로 그 상태를 깨닫고 있지 않습니까? 왜냐하면 당신은 전에 그 말을 듣고 지성적으로 그것을 이해했으며 그리고 그 말을 응용해볼 의지와 깨닫기 위한 지성적 결론에 동의할 수도 있기 때문입니다. 이 점에 주의해 주십시오. '틀린다'고는 말하지 마십시오. 당신은 결론에 동의하고 있습니까? 그렇지 않으면 그저 보고 있습니까?

질문 : 당신이 질문하고 있는 점을 당신은 진정으로 질문하고 있습니까? 왜냐하면 만일 의문이 한 가지 점에 있다면 그것은 또 다른 단편화가 아닐까 생각되기 때문입니다.

크리슈나무르티 : 질문하는 것이 단편화의 시작이라고 저 부인이 시사해주었습니다.

질문 : 만일 그렇다면 이 탐구 전체는 무엇일까요? 어떤 효과가 있을까요?

크리슈나무르티 : 설명하지요. 당신은 이 점에까지 와서 질문을 했습니다. 그리고 저 부인은 "질문을 하고 있는 것은 누구인가?"라고 말했습니다. 자아, 그 질문을 하고 있는 것은 사고일까요? 만일 그렇다면 그것 역시 단편화입니다. 당신이 배우고 있지 않기 때문에 내가 질문을 하며 발견하려고 하는 것입니다.

사고가 어떻게 단편적이었는가──사고는 활동을 해야 하지만 단편성도 깨달아야 합니다──하는 정경(情景)이 내 머릿속에 떠오릅니다. 즉 나의 마음은 그것을 대단히 잘 깨닫고 있습니다. 정말 그것을 깨닫고 있다면 이미 의문은 없는 것입니다. 어떠한 결론도 '그것을 해결하고 싶다. 초월하고 싶다'는 욕구가 없다면 그것을 알 수가 있습니다. 사고의 전체 메커니즘——그 활동상태, 그 전체의 이면에 있는 것——을 깨달았을 때에만 우리는 문제를 해결할 수 있습니다. 그리고 그때는 언제나 비단편적——전체적——인 행동을 취하게 됩니다. 예컨대 일을 하고 있을 때에도 사고 전체를 알고 있으면 그 행동도 전체적이게 됩니다. 그렇지 않으면 당신은 '직장'・'가족'・'당신'・'나'로 분열하게 됩니다. 당신은 자신의 사고 전체를 깨닫고 있습니까?

질문 : 선생님, 당신의 말씀은 사회에서 활동하면서도 이중성이 없는 생활을 할 수 있다는 것입니까?

크리슈나무르티 : 나는 그것을 당신에게 보여 주고 있습니다. 사고의 일부분이 아니라 그 전체의 메커니즘과 성질의 구조와 움직임을 여러분이 깨닫고 있는지 어떤지를 나는 보여 주고 있는 것입니다.

질문 : 당신은 어떻게 해서 그렇게 빨리 배울 수가 있습니까?

크리슈나무르티 : '지금' 귀를 기울임에 의해서. 당신은 '달성하자'라는 욕구를 또 가졌습니다! 즉 당신은 전혀 배우고 있지 않습니다. 당신의 눈도 귀도 어디엔가 고정되어 있습니다.
사고 전체를 깨닫고 있습니까? 여러분은 이것을 깨달아야 합니다. 왜냐하면 그렇지 않으면 여러분의 공포와 고통——예컨대 전쟁같은 것——속에서 살아가게 될 것이기 때문입니다. 그러므로 부디 이것을 깨달아 주십시오. 나는 여러분에게 친구로서 이렇게 말하고 있는데 왜 그렇게 하지 않는 것입니까? 무엇이 방해를 하고 있습니까? 야심입니까? 게으름입니까? 여러분이 갖고 있는 많은 결론들이 그렇

게 하고 있습니까? 이것에 대답하려고 하는 것은 누구일까요?

　질문(1) : 왜 대답을 합니까? 그저 그것을 하는 것만으로 족합니다.
　질문(2) : 나는 지금까지 나 자신이 결론짓고 있다는 것을 알았습니다만 그 타성으로부터 빠져나갈 수가 없습니다.
　질문(3) : 대체 어떻게 하면 안심할 수 있을까요?

　크리슈나무르티 : 그것은 모두 똑같이 낡은 질문입니다. 어떻게 하면 안심하고 살아갈 수 있을까요? 대답해 주십시오. 이것은 인류의 영원한 문제입니다.

　질문 : 어제나 작년이 아니라 '지금' 살고 있다는 것을 보다 더 깨닫는다는 것이 중요한 일이라고 생각합니다. 우리는 과거에 사는 것과 미래를 꿈꾸는 데 거의 모든 주의를 빼앗기고 있습니다.

　크리슈나무르티 : 당신은 현재에 살 수 있습니까? 즉 시간이 없는 생활을 할 수 있습니까?

　질문 : 나는 육체적으로는 살아 있습니다.

　크리슈나무르티 : 나는 "인간이 현재에 살 수 있는가?" 하고 물었습니다. 당신은 시간도 과거도 미래도 성공도 야심도 전혀 없는 현재에 살 수 있습니까?

　질문 : 아주 조금은. (웃음) 그러나 무엇인가, 예컨대 집을 지을 때에는 반드시 설계도가 필요하겠지요.

크리슈나무르티 : 물론입니다. 집을 짓기 위해서 건축가는 우선 그 것을 설계해야 합니다. 그러면 청부인(請負人)이 그 설계도에 따라 집을 짓습니다. 이와 같이 우리도 설계도를 원하고 있습니다. 즉 나에게 설계도를 주는 건축가가 있고, 나는 그 설계도대로 행동한다는 말입니다.

질문 : 나는 그와 같은 것을 말한 것이 아닙니다. 내가 말한 것은 우리는 콘크리트로 된 튼튼한 집을 짓고 싶어한다는 것입니다. 즉 우리는 확실한 것을 계획하지 않으면 안 된다는 말입니다.

크리슈나무르티 : 그러기 위해서는 사고를 사용해야 합니다.

질문 : 그러므로 우리는 현재에만 살 수는 없는 것입니다.

크리슈나무르티 : 나는 그렇게는 말하지 않았습니다. 당신이 정말로 이 의문을 주의깊게 관찰한다면 "어떻게 현재에 살면 좋을까?"라고는 결코 묻지 않을 것입니다. 사고의 성질과 구조를 명백히 안다면 사고를 사용하면서도 모든 사고로부터 언제나 자유로운 마음의 상태로 활동할 수 있다는 것을 알게 될 것입니다. 그것이야말로 진정한 명상입니다.

마음은 기지(既知)의 것——이것은 사고의 산물입니다——으로 꽉 차 있습니다. 마음은 과거의 지식, 과거의 경험, 그리고 기억한 것 모두——이것은 두뇌의 일부입니다——즉 '알아버린 것'으로 차 있습니다. 기지의 것을 미래나 현재의 표현으로 바꾸었다고 해도 그것 역시 기지의 것에서 오는 것입니다. '과거를 알고 있다', '모르고 있다', '알게 될 것이다'라고 분할하고 있는 것도 이 기지의 것입니다. '이것을 하라. 저것은 하지 마라', '이것은 확실한 것을 줄 것이다. 저것은 무엇을 줄지 알 수 없다'라고 기억의 저장고에서 과거가 말합니다.

　마음 전체 속에──거기에는 두뇌도 포함됩니다──기지의 것이 들어가 있지 않다면, 언제나 미지(未知)──기지로부터 자유로워진 마음──속에서 행동하면서 필요한 때에 기지의 것을 사용하게 될 것입니다. 여러분, 그것은 일어나는 것입니다. 그것은 생각하는 것처럼 어려운 것이 아닙니다. 사람들은 의문이 있으면 하루나 이틀쯤 생각하다가 피곤을 느끼고 무엇을 해야 할지 모르며 잠을 잡니다. 그리고 다음날 아침 민감해지면 그 해답을 발견합니다. 즉 그것은 유리한 것, 좋은 결과를 가져올 것, 자기에게 확실한 것을 갖다줄 것이라는 견지에서, 요컨대 기지의 견지──사고──에서 그 문제의 해답을 찾으려고 모든 사고를 조사하다가 결국 '피곤하다'고 사고가 말하는 것입니다. 그리고 다음날 아침 그 해답을 발견하게 됩니다. 결국 그것은 당신이 자신의 마음을 조사하고 나서──사고를 있는 범위 내에서 한껏 사용하고 나서──그것을 그만두고 전혀 새로운 것을 발견하게 되었다는 것을 의미합니다. 그러나 만일 당신이 결론에서 결론──기지의 것──으로 언제까지나 사고를 조사하고 있다면 당신은 아무것도 새로운 것을 발견하지 못할 것입니다.

　이것은 엄청난 내면적인 지각──질서 있는 내면적인 감각──을 요구합니다.

　질문 : 무엇인가 그 절차가 될 만한 방법은 없을까요?

　크리슈나무르티 : 내가 여기에서 일어나서 산보를 하고 계단을 내려가는 데 방법이 있을까요? 나는 그저 일어나서 자연스럽게 그렇게 했을 뿐이며 처음부터 방법을 만들어 가지고 그것을 따른 것은 아닙니다. 나는 그것을 알고 있습니다. 어떤 일을 하는 데 있어서도 방

법을 가져서는 안 됩니다.

   질문 : 당신은 정말로 과거의 인상(印象)의 창고를 텅 비울 수가 있습니까?

   크리슈나무르티 : 그것은 틀린 질문입니다. 왜냐하면 "당신은 정말로 할 수 있는가?"라고 말했기 때문입니다. '당신'이란 누구를 말하는 것입니까? '정말로'란 어떤 의미입니까? 그것은 '그것이 가능한가?'라는 뜻입니다.
   여러분, 우리는 결코 지금까지 불가능한 의문을 제기하지 않았습니다. 우리는 언제나 '무엇이 가능한가?'라는 의문만을 제기해 왔습니다. 불가능한 의문을 제기했을 때에는 불가능하다는 견지에서——무엇이 가능한가라는 견지에서가 아니고——그 마음이 해답을 발견해야 합니다. 모든 과학적인 위대한 발견은 이 '불가능'이라는 것에 기초하고 있습니다. 전에는 달나라에 가는 것이 불가능했습니다. "그것은 가능하다"고 말해 버리면 그것으로 끝납니다. 그러나 불가능했기 때문에 30만 명이나 되는 사람들이 낮과 밤을 가리지 않고 협력하며 그들의 마음을 그 일에 쏟음으로써 달나라에 가게 된 것입니다. 그러나 우리는 지금까지 불가능한 의문을 제기하지 않았습니다. 그 불가능한 의문이란 이것입니다. '마음은 그 자신의 기지의 것을 텅 비울 수 있는가?' 그러나 그것은 마음 자신이 하는 것이며 당신이 마음을 텅 비게 하는 것은 아닙니다. 이것이 불가능한 의문입니다. 그러나 아주 열심히 그리고 진지하게 정열적으로 이 의문을 제기한다면 여러분은 발견하게 될 것입니다. 그러나 '아, 그것은 가능한 일이다'라고 생각하는 사람은 나갈 길이 막혀 버릴 것입니다.

1970년 8월 5일

제5장 의식의 활동

의식과 무의식의 경계선은 무엇인가? 분열과 단편화의 부분은 진실인가? 누가 무의식에 대하여 '알고자' 하는가? 단편화의 과장으로서의 신경증, 꿈.

크리슈나무르티 : 그러면 오늘 아침에는 의식 깊숙히 있는 것에 대하여 이야기해 보도록 합시다. 여러분들이 이 문제를 탐구해본 일이 있는지, 또는 그에 관해 단지 분석가나 철학자의 말을 받아들이고 있는지 나는 모르겠습니다. 오늘 이 문제를 깊이 탐구하게 되면——그렇게 하기를 나는 바랍니다—— 중요한 근본적인 문제 한두 가지는 반드시 해결하게 될 것입니다. 사람은 의식의 전체 내용을 스스로 발견하고 탐구하며 배워야 합니다. 왜 사람들은 의식과 무의식으로 나누는 것일까요? 그것은 분석가나 심리학자나 철학자들이 만들어 낸 인공적인 분열일까요? 정말 분열 같은 것이 있을까요? 만일 의식의 전체구조와 성질을 탐구할 생각이라면 그것을 탐구하려고 하는 것은 누구일까요? 그것은 수많은 단편 중의 하나의 단편일까요, 아니면 의식을 관찰하고 있는 것 모두를 초월한 실체(實體)나 매체(媒體)일까요? 이 의식적인 마음——일상적으로 작용하고 있는 마음—— 은 깊이 잠들어 있는 무의식의 내용을 관찰할 수 있을까요? 의식의 경계선은 무엇일까요? 그 한계는 무엇일까요?

  이것은 대단히 진지한 문제입니다. 이것을 이해하게 되면 대부분의 인간문제는 해결될 수 있다고 나는 생각합니다. 그러나 이것은 2주일쯤 취미로 피상적으로 공부하다가 다시금 보통 생활로 돌아가는 것처럼 다룰 문제가 아닙니다. 이것을 깊이 탐구하는 것 자체가 삶입니다. 이해되었다고 해서 그것으로 끝나는 것이 아닙니다. 의식의 전체 내용과 의식의 한계에 언제나 관심을 가지고 있는 사람만이 이것을 이해할 수 있습니다. 이것은 농담이 아닙니다. 이것은 당신의 전체 생활이며 사명이며 소명이라야 합니다. 왜냐하면 우리는 '인간의 마음' 전체를 배우고 그 저쪽에 있는 것을 깨달으면서 그 본래의 깊은 곳까지 탐구하고 있기 때문이며, 여러분이 나의 의견을 따른다든가 그 표면만을 건드려본다든가 이해한 것을 생각한다든가 하면서 탐구하고 있는 것이 아니기 때문입니다. 그리고 이것은 책이나 남에게서 배울 문제가 아닙니다. 이것은 책에서 얻은 지식을 외워 가지고 그것을 응용할 문제도 아니라는 것을 깨달아 주십시오. 그런 것은 가치가 없습니다. 그것은 2차원적인 것입니다. 이 문제를 그저 단순하게 지적으로나 또는 정신적으로나 감정적으로 장난삼아 다룬다면 그것은 삶에 아무런 의미도 주지 못할 것입니다. 우리가 관심을 갖고 있는 것은 마음이 모든 규제로부터 자유로워질 수 있는 마음──개인의 전체 구조──의 근본적 혁명에 대해서입니다. 따라서 그렇게 하기 위해서 우리는 교육받는다든가 궤변을 늘어놓는다든가 해서는 안 됩니다. 우리는 참으로 성숙하고 속이 깊은 인간이 되어야 합니다.

 될 수 있으면 오늘 아침에는 의식 속 깊이 있는 것을 배우며 많은 층, 혹은 한 층을 관찰하면서 의식의 내용을 우리 스스로 발견해 보도록 하려 합니다. 즉 그 내용이 의식을 만들고 있는지, 혹은 한계 지어진 의식 속에 '존재하는 것'이 포함되어 있는지를 발견해 보도록 하려 합니다. 의식은 의식의 내용에 의하여 만들어지는 것일까요? 혹은 이 모든 것이 그 내용 속에 존재하는 것일까요? 이와 같은 두 가지의 차이점을 이해하시겠습니까? 나 역시 서서히 탐구하고 있으니 여러분도 서서히 해나가도록 하십시오. "다시 한 번 말해 주십시오"라는 말을 하지 말아주십시오. 나는 그렇게 할 수 없으니까요.
　우선 왜 의식과 무의식(심층심리) 사이에 분열이 있는 것일까요? 이 분열을 깨닫고 있습니까? 생활상에 많은 분열이 있기 때문에 이런 분열이 있는 것일까요? 어느 쪽일까요? 의식의 활동은 분열된 활동일까요? 그리고 심층심리는 그 스스로 활동하고 있을까요? 또는 그 모든 활동은 분열되지 않은 것일까요? 발견한다는 것은 대단히 중요한 일입니다. 왜냐하면 우리는 사회의 요구나 우리 자신의 충동이나 적극성 같은 것에 의하여 의식적인 마음을 기르고 훈련하며 교육하고 억압하며 왜곡시켜왔기 때문입니다. 그러면 그 무의식은 교육을 받지 못한 것일까요? 우리는 표면적인 심리를 교육해왔습니다만 심층심리에 대해서는 어떨까요? 심층심리는 전혀 교육을 받지 못한 것일까요?
　심층심리 속에는 새로운 것을 발견할 수 있는 원천과 수단이 있을지도 모릅니다. 왜냐하면 표층심리는 점점 기계화되면서 조건지어지고 같은 일을 반복하면서 모방적으로 되어 있기 때문에 그 바람〔風〕을 발견한다든가 그 바람에 맞서서 행동한다든가 그 바람을 타고 난다든가 그 바람에 몸을 맡긴다든가 하는 자유가 없어졌기 때문입니다. 그러므로 교육받지도 않고 속박되어 있지도 않으며 순수하고 참으로 근본적인 심층심리 속에는 무엇인가 새로운 것의 원천이 있을지도 모릅니다.
　여러분도 이런 것을 느껴보았는지 혹은 발견했는지 모르겠습니다. 기계적으로 될 정도로 표면적인 마음은 조건지어져 있는 것일까요? 만일 내가 힌두교도——혹은 기독교도——라면 나는 힌두교도——혹은 기독교도——로서 행동하게 됩니다. 그러면 그 깊숙한 곳에는 교육을 받지 않은 심리가 있을까요? 아니면 심층 심리도 교육을 받고 있으며, 결국 의식의 전체 내용은 기계적인 것일까요?

질문 : 선생님, 어떻게 하면 무의식을 알 수 있을까요?

크리슈나무르티 : 그러면 시작해 보도록 합시다. '안다(to know)'라는 말의 의미는 무엇일까요? 우리는 단지 이론적으로만이 아니라 주의깊게 탐구해야 합니다. 당신이 말하는 '알고 싶다'란 어떤 의미입니까?

질문 : 그에 관하여 어떠한 경험도 하고 있지 않다는 의미입니다.

크리슈나무르티 : 그 말 한 가지만을 따져보도록 합시다. 다른 말은 개입시키지 마십시오. '안다'는 것은 어떤 의미입니까? 당신은 어떤 의미로 그 말을 사용하고 있습니까? "어제 일어난 일을 나는 알고 있다"──지식이란 모두 과거가 아닐까요? 부디 동의는 하지 마십시오. 그저 관찰해 ──깨달아── 주십시오. 나는 어제 당신을 만났으므로 당신에 대해 알고 있습니다. 그러나 나는 당신이 무엇인가 말을 하고 있을 때에만 만나보았기 때문에 당신의 모든 것과 만난 것은 아닙니다. 즉 '알고 있다'는 것은 어떤 특정한 시점만을 의미하는 것입니다. 따라서 지식이란 언제나 과거만을 의미합니다. "나는 저기에 떠 있는 것이 비행기라는 것을 알고 있다"고 했을 때 분명히 그 시점에 비행기는 나타나 있지만 그것이 비행기라는 지식은 과거의 것입니다. 그러면 어떻게 하면 표면적인 마음이 그 심층심리를 배울 수 있을까요? 어떻게 하면 표면적인 마음이 또 다른 것을 배울 수 있을까요?

질문 : 표면적인 마음을 그대로 놓아두면 그 심층을 배울 수 있습니다.

크리슈나무르티 : 심층심리를 배우고 있는 무엇이 있다는 말입니까? 당신은 그것을 배우는 것이 있다고 가정하고 있습니다만 그러면 당신은 정말로 의식적인 마음의 활동을 깨닫고 있습니까? '어떻게 그것이 어색하게 움직이고 있는가? 그 반응은 무엇인가? 의식적인 마음에 대한 지각은 있는가?' ─ 이것을 발견하기란 대단히 어려운 일입니다. 그것의 완전한 움직임을 마음이 주의깊게 관찰해야 합니다. 여러분은 '무의식'에도 여러 가지 종류가 있다고 합니다만 그것은 전문가들의 말이 아닙니까? '어떻게 하면 표면적인 마음이 또 다른 것을 탐구할 수 있을까?' 라는 의문은 우리가 의식을 심층심리와 나눌 때 일어나는 것입니다. 그러나 만일 거기에 어떠한 분열도 없다면 당신은 총체적인 움직임 속에서 움직이고 있는 것만을 깨닫게 될 것입니다. "무의식의 내용이란 무엇일까?"하고 묻는 것은 그 단편적인 움직임인 것입니다. 만일 당신의 움직임이 전체적이라면 당신은 그와 같은 의문을 가지지 않을 것입니다. 나의 설명이 여러분에게 잘 전달되었는지 모르겠군요. 말로만이 아니라 정말로 확실하게 파악해 주십시오.

당신이 의식을 단편화하는 순간 그 단편 중 하나가 '다른 단편은 무엇일까?' 라고 말합니다. 그러나 그것이 전체적인 움직임이라면 단편화 같은 것은 없기 때문에 의문이 생기지 않습니다. 이것을 발견하는 것은 정말 중요한 일입니다. 그렇게 되면 당신은 모든 전문가를 초월하게 될 것입니다. 당신은 전체로서 의식을 보고 있습니까, 아니면 다른 여러 가지 단편을 조사하고 있는 하나의 단편으로서 보고 있습니까? 당신은 그것을 부분적으로 보고 있습니까, 아니면 흐르는 물과 같이 전체적인 흐름으로 보고 있습니까? 강둑을 따라서 파놓은 개울을 강이라고 불러도 그것은 강이 아닙니다. 강에는 전체적인 흐름이 있습니다. 그러면 그 흐름은 무엇일까요? 단편화없이 관찰하려면 얼마나 좋을까요?

질문 : 질문해도 좋습니까? 당신은 무의식적인 마음에 대하여 말씀하셨는데 과연 무의식적인 마음 같은 것이 있을까요? 우리는 의식에 대해서는 말할 수 있지만 무의식이라면 있는지 없는지 말할 수 없습니다. 그러므로 의식과 무의식의 정의를 말씀해 주셨으면 좋겠습니다. 즉 내 질문은 '우리는 지금 무의식적일까요?' 라는 것입니다.

크리슈나무르티 : 그 문제는 오늘 이야기하는 중에서 처음에 나왔었습니다. 즉 우리는 의식의 경계선을 깨닫고 있는 것일까요, 혹은 의식을 구성하고 있는 많은 단편을 깨닫고 있을까요? 하나의 단편이 다른 여러 가지 단편을 깨달을 수 있을까요, 혹은 어떠한 분열도 없이 의식의 모든 움직임을 깨닫고 있을까요?

질문 : 그 양쪽 모두 의식입니다. 우리는 자기 자신을 지성적으로 분할하고 있습니다.

크리슈나무르티 : 우리는 분석하고 있는 것이 아닙니다. 분석하는 데는 분석자와 분석되는 것이 있습니다. 거기에는 분석의 권위를 휘두르며 다른 부분을 조사하고 있는 하나의 단편이 있게 됩니다. 즉, 이 분열 가운데서 의식과 무의식이 일어나게 됩니다. 그래서 우리에게 '의식적인 마음은 무의식을 조사할 수 있을까?' 라는 의문이 일어나게 되는 것입니다. 즉 의식적인 마음은 그 나머지 부분으로부터 분리되어 있다는 것을 뜻합니다. 사람들은 그 잘못된 의문의 해답을 여러 가지 꿈이나 암시를 가지고 찾아낼 수 있다고 생각하고 있습니다. '표면적인 마음은 다른 부분과 분리되어 있다'는 잘못된 가정으로부터 모든 것이 비롯된 것입니다. 그 때문에 우리는 지금까지 의식의 움직임을 전체로 본다든가 느낀다든가 배운다든가 할 수가 없

었던 것입니다. 만일 당신이 그런 가정을 갖지 않는다면 그런 의문은 결코 생기지 않을 것입니다.

질문 : 분명히 많은 사람들이 그 근본을 모르고 신경증에 시달리고 있습니다. 그러면 그것은 무의식 안에 있는 것일까요?

크리슈나무르티 : 당신은 신경증에 시달리고 있습니까? 이것은 진지한 질문입니다. 당신은 자신이 여러 가지 형태의 신경증에 걸려 있다는 것을 깨닫고 있습니까?

질문 : 신경증인지 아닌지는 대체 누가 정하는 것입니까?

크리슈나무르티 : 당신은 자신이 신경증에 걸려 있는지를 모르고 있습니까? 아무도 당신을 신경증에 걸렸다고 말하지 않았습니까? 부디 물어보십시오. 예컨대 그것이 어떤 것이든 단편이 과장되면 그 사람은 신경증에 걸리게 됩니다. 당신이 고도로 지성적일 때에는——그것이 아무리 존경할 만한 지성일지라도——그것은 신경증의 형태를 취하고 있습니다. 그것이 기독교든 불교든 공산주의든 특정한 신앙(신념)에 집착하는 것은 신경증의 형태를 취하고 있습니다. 그것을 잘 관찰해 주십시오. 서둘지 맙시다. 당신의 의문에 주의를 집중해 주십시오. 어떠한 공포나 융합도 신경증의 형태를 취하며 자기와 타인과의 어떠한 비교도 신경증적인 것입니다. 당신은 그렇게 하고 있지 않습니까?

질문 : 그렇습니다.

크리슈나무르티 : 그러므로 당신은 신경증에 걸려 있는 것입니

다. (웃음) 아니, 여러분, 이것은 대단히 진지한 문제입니다. 우리는 이 일로부터 어떤 것을 배웠습니다. 그것은 앞서부터 사용하고 있는 의미에서의 '의식 전체'——그 안에 여러 가지 단편이 들어 있습니다——로부터 하나의 단편을 과장——강조—— 하는 것은 반드시 신경증의 상태라는 것입니다. 여러분도 이것을 명심해 주십시오. 시간이 걸리더라도 확실히 느껴주십시오. 이것을 자기 자신에게 적용시켜 보십시오. 그러면 다음의 문제를 알게 될 것입니다.

우리는 의식을 분열시켜 왔습니다. 그 분열 속에 '지성적'이라든가 '감정적'이라든가 하는 여러 가지 단편화가 있으며 그 분열의 강조가 신경증인 것입니다. 즉 하나의 단편을 강조하고 있는 마음은 명확하게 사물을 볼 수 없습니다. 따라서 하나의 단편을 강조하는 것은 투쟁을 초래합니다. 나는 여러분 자신 속에 단편화가 있는지 없는지를 여러분 스스로 관찰해 보도록 부탁드립니다. 다른 단편을 경시하고 하나의 일——그 결과, 그 문제——을 강조하고 있는 단편은 투쟁이나 혼란을 초래합니다. 그 이유는 각 단편이 각자의 표현이나 강조를 요구하기 때문에 하나만 강조하면 다른 단편들이 떠들어대기 때문입니다. 이렇게 떠들어대는 것이 혼란이며 그 혼란으로부터 여러 가지 신경증적인 충동——'만족하고 싶다', '무엇인가 되고 싶다', '성취하고 싶다'는 등의 온갖 요구——이 일어나는 것입니다.

질문 : 가끔 고민이 명확하지 않을 때가 있습니다. 예컨대 어떤 광장에 가는 것이 싫다고 해도 그것은 명백히 그 광장이 무서워서가 아닙니다. 혼자 있는 것을 두려워한다 해도 그것은 공포를 일으키는 무엇인가가 무의식 속에 있어서 그런 것인지도 모릅니다.

크리슈나무르티 : 그렇습니다. 신경증이란 하나의 징후에 불과합니다. 그 원인은 무의식 속에 있을지도 모릅니다. 확실히 그럴지도 모

르겠습니다. 그러면 문제는 무엇입니까?

질문 : 그것이 신경증이란 말입니다.

크리슈나무르티 : 우리가 전체의 구조를 이해한다면 그 특정한 것을 탐구할 수 있습니다. 그러나 이 특정한 것으로부터 시작한다면 아무 결과도 나오지 않을 것입니다. 여러분은 하나의 단편을 강조하는 것이 신경증이라는 것을 이해하시겠습니까? 대부분의 사람들이 많은 단편 중 한 면에 강조점을 두기 때문에 지성적인 것, 감정적인 것, 육체적인 것, 정신 신체 의학적인 것 등이 있는 것입니다. 그리고 그 과장(부조화)으로부터 또 다른 부조화의 요소가 나타나는 것입니다. 예를 들면 그것은 "어릴 때 어머니가 적절하게 길러주지 않아서 나는 길을 건널 수 없다. 혹은 어두운 곳이 두렵다"고 하는 것과 같은 것입니다. 그러나 문제는 왜 길을 건널 수 없는가 하는 것이 아니라 '의식의 단편화를 이해하며 분석하지 않고 해답을 얻는 데' 있는 것입니다. 이것을 이해하면 길을 건너는 것과 같은 문제는 사라져버립니다. 여러분은 스스로를 탐구하고 있습니까? 그 위대함·전체성·무한성을 알게 되면 어떠한 작은 것도 사라져 버리고 맙니다. 그와 반대로 그 작은 것을 계속 강조하게 되면 그것이 그 자신의 작은 문제를 초래하게 됩니다.

질문 : 그런데 당신의 '의식 전체를 본다' 라는 말 중에서 '본다' 라는 것은 어떤 의미입니까? 예를 들어 그것은 어떻게 해서 알게 되었는지는 모르지만 아무튼 알고 있다는 의미입니까?

크리슈나무르티 : 아니오. 주목해 보십시오. 저 강물이 흐르는 것을 전체적으로 들어보십시오. 아무 생각도 하지 마십시오. 저 물소리만

들으십시오. 그리고 자기가 어떤 방향으로의 움직임도 없이 완전하게 듣고 있는지 아닌지를 발견하십시오. 자아, 어떻습니까?

질문 : 어디에도 인식이 없습니다.

크리슈나무르티 : 그렇습니다. 아무 데도 인식이 없습니다. 즉 다음과 같이 말해서는 안 됩니다. "내가 듣고 있는 것은 흐름이다", "나는 흐름을 듣고 있는 실체다", "지금은 소리를 듣고 있을 뿐이다", "그것이 강물이라는 것을 알고 있다" 등등. 그러면 이야기를 되돌립시다. 자아, 더욱 탐구해 보도록 합시다.

질문 : 단편화의 강조는 신경증의 본질인가요, 그렇지 않으면 그것의 징후인가요?

크리슈나무르티 : 그것은 그것의 본질이기도 하고 징후이기도 합니다.

질문 : 지성적이라는 것은 그 징후인 동시에 본질이기도 합니까?

크리슈나무르티 : 그렇지 않단 말입니까? 들어보십시오. "나는 자신의 지적 재능을 강조합니다. 나는 토론으로 여러 사람을 이길 수 있습니다. 나는 많은 책을 읽었기 때문에 그 여러 가지 책을 관련시켜서 굉장히 지적인 책을 쓸 수 있습니다. 나는 이것을 훌륭한 일이라고 생각합니다." 자아, 이것이 나의 신경증의 징후이며 참된 원인이 아니겠습니까?

질문 : 그것은 우리를 깊은 곳에서 방해하고 있는 것의 징후 같은

데요.

크리슈나무르티 : 그럴까요? 당신은 그것이 원인이 아니라 징후라고 말했습니다. 어디, 잘 관찰해 봅시다. 당신의 마음은 분열되어 있지 않고 전체적입니까? 만일 그렇다면 그 원인과 결과는 같은 것이 아닐까요? 보아주십시오. 과거의 원인이 결과가 되어서 다음의 움직임의 원인이 됩니다. 즉 원인과 결과 사이에는 어떤 한정된 경계가 없는 것입니다. 어제의 원인이 결과가 되고 오늘의 결과가 내일의 원인이 됩니다. 그것은 흐름입니다. 그것은 사슬〔鎖〕입니다.

질문 : 그러나 그것은 원인과 결과라고 하기보다는 오히려 그 전체의 과정을 보기 위한 실체가 아닐까요?

크리슈나무르티 : 지금 우리가 하고 있는 것이 바로 그것입니다. 그러나 만일 당신이 그 지성·감정·육체·정신 같은 것을 강조한다면 그것은 불가능해집니다.
 따라서 문제는——이것은 최초에 나왔던 문제이기도 합니다만——'왜 우리는 마음을 분열시키고 있는가?' 하는 것입니다. 그것은 인간이 만들어낸 것일까요, 아니면 본래부터 필요한 것일까요? 우리가 지금까지 간단하게 받아들여왔던 것은 전문가가 발견한 것이 아닐까요? 우리는 "위인은 이렇게 말했다"고 그대로 받아들이고 그것을 반복하고 있습니다. 그러나 우리가 그 단편화와 강조를 깨달을 때——거기에서 나타나는 원인과 결과의 모든 사슬이 신경증이라는 것을 깨달을 때——마음은 분열이 없이 그 움직임 전체를 깨닫게 될 것입니다. 아시겠습니까?

질문 : 그 단편과의 동일화가 전혀 없을 때.

크리슈나무르티 : 그렇습니다. 만일 당신이 하나의 단편과 자기를 동일화했다고 하더라도 그것은 똑같은 과정입니다. 즉 한 가지에만 동일화하고 그 밖의 것은 무시하고 있는 상태가 신경증이며 모순인 것입니다. 그러므로 다음 문제는 '그 밖의 단편과 자기 자신을 동일화할 수 있을까?' 하는 것입니다. 당신은 다른 여러 가지 단편과 동일화하고 있는 '하나의 단편'인 것입니다. 당신은 우리가 '동일화'라는 것에 휘둘리고 있다는 것을 깨달았습니까?

질문 : 그것을 알게 되는 것은 내가 하나의 단편과 동일화하고 나서부터입니다. 왜냐하면 그때 비로소 나는 자유롭게 불만을 느끼게 되고…….

크리슈나무르티 : 그렇습니다. 당신은 자신에게 불만을 느끼기 때문에 다른 여러 가지 단편과 자신을 동일화하려고 하는 것입니다. 그렇다면 그 여러 가지 단편과 그 자신을 동일화하려는 실체는 누구일까요? 그것도 하나의 단편입니다. 그러므로 이것은 트릭(술책)인 것입니다. 아시겠습니까? 그리고 우리는 언제나 '나는 나 자신과 동일화해야 한다'고 생각하고 있습니다.

질문 : 그러나 보다 완전하게 되기 위해서라면 여러 가지 단편과 자기를 동일화해도 좋지 않을까요?

크리슈나무르티 : 아니, 그렇지 않습니다. 다시 한 번 설명하겠습니다. '나'라는 여러 가지 단편이 있습니다. 그리고 그 중의 하나가 말합니다. "하나의 단편과의 동일화는 혼란을 가져온다. 그러니 다른 여러 가지 단편과 동일화하자"라고. 그리고 그것은 그 자신을 여

러 가지 단편과 동일화하기 위하여 굉장히 노력을 합니다. 그러면 다른 여러 가지 단편과 그 자신을 동일화하려고 하는 것은 누구일까요? 그것도 단편이 아닐까요? 즉 그것은 그 스스로 게임(유희)을 하고 있을 뿐입니다. 이것은 아주 간단한 것입니다. 자아, 계속해 봅시다. 여기에 많은 것이 있고 우리는 그저 그 표면에 머물러 있을 뿐입니다.

우리는 어떠한 분열도 실제로는 없다는 것을 깨닫고 있습니다. 나는 말하지 않더라도 그것을 깨닫고 있습니다. 다른 여러 가지 단편으로부터 그 자신을 분리하고 있는 단편이 '관찰자'로서 관찰하고 있는 것을 나는 느끼고 있습니다. 그 관찰에는 '관찰자'와 '관찰되는 것'이라는 분열과 모순과 혼란이 있습니다. 이 단편화와 그 자신을 분리하는 것이 쓸데없다는 것을 깨달을 때 마음은 비로소 전체적인 그 움직임을 깨닫게 됩니다. 만일 당신이 그것을 깨닫지 못한다면 다음의 의문을 가질 수 없게 될 것입니다. 그것은 '의식을 초월하는 것은 무엇인가?'라는 의문입니다. 의식을 초월하는 것이든 그 옆에 있는 것이든 그 위에 있는 것이든 그 표현은 각자의 자유입니다.

당신이 참으로 진지하다면 의식이 무엇인가를 발견해야 합니다. 그리고 의식하고 있다는 것을 언제 깨닫는가를 발견해야 합니다. 내 질문을 이해하시겠습니까? 내가 하고 있는 일은 이것뿐입니다! 여러분은 그 모든 것을 배워야 합니다. 그리고 배우고 있을 때의 당신은 다른 사람들의 배움을 돕게도 됩니다. 부디 지금 배워주십시오. 그것이 당신의 소명입니다. 우리는 '의식'이라고 불리는 것에 대하여 묻고 있습니다. 언제 "의식하고 있다"고 말할까요?

질문 : 그것은 사고(思考)가 있을 때입니다.

크리슈나무르티 : 가깝군요.

질문 : 이중성이 있을 때입니다.

크리슈나무르티 : 어떤 의미입니까? 이번에는 멀어지기 시작합니다.

질문 : 단편화 안에 있을 때입니다.

크리슈나무르티 : 의식하고 있다는 것을 언제 깨닫는가 하는 것이 그처럼 어렵습니까?

질문 : 고통받고 있을 때입니다.

크리슈나무르티 : 저 부인이 고통받고 있을 때 —— 전쟁이 일어났을 때, 문제를 가지고 있을 때, 저항하고 있을 때 —— 가 의식적인 때라고 제시해 주었습니다. 그런 것이 없다면 우리는 순조롭고 평화롭게 그리고 조화 있게 흘러갈 것입니다. 모순이 없이 살고 있을 때 여러분은 의식하고 있습니까? 아주 행복할 때 당신은 의식하고 있습니까?

질문 : 네.

크리슈나무르티 : '네'라니요?

질문 : '의식하고 있다'란 어떤 의미입니까?

크리슈나무르티 : 나에게 묻지 말고 발견해 보십시오. 당신은 자신이 행복하다고 의식하는 순간 행복합니까? "나는 얼마나 즐거운가"라고 말하는 순간 그것은 이미 그 사람으로부터 멀어져가고 있습니다. 당신에게도 그런 경험이 있습니까?

질문 : 그때 그 사람은 그것에 대하여 의식하고 있습니다.

크리슈나무르티 : '그것에 대하여'란 과거입니다. 즉 당신은 단지 과거에 일어났던 일에 대해서나 또는 어떤 투쟁이나 고통──당신이 혼란되어 있다는 참된 지각──이 있을 때에만 의식하게 됩니다. 이렇게 흐름을 방해하는 것은 모두 의식하게 만듭니다. 그리고 우리 생활 전체는 우리가 그에 저항하는 방해물인 것입니다. 인생에 불일치가 없다면 "나는 의식하고 있다"고 말하겠습니까? 어떠한 마찰도 저항도 투쟁도 없이 걸어다닐 수 있고 살아갈 수 있을 때는 "나는"하고 말하지 않습니다. "나는 이렇게 되고 싶다"든가 "나는 살아 있다"고 말할 때 당신은 의식하고 있는 것입니다.

질문 : 당신이 지금 그것에 대해 말하고 있는 상태는 나무와 동일화하고 있는 상태가 …….

크리슈나무르티 : 아니오, 나는 동일화에 대하여 설명했습니다. 나는 나무를 볼 때 그것을 여성이나 교회와 혼동하지 않습니다. 그것은 나무입니다. 그것은 동일화라는 의미가 아닙니다. 우리는 어떤 것을 발견하고 배웠습니다. 그것은 "'무엇인가 되어 보자'라는 마음이 있을 때 의식이 있다. '무엇인가 되고 싶다'는 것은 '투쟁'을 의미한다. 즉 그것은 마음이 '이다(to be)'라는 말에 사로잡혀 있는 한, 투쟁은 계속된다는 의미입니다."── 부디 이 점을 깨달아 주십시

오. 우리의 문명은 모두 '이다'라는 말에 기초하고 있습니다. '나는 성공할 것이다', '나는 실패했다', '나는 성취하지 않으면 안 된다', '이 책은 내 것이다'——이런 것들이 세계를 변화시키고 있습니다. 아시겠습니까? '무엇인가 되자'라는 움직임이 있는 한, 투쟁이 있게 되며 마음은 그 투쟁에 의하여 그 자신이 의식하고 있다는 것을 깨닫게 되는 것입니다. 마음은 말합니다. '나는 잘 되지 않으면 안 된다.' 그러나 이것은 '나는 잘 되고 싶다'와는 다른 것입니다. '좋은 사람이다'로 된다는 것은 하나의 저항의 형태입니다. '이다'와 '무엇인가로 된다'는 같은 것입니다.

질문 : 사람은 투쟁을 의식할 수가 있을까요?

크리슈나무르티 : 물론이지요. 그렇지 않은 사람은 의식하고 싶지 않은 사람입니다.

질문 : 우리는 자기가 투쟁중에 있다는 것을 깨닫지 못할 정도로 그 투쟁에 사로잡혀 있는 것은 아닐까요?

크리슈나무르티 : 물론 그것은 신경증의 한 형태입니다. 이 가운데 정신병원에 갔던 사람은 없습니까? 나는 환자로서는 아니지만 정신분석가에게 갔던 일은 있습니다. 난폭한 환자는 가장 높은 층의 감방에 있었고 다소간 온순한 환자는 아래층의 감방에 있었습니다. 그러나 그들은 모두 싸움——병적으로 과장된 싸움——속에서 살고 있었습니다. 아시겠습니까? 그들은 그저 병원 안에 있을 뿐이고 우리는 밖에 있을 뿐이라는 것입니다.

질문 : 나는 의식과 지각을 구별하려고 하고 있습니다.

크리슈나무르티 : 양쪽 모두 같습니다. 지각한다는 것은 '분열의 지각'이라는 의미입니다. 분열이나 선택이 없이 지각한다는 것은 '무엇인가 된다는 것'이나 '…… 이라는 것'의 움직임에 사로잡혀 있지 않다는 것입니다. 아시겠습니까? "세계에 공헌해서 유명해지고 싶다", "정치가가 되고 싶다"——즉 의식의 활동은 모두 '무엇인가 된다는 것'과 '이다'라는 것입니다. 당신이 이 단편화를 본다면, 즉 의식의 활동을 전체로서 본다면 그 움직임은 '무엇인가 된다는 것'과 '이다'에 기인하고 있음을 알게 될 것입니다. 여러분은 나에게 동의하지 않고 배웠습니다.

그리하여 또 다른 의문을 가지게 됩니다. 그것은 "'무엇인가 된다는 것'과 '이다'와 같은 움직임을 초월한 것은 무엇인가?"라는 것입니다. 여러분은 그런 의문을 가지지 않았습니다만 나는 가졌습니다. 나의 의문을 아시겠습니까? 나는 의식이라는 문제를 분석과 철학적 견지에서 관찰하고 '무엇인가 된다는 것'과 '이다'에 의하여 분열이 이루어지게 되었다는 것을 깨달았습니다. 예를 들면 그것은 이런 것과 같습니다. "나는 힌두교도가 되고 싶다. 왜냐하면 그것은 나에게 물리적 성공뿐 아니라 정신적인 달성을 약속해주기 때문이다. 만일 그것을 거부한다면 그것은 내가 무엇인가 다른 사람이 되어야 한다고 생각하고 있기 때문에, 즉 나는 '나 자신으로 있자'——자기 자신과 자기 자신을 동일화하자——라고 생각하고 있기 때문인 것입니다. 그러나 그것은 동일한 상태입니다." 그래서 나는 관찰하며 깨닫습니다. "의식의 전체적 움직임은 '이다', '무엇인가로 된다는 것' '…… 이 아니라는 것', '무엇인가로 되지 않은 것'이라는 것이다." 자아, 나는 이런 것을 어떻게 깨닫고 있는 것일까요? 나는 나 자신의 밖에서 이런 것을 깨달았을까요? '무엇인가로 되는 것'이나 '무엇인가로 되지 않는 것' 등을 관찰하고 있는 '나'라는 중심이 없이 나는 그것을 깨닫고 있는 것일까요? 내 질문을 이해하시겠습니까? 모르시는 것 같군요.

 모든 의식이 이렇게 움직이고 있다는 것을 나는 깨달았습니다. 그러면 "그것을 깨달았다"고 말할 때의 나는 벽에 걸린 그림을 보는 것과 같이 내 바깥에서 그것을 깨달았을까요, 아니면 '나'의 일부──'나'의 참된 실체──가 그 움직임을 깨달았을까요? 하나의 중심에서 나는 그 움직임을 깨닫고 있는 것일까요, 아니면 중심이 없이 깨닫고 있는 것일까요? 만일 하나의 중심에서 그것을 깨닫고 있다면 그 중심은 단편화의 참된 원천, 자아, 즉 '나'인 것입니다. 따라서 중심에 관찰자가 있을 때에는 그 움직임을 하나의 단편, 자기로부터 분리된 것──이해하지 않으면 안되는 것, 포착하지 않으면 안되는 것, 싸우지 않으면 안되는 것──으로 관찰하고 있을 뿐인 것입니다. 그러나 중심이 없다면── 즉 '나'가 없다면──그리고 그 모든 움직임을 그저 관찰만 하고 있다면 그 관찰은 다음의 의문을 유도하게 됩니다. 자아, 당신은 어느 쪽입니까?

 이것은 집단요법이 아닙니다. 주말 유희도 아니며 '어떻게 하면 민감해지는가?', '어떻게 창조성을 배울 것인가?' 하는 것을 남에게서 배우려고 하는 것도 아닙니다. 그러므로 그 모든 것들을 버려주십시오. 이것은 몹시 어렵기 때문에 깊이 탐구해야 합니다. 자아, 여러분은 어떻게 관찰하고 있습니까? 이것을 이해하지 못하면 그 사람의 생활은 고문을 받는 것과 같고 마치 전쟁터와 같게 됩니다. 사람은 그 전쟁터에서 계속 고독함에도 불구하고 대포를 사용하고 싶어하며 친구들을 그곳으로 데려가고 싶어합니다. 우리는 오래 전부터 이런 장난을 해왔습니다! 따라서 참으로 진지한 사람은 이 문제에 대답해야 합니다. 조금 전에 우리가 깨달은 바와 같이 당신은 국외자로서──관찰하고 있는 대상과는 관계가 없는 입장에서──그 의식의 전체적 움직임을 관찰하고 있습니까? 당신은 중심이 없이 관찰하고 있습니까? 의식의 움직이는 형태를 관찰했을 때 무엇이 일어납니까?

그러면 좀 다른 이야기를 해보도록 합시다. 여러분은 모두 대단히 많은 꿈을 꾸고 있지 않습니까? 그 이유를 생각해본 일이 있습니까? 나는 어떻게 꿈을 해석하고 있는가를 묻고 있는 것은 아닙니다. 우리가 지금 문제로 하고 있는 것은 '왜 우리는 꿈을 꾸는가?' 하는 것입니다.

질문 : 그것은 우리가 혼란해 있기 때문입니다.

크리슈나무르티 : 아니, 그렇게 서둘지 말고 차근차근 보아주십시오. 왜 꿈을 꾸는 것일까요? 그리고 다음 문제는 '전혀 꿈꾸지 않는 수면(睡眠)이 있을까?' 하는 것입니다. "있다"와 같은 대답은 하지 말아주십시오.

여러분은 모두 꿈을 꿉니다. 그 꿈은 무엇입니까? 왜 꿈을 꿀까요? 저번 날에도 말한 바와 같이 꿈이란 낮의 활동——상징화되어 여러 가지 부류의 나누어진 것——이 연속된 움직임이며 그것들은 같은 움직임입니다. 틀립니까? 찬성하든가 반대하지 말고 발견해 주십시오. 이것은 명백합니다. 꿈이 낮의 행위의 연속된 움직임이라면 언제나 활동——떠들어대고 있는 것——하고 있는 두뇌에 대체 무엇이 일어날까요?

질문 : 그것은 쉬지 않고 활동하고 있습니다.

크리슈나무르티 : 그것에게 무엇이 일어납니까?

질문 : 그것은 소모되고 낡아집니다.

크리슈나무르티 : 그것은 어떤 새로운 것도 깨닫지 못한 채 그 자신을 쉬지 않고 소모시킵니다. 두뇌는 그 자신을 젊어지게 할 수 없습니다. 즉, 이 모든 것은 낮과 연속된 활동의 움직임이 있으면 수면중에도 그것이 머릿속에서 활동하고 있다는 의미입니다. 당신은 수면중에 조금 민감해져서 미래에 일어날 일을 예감할지도 모르지만 그것도 역시 같은 움직임입니다. 그러면 하루종일 계속되는 이와 같은 움직임을 어떻게 하면 종식시킬 수 있을까요? 잘 때 그것이 계속되지 않게 할 수 있을까요? 즉 '당신이 침대 속에 들어갔을 때 모든 것이 끝날 수 있는가?' 하는 것입니다. 아직 나의 질문에 대답하지 마십시오. 우리는 좀더 탐구해야 합니다.

당신은 잘 때 그날 일어난 일을 생각하지 않습니까? 혹은 침대 속에 들어가면 곧 잠들어버립니까? 당신은 그날의 일을 되새기면서 "이렇게 했더라면 좋았을 것을", "저렇게 한 것은 잘못이었다"고 말하지 않습니까? 그리고 이런저런 것의 의미를 자신에게 물어보지 않습니까? 주의를 기울여 주십시오. 여러분은 질서를 가져오고 있습니다. 두뇌에는 질서가 필요합니다. 그렇지 않으면 능률적인 활동을 할 수 없기 때문입니다. 낮의 활동이 수면중에도 계속된다면——즉 꿈을 꾼다면——거기에는 질서가 없게 됩니다. 두뇌가 질서를 요구할 때 그것은 본능적으로 수면중에 질서를 가져옵니다. 일어났을 때 당신이 조금은 신선함을 느끼게 되는 것은 당신이 조금은 질서를 갖고 있기 때문입니다. 어떤 투쟁이나 무질서가 있을 때 두뇌는 능률적으로 활동할 수 없습니다.

질문 : 그러나 그것과는 다른 종류의 교류가 행해지는 꿈도 있지 않습니까?

크리슈나무르티 : 들어주십시오. 우선 질서를 이해해 주십시오. 낮의 생활활동은 수면중에도 계속됩니다. 왜냐하면 모순·무질서·부조화가 낮의 활동중에 있기 때문입니다. 수면중에 꿈이나 그 밖의 것에 의하여 두뇌는 그 자신의 혼란 속으로 질서를 가져오려고 합니다. 만일 낮에 질서를 가져왔다면 두뇌는 수면중에 질서를 가져올 필요가 없게 됩니다. 이 점의 중요성을 이해해 주십시오. 질서를 가져올 필요가 없게 되면 두뇌는 휴식을 취하고 조용해지며 활동적이고 신선해집니다. 사람은 문제에 부딪히게 되면 고민하여 하루종일 그 일을 계속 생각하다가 수면중에도 그것을 계속하고 다음날 아침에 일어났을 때에도 그 고민으로 피로해지며 또 하루종일 생각을 계속합니다. 그것은 마치 뼈를 물어뜯는 개와 같습니다. 나는 여러분이 그런 자신을 깨닫고 있는지 어떤지는 모르겠습니다. 여러분은 낮이나 밤이나 두뇌가 닳아 없어질 때까지 내내 그러한 상태에 있습니다. 그리고 아마 그것이 닳아서 낡게 되었을 때 여러분들은 신선한 것을 깨닫게 될 것입니다.

우리는 지금까지와는 전혀 다른 것에 대하여 이야기를 하려 하고 있습니다. 그것은 '문제가 일어났을 때 그것을 해결하는 일'에 대하여서입니다. 즉 다음 순간이나 다음날로 그 문제를 미루지 말고 즉시 해결하십시오! 누군가가 당신을 모욕하거나 상처를 입혔을 때 즉시 해결하십시오! 당신이 누구에게 속았다든가 싫은 소리를 들었을 때 그것을 관찰하십시오. 그 무거운 짐을 지속시키지 마십시오. 싫은 소리를 들을 때는 듣고 나서가 아니라 듣는 즉시 그것을 해결하십시오.

무질서는 두뇌의 신경증적 상태를 말하는 것으로 그것은 어떤 정신상태가 만들어지면 정지됩니다. '질서'에는 '문제가 생겼을 때 즉시 해결한다'라는 의미가 포함되어 있습니다. 만일 당신이 그렇게 한다면 낮에 한창 활동하고 있을 때 모든 것을 해결하고 있기 때문에 수면중에는 그 활동이 정지되며 꿈도 꾸지 않게 될 것입니다. 이것은 대단히 중요한 것입니다. 이런 중요성을 알게 된 사람은 '그 모든 것을 초월한 것은 대체 무엇인가?'라는 의문을 갖게 될 수 있습니다. 그러나 그 문제는 내일로 미룹시다.

1970년 8월 7일

제6장 중심이 없는 마음

> 단편적인 의식에서 비롯된 행동은 언제나 혼란을 초래한다. 의식의 구조는 내용에 지배받는가, 혹은 그로부터 자유로운가? 중심이 없는 공간은 무엇인가?

크리슈나무르티 : 오늘은 어제 이야기하다 만 '의식의 성질과 구조'에 대하여 계속 이야기해 보도록 합시다. 우리는 인간의 마음, 즉 사회에 근본적인 변화가 있을 수 있겠는가 하는 것을 생각해 보아야겠습니다. 그리고 우리는 의식이 자연스럽게 그리고 완전하게 변화할 가능성이 있는지 없는지를 발견하기 위하여 깊이 탐구해야겠습니다. 왜냐하면 우리의 행위──그것이 표면적이든 심층적인 것이든 또한 진지한 것이든 가벼운 것이든──그 모든 것은 의식으로부터 나온 것이기 때문입니다. 그리고 그 의식 속에 여러 가지 단편이 있어서 각 단편이 기회 있을 때마다 지배권을 주장하고 있다는 것도 이야기했었습니다. 이 '의식의 내용'과 '그 내용을 초월할 가능성'을 이해하지 못하면, 자기의 의식의 단편적 성질을 이해하지 못하면 우리의 어떠한 행위도──그것이 아무리 의의 있는 행위라 해도──혼란을 가져올 것입니다. 이것은 중요한 일이라 생각합니다. 예를 들면 그것은 '지성'・'신앙'・'육체' 같은 하나의 단편에다 많은 주의를 기울이는 것과 같습니다. 모든 행위의 근원인──우리의 의식을 구성하고 있는──이들 단편은 반드시 모순과 고통을 초래합니다. 최소한 말로써만이라도 이것을 이해하시겠습니까? '이들 단편을 모두 한데 모아서 통합하지 않으면 안 되겠다'고 스스로 다짐해도

아무런 의미가 없습니다. 왜냐하면 '누가 그것을 통합할 것인가?'라는 것과 '통합하는 노력', 이 두 가지 문제 때문입니다. 즉 단편화되어 있지 않은 마음으로 모든 단편화를 보는 방법이 반드시 있어야만 합니다. 그것에 대하여 오늘 아침에는 이야기하도록 합시다.

나는 나 자신의 마음──두뇌, 모든 생리적 신경반응, 의식 전체──이 내가 살고 있는 문명에 의하여 단편화되고 있는 것을 깨달았습니다. 그 문명은 '과거의 세대'와 '미래의 세대'에 의하여 만들어지고 있습니다. 따라서 어떠한 행위──또는 하나의 단편의 강조──도 필연적으로 혼란을 초래합니다. '사회활동'·'신앙'·'지적 개념'·'이상 사회' 그 어느 하나를 강조해도 반드시 모순이 일어나고 혼란이 초래되게 됩니다. 아시겠습니까?

그래서 사람은 묻습니다. "단편적이 아닌 행위, 즉 다음 순간에 일어나는 행위와 모순되지 않는 행위가 있을까?"라고.

사고가 의식의 특별한 부분에서 활동하고 있는 것을 우리는 깨닫고 있습니다. 과거의 반응도 우리의 모든 감각과 신경반응도 미래의 희망도 공포와 쾌락과 슬픔도 모두가 사고입니다. 그러면 그 의식의 내용이 의식의 구조를 만들고 있는 것일까요? 혹은 의식은 그 내용으로부터 자유로운 것일까요?

만일 의식이 자기의 욕구·걱정·공포·쾌락·희망·죄의식 그리고 과거의 여러 가지 경험으로 이루어진 것이라면 그 모든 행위──그것은 의식에서 나온다──는 결코 그 한정된 의식으로부터 자유로워질 수 없습니다. 동의하지 마십시오. 당신들은 학생이 아닙니다! 나와 그것을 공유하여 주십시오. 즉 스스로 자신 속에 있는 그것을 관찰하십시오. 그렇게 될 때 우리는 계속 나아갈 수 있습니다. 내가 이야기하는 것은 그것을 약간 소개하는 데 불과합니다.

나의 의식은 내가 살고 있는 문명의 결과입니다. 이 문명은 여러 가지 행동·쾌락·공포·희망·신념 등을 장려하기도 하고 좌절시키기도 합니다. 그 의식이 '나'입니다. 그 의식에서 나오는 행위는 모두 조건지어져 있고 단편적이며 모순되고 혼란되어 있습니다. 당신이 태어난 나라가 공산주의 국가든 사회주의 국가든 카톨릭 국가든 그 문명 속에서 태어난 '당신'이라는 특정한 마음(두뇌)은 그의 문명과 표준과 가치, 그리고 그 사회의 요구로 조건지어져 있습니다. 그렇기 때문에 그 행위——그것은 의식에서 나온다——는 모두 단편적인 것입니다. 아직 질문하지 마십시오. 당신 자신을 관찰해 주십시오. 우선 내가 해야 할 말을 들어주십시오. 그 안에 당신의 의문이나 사고를 개입시키지 마십시오. 조용히 듣고 난 다음에 의문을 가지고 "맞다"든가 "틀렸다"든가를 말해주십시오. 그러나 만일 지금 마음속에 의문을 계속 갖고 있다면 당신은 내 말을 듣고 있지 않은 것입니다. 그렇게 되면 우리의 대화는 정지되고 공유할 수 없게 됩니다. 그리고 우리가 탐구하고 있는 것은 대단히 복잡하고 미묘한 문제이므로 우선 들어주십시오.

　우리는 의식을 발견하려고 하고 있습니다. 의식 안에 있는 여러 가지가 의식을 만들고 있는 것일까요, 아니면 그 여러 가지 내용에 속박되지 않은 자유로운 것이 의식일까요? 만일 의식이 그 내용으로부터 자유롭다면 그 행위는 내용물의 지시를 받지 않는 자유로운 것일 것입니다. 그러나 그 내용으로부터 자유롭지 못하다면 그 내용이 당신의 모든 행위를 지시하게 될 것입니다. 이것은 간단한 것입니다. 자아, 더 배우도록 합시다.

　나는 나 자신을 관찰하고 나 자신이 '과거'·'현재'·'미래의 희망'의 결과라는 것을 깨달았습니다. 의식이 맥동(脈動)하고 있는 성질은 모두 이와 같은 단편화로 이루어진 것입니다. 이런 내용에서 나오는 행위는 모두 단편적이며 거기에는 어떠한 자유도 없습니다.

　그러면 그 의식은 그 자신으로부터 자유로워질 수 있을까요? 그리고 지금까지와는 전혀 다른 행위를 낳을 수 있는 자유로운 의식이 있는지 없는지를 발견할 수 있을까요? 내가 하는 말이 여러분에게 잘 전달되었는지 모르겠군요. 의식의 내용이라는 것은 작은 개구리가 뛰어 돌아다니는 작고 더러운 개천 같은 것입니다. 그 작은 개구리는 "나는 발견할 것이다"라고 말하며 그 자신을 초월하려고 해보아도 그것은 결국 더러운 개천에 있는 개구리에 불과합니다. 그러면 이 더러운 개천은 그 내용을 텅 비울 수 있을까요? 이 더럽고 작은 개천이란 우리가 살고 있는 문명을 말하는 것입니다. 그리고 그 작은 개구리──하찮은 '나'──는 "나는 이곳에서 나가지 않으면 안 된다"라고 말하며 문명에 저항해서 그곳을 탈출했다고 해도 결국 그것은 작은 개구리에 불과하며 또다시 그 자신이 만들어낸 더러운 개천 속으로 들어가게 되는 것입니다. 이 점을 깨달아 주십시오. 무엇에 열중한다든가 무엇을 추진시키는 행위는 모두 그 의식의 내용의 움직임이라는 것을 깨달았습니다. '그러면 마음은 이 한정된 의식을 초월할 수가 있을까?' 이것이 첫번째 문제입니다.

두 번째 문제는 '그 작은 개구리가 들어 있는 개천이 넓어질 수 있다'는 것입니다. 그 개구리가 만들어낸 영역은 어디까지나 특정한 차원 속에 있을 뿐입니다. 그 개구리, 아니 원숭이라고 하는 편이 좋겠지요. 그 원숭이는 많은 지식과 정보와 경험을 얻을 수 있습니다. 그러나 그 지식이나 경험이 그 영역을 넓힌다고 해도 그 원숭이는 언제나 그 영역 안에 있는 것입니다.

즉 의식의 영역은 그 중심에 의하여 한정되어 있는 것입니다. 아무리 의식을 넓혀도 우리가 중심을 갖고 있는 한, 그 의식은 언제나 한정되어 있습니다. 예컨대 그 원숭이가 명상을 한다든가 여러 가지 방법을 흉내낸다고 해도 그 원숭이는 언제나 원숭이일 뿐이기 때문에 원숭이가 자기 자신을 위해서 만든 그 영역도 언제나 한정된 영역 그것일 뿐인 것입니다. 이것이 두 번째 문제입니다.

세 번째 문제는 '중심이 없는 영역이란 무엇인가?' 하는 것입니다.

자아, 발견해 보도록 합시다.

질문 : 한정된 의식이 그 자신을 초월할 수가 있을까요?

크리슈나무르티 : 대단히 활발한 의지와 소망을 가지고 있는 그 원숭이는 조건지어짐으로부터 그 자신을 자유롭게 해서 자기가 만든 의식의 영역을 초월할 수가 있을까요?
다시 말해서 언제나 명상하며 억압하며 추종하면서 움직이고 있는 원숭이, 즉 '나'는 그 자신을 초월할 수 있을까요? 의식의 내용은 그 내용의 한계로부터 '나'──원숭이의 부분적 움직임──를 자유롭게 해줄 수 있을까요? 요컨대 원숭이는 그 자신의 범위를 알기 위하여 완전하게 정적해질 수가 있을까요? 그리하여 결국 그것을 초월할 수 있을까요?

질문 : 그러나 그 중심에는 언제나 원숭이가 있기 때문에 거기에는 공간, 즉 자유로운 공간은 없습니다.

크리슈나무르티 : 당신은 자신이 언제나 중심에서 행동하고 있다는 것을 깨닫고 있습니까? 동기・공포・야심이라는 중심에서 당신은 언제나 행동하고 있지는 않습니까? '당신을 사랑한다', '당신이 밉다', '강하게 되고 싶다'라는 모든 행위는 그 중심으로부터 나옵니다. 사회든 철학이든 그 중심이 동일화하는 것은 모두가 중심인 것입니다. 당신은 언제나 활동하고 있는 그 행위를 깨닫고 있습니까? 중심이 없는 순간이 있습니까? 그것은 당신이 중심없이 관찰하고 살아가며 느끼고 있을 때 갑자기 일어나는 것입니다. 그것은 지금까지와는 전혀 다른 느낌입니다. 그렇게 되면 사고는 이렇게 말합니다. '얼마나 훌륭한 일이었던가. 지금부터라도 내내 그렇게 하고 있었으

면 좋겠다.' 그래서 그것이 중심이 됩니다. 이전에 일어났던 일을 반추하는 것이 사고에 의하여 중심이 됩니다. 우리는 중심이 그 주위에 만들어낸 영역——고독·저항·도피——을 깨닫고 있을까요? 중심이 있는 한, 그것이 만든 영역도 있게 됩니다. 그래서 우리는 '넓게 살기 위해서는 영역의 확대가 필요하다'고 느끼며 그 영역을 넓히려고 합니다. 그러나 의식이 아무리 넓어졌다 해도 거기에는 언제나 중심이 있기 때문에 그 영역은 언제나 한정되어 있습니다. 당신 안에 있는 그것을 관찰해 주십시오. 나에게는 묻지 마십시오. 당신 스스로 그것을 관찰하십시오. 간단하게 발견할 것입니다. 정신적인 갈등은 그 두 개의 중심 사이에서 일어나는 것입니다. 왜냐하면 중심은 각기 확대와 주장과 지배를 하고 싶어하기 때문입니다——두 마리의 원숭이가 움직이고 있는 것입니다!

그래서 나는 그것을 배우고 싶습니다. "아주 분명히 그것을 안다"라고 말하고 있는 마음은 배우고 있는 것입니다. 자아, 중심은 어떻게 해서 나타나는 것일까요? 그것은 사회나 문명의 결과일까요? 또는 그것은 지금까지 언제나 사회나 문명에 의해 감추어졌던 신성한 중심일까요? '신성'이라는 말을 사용하는 것을 용서하십시오. 힌두교도는 그것을 '아트만'이라고 부르며, 또 다른 사람들은 "언제나 숨겨져 있는 '위대한 것'"이라고 부릅니다. 따라서 우리는 진정한 원숭이(진실)가 나타나도록 숨겨져 있는 마음을 자유롭게 해주어야 합니다.

자기가 살고 있는 문명, 자기 자신을 조건지우고 있는 기억이나 경험, 자기 자신의 단편화에 의하여 중심이 만들어지고 있는 것은 명백합니다. 즉 중심을 만들고 있는 것은 사회만이 아니고 중심 스스로도 만들어내고 있습니다. 그러면 그 중심은 자신이 만든 영역을 초월할 수 있을까요? 그 중심 자신을 정적하게 한다든가 통제한다든가 명상한다든가 남을 흉내낸다든가 하는 것에 의하여 그 중심이 폭발하여 그것을 초월할 수 있을까요? 그것은 절대로 불가능합니다. 일정한 형식에 따르면 따를수록——비록 그것이 자유롭게 생각되더라도——그것은 더욱 강하게 그 자신을 고집하게 됩니다. '깨달음'이란 원숭이가 전혀 활동하지 않고 있는 마음의 특질을 말합니다. 그러면 어떻게 하면 원숭이의 활동을 그치게 할 수 있을까요? 모방, 순종, '저 깨달은 사람에게 배우자'와 같은 것들은 모두 원숭이의 트릭(술책)인 것입니다.

'나는 사회개혁을 도울 준비가 되어 있다. 나는 사회적 가치와 충실한 행동과 사회적 정의에 관심이 있다'라는 스스로를 기만하는 속임수를 원숭이는 깨닫고 있을까요? 여러분, 이에 대답해 보십시오. 당신은 원숭이 자신에게 작용하고 있는 것이 속임수라고 생각하지 않습니까? 이것은 아주 간단한 것이며 문제될 것도 없습니다. 잘 모르겠으면 좀더 이야기해 보도록 합시다.

질문 : 당신은 때때로 "남을 위해서 일하는 것이 사회에 봉사하는 것이다"라고 마치 사회를 돕는 것처럼 말씀합니다만 나는 사회와 자신은 별개의 것이라 생각되지 않습니다. 즉 사회에 봉사하는 일이 자기 자신을 위하는 일이 아닌가 생각됩니다. 나는 사회와 자신을 구별하지 않습니다.

크리슈나무르티 : 그러나 만일 당신이 구별하지 않는다면 당신은 개인이 아닙니다——중심은 계속 존재하고 있습니까?

질문 : 아마.

크리슈나무르티 : "아마"가 아닙니다. "아마"라든가, "해야 한다", "하지 말아야 한다" 같은 말은 우리를 공론(空論)적으로 만듭니다.

현실적으로 '나'와 사회가 하나라는 것을 깨달을 때 '나'——원숭이——는 이미 사라진 것일까요?

문제는 원숭이의 움직임이 모두 없어지지 않는 한, 그 움직임은 반드시 단편화·환상·혼란을 유도하게 된다는 것입니다. 간단히 말하면 그 중심이란 '자아'입니다. 그리고 그 자기본위가 언제나 활동하고 있는 것입니다. 당신이 신앙심이 깊든 '나는 사회다'라고 생각하든 그 중심이 소멸되어 있습니까? 그렇지 않다면 의미가 없습니다.

다음 문제는 '어떻게 하면 중심은 소멸될 것인가?' 하는 것입니다. 그것은 결심에 의해서일까요? 의지에 의해서일까요? 훈련에 의해서일까요? 혹은 여러 가지 신경증적 비교에 의해서일까요? 헌신일까요? 동일화일까요? 그러나 그 모든 것도 원숭이의 일부이기 때문에 그 의식의 영역은 여전히 원숭이의 손안에 있는 것입니다. 따라서 거기에는 자유 같은 것은 없습니다.

그리고 마음은 "그것을 확실히 알았다"고 말합니다. 즉 '안다'는 것은 이 마이크를 보고 있는 것같이 아무런 비난도 하지 않으며 그저 관찰하는 지각을 말합니다. 그러면 무엇이 일어날까요? 무엇을 보든가 듣기 위해서는 완전한 주의가 있어야만 합니다. 남의 말을 이해하기 위해서는 나의 모든 주의를 거기에 집중시켜야 합니다. 그러면 그렇게 주의하고 있을 때 원숭이는 활동하고 있을까요? 발견해 보십시오.

당신의 말이 중요한 것인지 쓸데없는 것인지를 알기 위해서 나는 주의하지 않으면 안 됩니다. 즉 주의하기 위해서는 나의 마음도 심장도 신경도 모두 조화되어야 한다는 것입니다. '주의'란 마음이 몸에서 떨어져 있지 않고, 혼도 마음에서 떨어져 있지 않고 완전하게 전체적으로 조화를 이루는 것을 말합니다. 마음은 원숭이의 활동에 대하여 그만큼 완전한 주의를 기울이고 있을까요? 그것을 비난한다든가 좋고 나쁜 것을 구별하지 않으며 그 원숭이의 속임수를 관찰하고 있을까요? 요컨대 그 관찰에는 '분석'이라는 것이 없습니다. 여러분, 이것은 참으로 중요한 문제이므로 다 함께 이야기해 보도록 합시다. 하나의 단편을 분석하는 순간에는 원숭이가 활동하게 됩니다. 그러면 마음은 원숭이의 모든 움직임에 완전히 주의를 기울여 관찰하고 있을까요? 그와 같이 '완전히' 주의를 기울일 때 무엇이 일어날까요? 여러분은 지금 그렇게 하고 있습니까?

'주의한다'는 의미를 아시겠습니까? 비오는 소리를 완전하게 듣고 있을 때에는 그에 대해 아무런 저항도 생기지 않습니다. 그와 같이 듣고 있을 때 원숭이라는 중심의 움직임이 있을까요? 여러분, 나의 말을 기다리지 말고 발견해 보도록 하십시오! 여러분은 '완전히' 주의를 기울이며 듣고 있습니까? 즉 나의 말을 자기의 마음에 맞춰서 번역한다거나 찬성한다거나 반대한다거나 비교하는 일 없이 듣고 있습니까? '완전히 주의한다'는 것은 듣기 위하여 완전하게 마음이 정적해져 있다는 뜻입니다. 여러분은 그렇게 하고 있습니까? 그와 같이 주의를 기울이면서 나의 말을 듣고 있습니까? 만일 그렇다면 거기에 중심이 있습니까?

질문 : 우리는 수동적입니다.

크리슈나무르티 : 지금은 당신이 수동적인가 능동적인가 하는 것이 아니라 당신이 듣고 있는가를 묻고 있습니다. '듣는다'라는 것은 '주의를 기울이고 있다'는 것입니다. 그와 같이 주의를 기울이고 있을 때 원숭이가 활동하고 있을까요? "네"라든가 "아니오"라든가 말하지 말고 발견해 주십시오. 배워주십시오. 원숭이가 속임수를 쓰지 않는—— 즉, 중심이 없는—— '주의'의 특질은 무엇일까요?

질문 : 즉 그것은 사고가 없다는 것입니까?

크리슈나무르티 : 모르겠습니다. "사고가 없다"든가 "공허하다"라는 등의 말로 바꾸지 말고 발견해 주십시오. 그와 같이 완전하게 주의깊은 마음의 특질을 발견할 수 있도록 계속 주의를 기울여 주십시오.

질문 : "마음은 거기에 없다"고 말하는 순간 마음은 거기에 있게 됩니다.

크리슈나무르티 : 아니, "거기에서는 말로 서로 전달하는 일이 없다"고 말할 때 원숭이는 거기에 있는 것입니다. 그러나 나의 질문은 "완전히 주의하고 있을 때 중심이 있는가?"라는 것입니다. 여러분, 이것은 정말 간단한 것입니다.

당신이 대단히 즐거운 것을 보고 웃고 있을 때 중심이 있을까요? 무엇인가 흥미로운 것을 보고 있을 때 거기에 중심—원숭이—이 있을까요? 만일 중심이 없다면 그 주의—그것은 일시적인 주의가 아닙니다——는 노력하지 않고도 자연스럽게 마음 편하게 흐를 수 있을까요? '노력'이란 '원숭이가 활동하고 있다'는 의미입니다. 지금까지 말한 것을 이해하시겠습니까?

무엇인가 해야만 될 기능적인 일이 있을 때에는 반드시 원숭이가 나타나게 됩니다. 그러면 그 원숭이의 움직임은 주의에서 나온 것일까요, 아니면 원숭이와 주의는 분리되어 있는 것일까요? 당신이 회사에 가서 일하고 있는 것은 주의의 움직임입니까, 아니면 원숭이의 연속적인 움직임입니까? '남보다 잘되어야 한다', '좀더 벌어야 한다', '좀더 일을 하지 않으면 안 된다', '위대하게 되지 않으면 안 된다', '경쟁하지 않으면 안 된다' 등의 말은 누가 하고 있습니까?

원숭이가 아닙니까? 자아, 당신의 생활은 어떻습니까? 보다 능률적이고 주의력이 있는 쪽입니까, 그렇지 않으면 원숭이의 움직임과 같은 쪽입니까? 스스로 이에 대답해 보십시오. 만일 원숭이의 움직임이 계속해서 해를 끼치고 있다면 그 해로움을 흔적도 없이 제거할 수 있을까요? 탐구하십시오. 여러분은 이 점의 중요성을 깨닫지 못하고 있습니다.

예컨대 어제 누군가가 나에게 틀린 말을 했다고 합시다. 그러면 그것은 원숭이가 활동하면서 "당신은 거짓말쟁이다!"라고 말한 것일까요, 아니면 "틀린다"라는 진술이 흔적을 남기지 않는——원숭이가 활동하고 있지 않는——'주의의 움직임'일까요? 원숭이가 반응하면 흔적을 남깁니다. 따라서 나는 이렇게 묻습니다. "이 주의는 흐를 수가 있을까?" 이 질문은 "어떻게 하면 주의를 계속할 수 있을까?" 하는 것은 아닙니다. 왜냐하면 그와 같이 질문하는 것은 원숭이이기 때문입니다. 그러나 항상 주의의 움직임이 있으면 마음은 그저 그것과 함께 움직일 뿐입니다.

여러분은 그것에 대해 대답을 해야 합니다. 이것이야말로 참으로 중요한 문제입니다. 우리가 알고 있는 것은 원숭이의 움직임뿐이고 원숭이가 없는 주의 같은 것은 어쩌다가 가질 뿐입니다. 그래서 원숭이는 그 주의력이 탐이 나서 일본이나 인도로 명상하러 갑니다.

그러므로 문제는 '이 주의의 움직임은 우리가 알고 있는 의식과는 전혀 무관계한 것인가?' 하는 것입니다. 분명히 그것은 관계가 없습니다. 그러면 하나의 움직임으로서의 이 주의는 모든 움직임이 흐르는 것처럼 흐를 수가 있을까요? 그리고 원숭이가 활동을 시작하는 순간에 원숭이가 그 자신의 활동을 깨닫고 주의의 흐름을 방해하지 않도록 될 수 있을까요?

나는 어제 저 사람에게 심한 모욕감을 받았습니다. 그리고 원숭이는 그 일에 반응했습니다. 그러나 원숭이는 그 자신——원숭이 자신의 속임수가 깊다는 의미 —— 을 깨닫고 정적해지며 주의가 흐르도록 했습니다. 그러나 그것은 "어떻게 해서 그 흐름을 유지할 것인가?" 하는 말이 아닙니다. 이것은 중요한 것입니다. "나는 그 흐름을 유지해야 한다"고 내가 말하는 순간 그것은 원숭이의 움직임이기 때문입니다. 즉 그 원숭이는 그 자신이 활동하고 있을 때 그것을 민감하게 지각하는 일이 즉시로 그것을 정적하게 한다는 것을 알고 있기 때문입니다.

질문 : 그 주의의 움직임 속에 개인적인 흥미가 없다면 하등의 저항도 에너지의 낭비도 없을 것입니다.

크리슈나무르티 : '주의'라는 것은 '최고의 에너지'라는 말이 아닐까요? 주의하고 있을 때에는 단편이 아니라 모든 에너지가 거기에 있습니다. 에너지가 단편적일 때에 일어나는 행동은 원숭이의 활동입니다. 그리고 배우는 중에 원숭이가 민감하게 될 때 원숭이는 에너지의 낭비를 깨닫고 자연히 조용해집니다. 그것은 '원숭이'와 '주의'와의 분열이 아닙니다. 분열이 있게 되면 '주의'는 '높은 자아'로 되어버립니다. 물론 그것은 원숭이가 만든 속임수입니다만. 주의는 전체적인 움직임입니다. 그것은 주의와 '대립하는' 것이 아닌 전체적인 행위입니다. 불행하게도 원숭이 역시 그 자신의 생활을 가지고 활동하고 있습니다.
그러면 중심이 없을 때 그리고 주의가 완전히 최정점에 있을 때 거기에 무엇이 있을까요? 마음이 아무런 에너지의 낭비도 없이 민감할 때 무엇이 일어날까요? 여러분, 대답해 주십시오. 나는 언제나 이야기만 하고 있을 테니까요!

질문 : 전체적인 침묵이 있고 그 다음에 어떠한 자아의 동일화도

없습니다…….

크리슈나무르티 : 그것은 원숭이의 속임수입니다. 지성과 두뇌뿐만 아니라 당신의 신체에서 무엇이 일어납니까? 내 말을 당신은 배우고 있지 않습니다. 만일 내가 죽으면 당신은 어떻게 배우겠습니까? 요가를 통해서 배울 것입니까? 그러므로 지금 배우십시오. 모든 에너지를 가지고 최고의 경계상태에 있는 마음에 무엇이 일어날까요? 그 지혜의 특질에 무엇이 일어날까요?

질문 : 그것은 깨닫고 있습니다.

크리슈나무르티 : 아니, 당신은 알고 있지 않습니다. 제발 추측하지 말아주십시오.

질문 : 그것은 전체적인 정적입니다.

크리슈나무르티 : 들어주십시오. 지금까지 계속 활동하며 원숭이를 만들어낸 두뇌가 특별히 민감해지지 않았습니까? 모르거든 추측하지 마십시오. 당신이 그와 같이 훌륭한 에너지──신선하며 소모되지 않은──를 갖고 있을 때 당신의 전유기체(육체), 즉 인간구조 모든 것에 무엇이 일어날까요? 나의 질문은 이것입니다.

질문 : 그것은 활동이 시작되어 활발해지고 배우고…….

크리슈나무르티 : 아니, 그것은 배우기 위하여 활발해져야 합니다. 그렇지 않으면 배울 수가 없기 때문입니다. "나는 나의 선입관을 믿고 있다. 나 자신의 선입관을 좋아한다. 나의 조건지어짐은 모두 훌

륭하다"고 말하는 사람은 잠들어 있는 것입니다. 그러나 의문을 가지는 순간 당신은 배우기 시작하며 활동적으로 되어갑니다. 그것은 나 혼자만의 문제가 아닙니다. 여러분의 육체나 두뇌에 무엇이 일어나고 있습니까?

질문 : 거기에는 완전한 상호작용이 있으며 전체적인 지각은 있어도 분열은 없습니다.

크리슈나무르티 : 만일 당신이 에너지를 낭비하고 있지 않다면 두뇌라는 기계에 ──그것은 완전한 기계입니다── 무엇이 일어날까요?

질문 : 활동적입니다.

크리슈나무르티 : 제발 당신 자신을 보아주십시오. 당신의 정신도 육체도 마음도 세포와 입자까지도 당신의 모든 것을 총동원하여 완전하게 주의를 기울이십시오. 그리고 무엇이 일어나는지 깨달아 보십시오.

질문 : 그 순간에 당신은 존재하지 않습니다.

크리슈나무르티 : 그렇습니다. 그러나 내가 아니라 당신의 두뇌에 무엇이 일어났습니까? 중심이 거기에 없는 것은 인정합니다. 그러나 거기에 있는 육체나 두뇌에 무엇이 일어났습니까?

질문 : 그것은 쉬면서 재생합니다.

크리슈나무르티 : 두뇌의 역할은 무엇일까요?

질문 : 질서입니다.

크리슈나무르티 : 제발 내 말을 흉내 내지 마십시오! 두뇌란 무엇일까요? 시간 속에서 발달해온 기억의 창고이며 물질이며 활동적이고 인식도 하고 저항도 하고 생각하기도 하고 안하기도 하며 두려워하기도 하고 불안정한 데도 불구하고 안전을 구하기도 하는 이런 기억의 전체가 두뇌입니다. 그 기억은 어제 것뿐만 아니라 몇 세기에 걸친 기억 · 민족 · 친구 · 전통에 이르는 기억도 있습니다. 그 모든 것이 그곳에 가득 들어 있습니다. 그러면 이와 같이 대단한 것이 주의를 기울이고 있을 때 그 두뇌에 무엇이 일어날까요?

질문 : 그것은 새로운…….

크리슈나무르티 : 나는 조잡한 것은 원하지 않지만 당신의 두뇌는 새롭습니까, 그렇지 않으면 그것은 단순한 당신의 말입니까? 자아, 기계적으로 되어 버린 두뇌에 무엇이 일어날까요? 두뇌는 전혀 기계적으로 그 조건지어짐——배경 · 공포 · 쾌락 등——에 따라서 반응하고 있을 뿐입니다. 에너지의 낭비가 전혀 없을 때 그 기계적인 두뇌에 무엇이 일어날까요?

질문 : 창조적으로 되어서…….

크리슈나무르티 : 이것은 내일로 미루도록 합시다.

1970년 8월 8일

제7장 안   정

> 마음은 질서를 필요로 한다. 마음의 안정성과
> 안전과의 차이. 안정을 위한 추구가 단편화를
> 초래한다. 자신을 이해하는 것은 사고의 움직
> 임을 이해하는 것이다.

   크리슈나무르티 : 우리는 지난 몇 주일 동안 여기에 모여서 우리의 생활에 관한 여러 가지 문제에 대하여 이야기를 나누어 왔습니다. 그리고 우리는 사회와 분리된 실체가 아니며 상호관련된 활동이라는 것도 알았습니다. 사회의 패턴 · 가치 · 도덕의 변혁을 진지하게 생각하고 그것에 열중하고 있는 사람들 중에서 자기 자신의 조건지어짐을 깨닫고 있는 사람은 없습니다. 그 조건지어짐은 행동의 단편화를 낳고, 보다 많은 투쟁과 고통과 혼란을 낳습니다. 그리고 우리는 그 일을 모두 탐구해 왔습니다.
   그리고 우리는 공포란 무엇인가라는 문제와 마음은 표면적으로나 내면적으로 그 무거운 짐으로부터 자유로워질 수 있느냐 없느냐에 대해서도 말해왔습니다. 그리고 '기쁨'과는 완전히 다른 '쾌락'의 성질에 대해서도 말해왔습니다. 그리고 우리의 구조와 존재감을 만들어내고 있는 여러 가지 단편화에 대해서도 탐구했습니다. 그리고 우리는 그 단편화가 모든 인간관계를 분리하고 있는──하나의 단편이 권위를 가장해서 분석자(다른 단편의 검열관)로 되어버리는──것은 알았습니다.
   어제 우리는 의식의 성질에 대해 이야기하면서 '주의'에 대하여 탐구했습니다. 주의란 모든 에너지가 고도로 집중된 상태이며 그 속에는 관찰자도 지각하고 있는 '나'라는 중심도 없다고 말했습니다.

오늘은 마음이 매우 주의가 깊을 때 그 마음——두뇌, 정신 신체적인 모든 것——에 무엇이 일어나는가를 발견해 보도록 합시다. 그것을 명백하게 이해——자기 스스로 그것을 발견——하기 위해서는 우선 '묘사는 묘사되는 것과 다르다'는 것을 깨달아야 합니다. 우리는 이 천막을 묘사할 수는 있습니다만 그 묘사가 이 천막은 아닙니다. 즉 말은 '그 자체'가 아니기 때문에 우선 우리는 '설명은 설명되는 것과 다르다'는 것을 명백히 이해해야 합니다. 묘사나 설명에 사로잡히는 것은 가장 어리석은 생활방법입니다. 그러나 유감스럽게도 거의 모든 사람이 그렇다고 나는 생각하고 있습니다. 우리는 묘사나 설명이나 이유에 만족해서 떠돌고 있습니다. 그러므로 오늘 아침에는 중심——관찰자·검열관——이 없을 때의 마음, 즉 두뇌·정신 신체적 구조에 무엇이 일어나는가를 각자 발견해 보도록 합시다.

단지 나의 묘사에 만족하는 것이 아니고 그것을 이해하기——정말 배우기——위해서는 여러분은 '존재해야 할 것'이나 '존재했던 것'이 아니고 '존재하는 것'을 이해하기 시작해야 합니다.

자아, 여러분, 함께 해보도록 합시다. 함께 배운다는 것은 대단히 즐거운 일입니다. 세계도 우리도 근본적으로 변화하지 않으면 안 됩니다. 우리의 사고나 행동은 완전히 미숙하며 모순되고 악마적으로 되어 버렸습니다. 사람들은 살인기계를 만들어내고 또한 그 기계를 파괴하는 기계를 만들고 있습니다. 사람들은 그런 일만 하고 있습니다. 그러나 정신혁명과 사회혁명 모두에 대하여 진지하게 생각하고 있는 마음은 인간의 문제——의식·절망·공포·야심·걱정·욕구——를 탐구해야 합니다.

그러나 그것을 이해하기 위해서는 '존재하는 것'을 알기 시작해야 합니다. '존재하는 것'이란 당신의 눈앞에 있는 것뿐만 아니라 그것을 초월한 것을 말하기도 합니다. 즉 눈앞에 존재하는 것을 이해하기 위해서는 선입관이나 그것을 초월하고 싶다는 욕구가 방해하지 않는 '그저 관찰하고 있다'라는 맑은 지각이 필요합니다. 그러나 '존재했던 것'도 '존재하는 것'이란 과거입니다. 현재입니다. 미래입니다. 이 점을 알아주십시오. 즉 '존재하는 것'이란 정지한 것이 아니라 유동적인 것입니다. '존재하는 것'의 흐름을 타기 위해서는 맑은 마음—— 선입관이 없는 뒤틀리지 않은 마음——을 가질 필요가 있습니다. 즉 "노력하면 뒤틀린다"라는 것입니다. '존재하는 것'을 바꾸려 한다든가 초월하려고 한다든가 억압하려고 한다든가 하는 마음은 '존재하는 것'을 알고 그것을 초월한다든가 하지 않습니다.

'존재하는 것'을 관찰하기 위해서는 에너지가 필요합니다. 사물을 주의깊게 관찰하는 데도 에너지가 필요합니다. 여러분의 말을 듣기 위해서 나는 진지하게 또한 목숨을 걸고 들을 수 있는 에너지를 가질 필요가 있습니다. 그러나 내가 그 말에 흥미가 없고 적당히 듣고 있을 뿐이라면 거기에는 곧 사라져 버릴 것 같은 약간의 에너지로도 충분합니다. '존재하는 것'을 이해하기 위해서는 에너지가 필요합니다. 현재의 우리의 단편화는 그들 에너지의 분열입니다. '나'와 '나가 아닌 것', '노여움'과 '평온', '폭력과 비폭력'——이런 것들은 모두 에너지의 단편화입니다. 즉 하나의 단편이 다른 단편에 대하여 권위를 가장하고 있을 때 그 에너지는 단편적으로 활동하게 되는 것입니다. 우리의 의사전달은 잘 되고 있는 것일까요? '의사전달'이란 그저 내가 말을 하고 당신이 듣고 있다는 것도 아니고 '당신의 말을 지적으로 파악했다'는 것도 아니며 '함께 배우며 함께 일하고 함께 창조하며 함께 깨닫고 함께 이해한다'는 의미입니다. 모든 것이 '배운다'는 흐름이며 '행동'인 흐름인 것입니다.

그래서 마음은 '나의 하느님', '당신의 하느님', '나의 신앙', '당신의 신앙'이라는 단편화는 모두 에너지의 단편화라는 것을 깨닫게 됩니다. 거기에는 에너지와 단편화밖에 없습니다. 그 에너지는 사고에 의하여 단편화되고 그 사고는 조건지어진 상태에 있습니다. 여기에 대해서는 이전에도 말한 적이 있지만 좀더 앞으로 나아가 보도록 합시다.

의식이란 이러한 단편화된 에너지 전체를 말하는 것입니다. 그리고 그들 단편 중의 하나가 관찰자이며, '나'로서 끊임없이 활동하고 있는 원숭이라는 것은 요전날 말했습니다. 묘사는 묘사되는 것과 다르다는 것과, 나의 말을 통해서 당신 자신을 관찰하고 있다는 것을 명심해 주십시오. 말은 '그 말 자체'가 아니기 때문에 이 나(크리슈나무르티)라는 사람에게는 전혀 의미가 없습니다. 당신 자신이 어떻게 해서 이 에너지가 단편화하고 있는가를 스스로 관찰하는 데 의미가 있는 것입니다. 여러분은 관찰자라는 단편화가 없이 '존재하는 것'을 알 수 있습니까? 마음은 의식 모두를 만들어내고 있는 그 모든 단편을 볼 수가 있을까요? 그들 단편은 에너지의 단편화입니다. 그 모든 단편화의 하나인 '관찰자'라는 입장이 없이 마음은 그것을 알 수 있을까요? 이것을 이해하는 것은 중요한 일입니다. 마음이 하나의 단편의 눈을 통하지 않고 그 모든 단편을 깨달을 때까지는 '주의'라는 것을 이해할 수 없을 것입니다. 의사전달이 잘 되어가고 있습니까?

그 마음은 단편화가 물리적으로도 정신적으로도 행해지고 있는 것을 깨닫고 있습니다. '물리적인 단편화'란 무기경쟁 등을 행하고 있는 정부가 여럿으로 갈라져 있는 국가, 신앙·종교적 신조 등을 말합니다. 노동당·보수당·공산당·자본주의라고 하는 정치행위나 사회적 분열은 모두 "안전하게 있고 싶다"라고 말하는 사고의 욕구에 의하여 만들어진 것입니다. 이론적이 아니라 현실적으로 이것을 이해하시겠습니까? 젊은이와 노인, 부자와 가난한 사람, 삶과 죽음──이와 같이 연속된 분열과 사고에 의한 단편화의 활동을 아시겠습니까? 당신의 '중심'이 '안다'고 말하게 하지 말고 당신의 마음이 사고에 의한 모든 단편화의 활동을 알게 하십시오. 왜냐하면 중심을 가지는 순간 그 중심이 분열의 요소가 되기 때문입니다. '나'도 '나가 아닌 것'도 나입니다. 사고는 안전감을 찾기 위하여 욕구나 충동으로 나를 꾸며왔습니다. '안전감을 얻자'는 욕구가 에너지를 '나'와 '나가 아닌 것'으로 나누었기 때문에 자기 자신을 불안으로 인도한 것입니다. 그러면 마음은 그 일을 전체로서 깨달을 수 있을까요? 그러나 당신 안에서 관찰하고 있는 단편이 있으면 그것은 깨달을 수가 없습니다.

어떠한 단편화도 없는 가장 주의깊은 마음의 특질은 무엇일까요? 이것이 어제 남겨 두었던 문제였습니다. 그것을 여러분은 탐구해 보았습니까? 나는 여러분을 가르친다든가 정보를 제공하는 선생이 아닙니다. 그것을 발견하기 위해서는 어떠한 단편도──어떠한 노력도──있어서는 안 됩니다. 노력이라는 것은 왜곡을 의미합니다. 즉 거의 모든 사람의 마음은 뒤틀려 있기 때문에 완전한 주의 상태나 완전히 지적이며 경계적인 마음에 무엇이 일어나는가를 이해할 수 없습니다.

안전과 안정은 다른 것입니다. 여러 가지 사고·문제·걱정·공포 같은 것을 언제나 갖고 있는 '나'가 원숭이라는 것은 어제 이야기했습니다. 이 원숭이는──사고는──쉬지 않고 언제나 안전을 추구하고 있습니다. 그 이유는, 사고는 그 자신의 활동과 그의 여러 가지 사고형태, 그리고 그 상호관계 속에서 불안전하게 있는 것을 두려워하기 때문입니다. 사고는 모든 것을 기계적으로 요구하고 있습니다. 그것이 안전한 것입니다. 즉 사고는 안전이라는 것을 '기계적인 확실성'이라고 잘못 이해하고 있습니다. 안정과 안전은 다른 것──대립하는 것이 아닌──일까요? 우리는 그것을 이해해야 합니다. 쉬지 않고 '안전'을 추구하고 있는 마음은 결코 '안정'을 발견할 수 없습니다. 내가 말하는 '안정'이란 대단히 기민한 특성을 가지고 있으면서도 안정되어 있다는 것—— 확고부동한 것을 의미합니다.

그 차이를 아시겠습니까? 당신은 언제나 어느 쪽으로 살고 있습니까? 사고는 '안전'을 찾으려고 하면서도 찾지 못하고 그래도 쉴 사이 없이 여기저기를 헤매고 있는 원숭이가 아닐까요? 즉 쉬지 않고 '안전'을 찾으려고 하기 때문에 찾아내지 못하는 것입니다. "하느님이 존재한다"고 사고가 말을 하더라도 그 역시 사고의 발명—— 무수한 조건지어짐이 가져온 환각——입니다. 또는 공산세계로 조건지어진 사고도 있습니다. 즉 공산세계도 "하느님 같은 것은 없다"라는 것으로 조건지어져 있는 것입니다.

그러면 여러분이 쉬지 않고 '안전'을 추구하고 있다는 것은 어떤 일일까요? '안전하게 있고 싶다'는 욕구는 가장 흥미있는 것 중의 하나입니다. 그리고 그 '안전'은 세상에서 인정받는 것이라야 합니다. 여러분은 그것을 깨닫고 있습니까? 예를 들면 나는 책을 쓰는데서 '안전'을 찾고 있습니다. 그리고 그 책이 세상에 알려지지 않으면 '안전'하지 않습니다. 지금 내가 말한 것에 주목해 주십시오. 즉 나의 '안전'은 세상의 의견에 기인한 것입니다. "나의 책은 천권이나 팔렸다"—— 즉 나는 세상의 가치를 만들어낸 것입니다. 책 또는 다른 물건에 의하여 '안전'을 추구하고 있는 나는 자기가 만든 세계에 의존하고 있습니다. 즉 나는 언제나 자신을 기만하고 있는 것입니다. 결국 '안전하게 있고 싶다'는 사고의 욕구가 불안을 가져오는 것입니다. '중심'이 없고 완전한 주의만이 있을 때, 강렬하게 지각하고 있을 때 마음에 대체 무엇이 일어날까요? 그곳에 안전 같은 것이 있을까요? 무엇인가 쉬지 않고 있는 감각이 있을까요? 부디 동의하지 마십시오. 이것을 이해하는 것은 대단히 중요합니다.

여러분도 아시다시피 대부분의 사람들은 세계의 고통, 사회도덕——그것은 정말로 부도덕합니다——에 대한 해결책을 추구하고 있습니다. 우리는 남을 침해하지 않는 사회를 만드는 방법을 발견하려고 하고 있습니다. 인간은 몇 세기에 걸쳐 '하느님'·'진리' 등을 추구해 왔지만 그것에 도달하지 못하고 그저 믿어왔을 뿐입니다. 그러나 '믿는다'는 것은 그 신앙에 따라 경험한다는 것으로 그것은 잘못된 것입니다. 즉 지금까지 인간은 안정된 생활을 하려고 안전을 쉬지 않고 추구하다가 결국 사고에 의하여 반영된 '상상에 의한 안전'만을 만들어온 것입니다. 그러면 모든 에너지의 단편화를 깨달았을 때, 이미 에너지가 단편적이 아닐 때 지금까지 공포에서 공포로 움직이며 쉬지 않고 '안전'을 추구해온 마음은 어떻게 될까요? 당신은 어떻게 하시겠습니까? 자아, 여러분의 대답을 들려주십시오.

질문 : 사람은 고독하지 않습니다. 공포 같은 것도 없습니다.

크리슈나무르티 : 그에 대해서는 이미 이야기했습니다. 모르고 있다면 무의미하므로 당신은 아무 말도 하지 마십시오. 누구나 "그렇게 느낀다"고는 말할 수 있습니다. 그러나 참으로 진지하게 배우고 싶어하는 사람은 그것을 탐구해야 합니다. 그것이 그 사람의 소명이며 삶입니다.

사람들은 모두 주말이면 교회에 갑니다. 그러나 이곳은 교회가 아닙니다. 지금 우리는 에너지가 파괴되지 않는 생활방법에 대해서 이야기하고 있습니다. 당신이 일단 이것을 이해하게 된다면 엄청난 행동감각을 얻게 될 것입니다.

질문 : 선생님께서 '그것을 어떻게 할 것인가?' 하고 질문하는 순간 우리의 원숭이는 움직이기 시작합니다. 즉 그것이 의문을 일으키고 그 의문이 원숭이를 움직이게 합니다.

크리슈나무르티 : 나는 그저 있는 그대로의 당신을 깨닫도록 그 질

문을 하고 있는 것입니다.

　질문 : 하나의 단편이 활동하고 있을 뿐입니다.

　크리슈나무르티 : 그렇습니다. 쉬지 않고 '안전'을 추구하고 있는 하나의 파괴된 에너지의 단편이 있을 뿐입니다. 그것이 참으로 '존재하는 것'입니다. 그것이 우리가 행하고 있는 모든 것입니다. 그 원숭이는 쉬지 않고 일하고 있습니다. 마음은 하나의 사회 속에서 쉬지 않고 '안전'을 찾으면서 또 다른 사회로 들어갑니다. 즉 마음은 '안전'만을 생각하는 생활방법을 추구하고 있다는 것입니다.

　자아, 이런 일을 명백하게 깨닫고 이미 '안전'을 구하지 않게 된 마음에 대체 무엇이 일어날까요? 그 마음은 공포 같은 것은 갖고 있지 않습니다. 왜냐하면 공포라는 것은 사고가 에너지나 사고 자신을 단편화하는 까닭에 일어나는 것이기 때문입니다. 따라서 당신이 그 단편화를 깨닫게 되면 공포 같은 것은 아무런 문제가 되지 않습니다. 즉 사고의 단편적인 활동을 깨달은 당신은 공포에 직면해서 행동하게 됩니다. 그리하여 우리는 다음과 같은 의문을 갖게 됩니다. '그와 같이 훌륭하게 주의력이 깊어진 마음에 대체 무엇이 일어날까?', '거기에서 무엇인가를 찾으려고 하는 움직임이 있는 것일까?' 부디 발견해 주십시오.

　질문 : 기계적인 행위가 완전히 정지합니다.

　크리슈나무르티 : 당신은 내 질문을 이해하고 있습니까? 당신의 마음은 그와 같이 주의깊게 되었을 때 무엇인가를 추구합니까? '경험하고 싶다', '사고 자신을 이해하고 싶다', '사고 자신을 초월하고 싶다', '바른 행위와 나쁜 행위를 알고 싶다', '언제까지나 믿을 수

있는 영원한 것——상호관계·신앙·결론 등——을 발견하고 싶다' 등등 당신이 완전히 지각하고 있을 때에도 이런 것들이 계속되고 있습니까?

질문 : 그 마음은 벌써 아무것도 추구하지 않습니다.

크리슈나무르티 : 그렇게 간단히 말하고 있지만 당신은 그 의미를 알고 있습니까? '아무것도 추구하지 않는다' 란 어떤 의미입니까?

질문 : 이미 상상할 수 없는 것에 도달했다는 것입니다.

크리슈나무르티 : 틀립니다. 부인께서는 아직 이해하지 못하고 있습니다. 내가 말하는 것은 이런 것입니다. "마음은 지금까지 쉬지 않고 그 원숭이의 움직임을 보아왔다. 그 원숭이의 움직임——사고——은 영원한 안전, 확실한 것, 안전감 등을 발견하고 싶다는 사고의 욕구를 가지고 사고 자신을 파괴해 왔다. 즉 사고는 세계를 '나' 와 '나가 아닌 것', '우리들'과 '그들'로 나누어서 '안전'을 위한 진리를 추구하고 있다. 그러면 그 모든 것을 관찰하고 있을 때의 마음은 또한 무엇을 추구하고 있을까?"——이것이 나의 질문입니다. 나는 여기에서 안전을 찾지 못했기 때문에 저리로 간다, 그러나 거기에서도 찾지 못했기 때문에 또 다른 장소로 간다——즉 '추구한다' 는 것은 '휴식이 없다' 는 것입니다.

질문 : 그렇게 되면 그 마음은 추구하는 일에 관심이 없어집니다.

크리슈나무르티 : 중심이 없는 마음은 추구하는 일에 관심이 없습니다. 그러나 당신 자신의 마음도 그렇습니까?

질문 : 주의깊을 때 그렇게 됩니다.

크리슈나무르티 : 아니, 틀립니다.

질문 : 활동하는 것을 그만둔 마음에는 여러 가지 일들이 일어납니다.

크리슈나무르티 : 여러분은 걸을 때나 가만히 앉아 있을 때 '완전히 텅 비었다'는 의미를 깨달은 적이 있습니까? 그러나 그것은 고립한다든가 숨는다든가 자기의 주위에 벽을 쌓고 남과의 관계를 단절한다는 의미는 아닙니다. 그리고 마음이 완전히 텅 비었다는 것은 기억을 가지고 있지 않다는 의미도 아닙니다. 왜냐하면 집이나 회사로 갈 때 우리는 기억력을 사용하기 때문입니다. 내가 말하는 '텅 빈 마음'이란 '아무것도 추구하지 않게 된 마음'을 의미합니다.

질문 : 모든 것이 존재하므로 저도 존재합니다. '내가 존재한다'란 어떤 것일까요? '나'는 누구일까요? '존재한다'고 말하는 '나'란 누구일까요? 그 원숭이일까요?

크리슈나무르티 : 선교사나 종교가나 심리학자가 한 말을 하지 마십시오. '나'라고 말하고 있는 것은 누구일까요? 그것은 이탈리아인, 프랑스인, 러시아인, 또는 신자, 신조, 공포, 과거, 추종자, 또는 추구하며 발견하고 있는 사람 그 누구일까요? 당신은 아직 깨닫지 못하고 있지만 그들은 그저 말에 불과합니다. 그리고 당신이 기억과 말의 덩어리라는 것을 깨닫게 되면 쉬지 않고 움직이고 있는 그 원숭이는 소멸됩니다.

질문 : 예컨대 회사에 가는 도중에 당신의 마음이 완전히 텅 비어 있다면 왜 당신은 회사에 가려고 하는 것일까요? 왜 회사를 향해서 걷고 있는 것일까요?

크리슈나무르티 : 이 토론회가 끝나면 당신은 집으로 가야 합니다. 살기 위하여는 돈을 벌어야 합니다.

질문 : 나의 질문은 '기억이 활동하고 있으면서도 나를 텅 비게 하려면 어떻게 해야 좋을까?' 하는 것입니다.

크리슈나무르티 : 들어주십시오. 나는 "'안전' 같은 것은 없다"고 간단히 말하고 싶습니다. 안전에 대한 이 욕구가 관찰자이며 중심인 원숭이의 일부분입니다. 그리고 쉬지 않고 움직이고 있는 그 원숭이──사고──가 이 세상을 파괴하며 무서운 혼란을 만들어내고 이와 같은 고통이나 갈등을 초래하고 있는 것입니다. 그러니만큼 사고가 아무리 지성적이며 예민하다 하더라도──교양이 있고 능률적으로 생각하는 재능을 가지고 있다 하더라도──그것은 이 혼란으로부터 질서를 가져올 수는 없습니다. 그 혼란으로부터 나가는 길은 사고 바깥에 있습니다. 내가 말하고 싶은 것은 주의하는 상태에 있을 때──주의력이 흐르고 있을 때──는 '안전'이라는 것이 없어진다는 것입니다. 왜냐하면 거기에는 안정이 있기 때문입니다. 그 안정은 어떠한 '안전'도 갖고 있지 않습니다. 사고가 '안전'을 추구하게 되면 그것을 무엇인가 영원하고 확고한 것으로 만들어 버리기 때문에 그것은 기계적인 것으로 되어 버리고 맙니다. 사고는 상호관계 속에서 '안전'을 추구하고 있습니다. 사고는 그 관계 속에서 하나의 이미지를 만듭니다. 그리고 그 이미지가 영원한 것이 되어서 그 관계

를 파괴합니다. 사람들은 각자의 이미지를 갖고 있습니다. 그 이미지 속에서 사고는 확립되며 영원한 것과 사고 자신을 동일화해 버립니다.

　이와 같이 해서 우리는 '당신의 나라', '나의 나라'라는 등의 일을 물리적으로 행하고 있습니다. 마음이 그 모든 것을 버릴 때 ── 그 완전한 무익함과 고통을 깨달은 감각으로 그것들을 버릴 때 ── 사고는 그렇게 하는 것을 그만두게 됩니다. 그러면 '안전' 이라는 생각을 완전히 버리고 난 다음에는 무엇이 일어날까요? 마음이 주의가 깊어지고 또한 안정되어 있으며 어떠한 안전도 추구하지 않고 또한 영원한 것은 없다는 것을 깨달을 때 그 마음에 무엇이 일어날까요? 묘사는 묘사되는 것과 다르다는 것을 생각하십시오.

　'완전히 안전하다'라는 생각에 의하여 두뇌가 발달해 왔다는 것을 깨닫는 것은 중대한 일입니다. 마음은 '안전'이라는 것을 추구하지 않을 때는 활동하지 않습니다. 두뇌는 질서가 없기 때문에 이유도 없이 신경증적으로 쓸데없는 활동을 하며 언제나 질서를 추구하다가 결국 '안전'을 질서라고 잘못 이해하고 있는 것입니다. 아무리 질서를 추구하려고 해도 두뇌가 활동하고 있는 한, 결국 '안전'을 추구하게 됩니다. 그러면 주의가 깊을 때에도 그 두뇌는 여전히 '안전'을 추구할까요?

　질문 : 선생님, 거기에는 현재밖에 없습니다.

　크리슈나무르티 : 나는 여러분에게 여러 가지 것을 전하려고 하고 있습니다. 내가 틀렸을지도 모르겠습니다. 완전히 무의미한 것을 말하고 있는지도 모르겠습니다. 그러므로 여러분은 내가 무슨 말을 하고 있는지 여러분 스스로 관찰하지 않으면 안 됩니다.

질문 : 나는 자신이 주의깊다고 느낄 때는 아무것도 추구하지 않습니다만 그 주의력이 산만해질 때에는 또다시 추구하기 시작합니다.

크리슈나무르티 : 결코 그런 일은 없습니다. '영원한 것, 그런 것은 없다'고 일단 깨달은 사고는 결코 또다시 그것을 추구하지 않습니다. 즉 '안전'을 추구하며 사회에서 발달했기 때문에 '안전'의 기억——'안전'에서 나온 생각과 도덕——밖에 갖고 있지 않았던 두뇌는 '안전'을 추구하는 움직임을 완전히 공허하게 해버립니다.

여러분 중에 누군가 명상에 대하여 생각해본 분이 있습니까? 명상이라는 것은 명상 자체보다도 명상자 쪽에 의미가 있습니다. 아시겠습니까? 여러분은 명상——어떻게 명상하는가——에 관심을 가지고 있는 듯하지만 그런 것은 전혀 문제가 되지 않습니다. 명상자가 명상인 것입니다. 명상자를 이해하는 것이 명상인 것입니다.

사고란 '안전' 같은 것을 추구하는 모든 기억으로 성립된 두뇌의 활동입니다. 그리고 명상의 문제를 탐구하기 위해서는 사고의 활동을 죽인다든가 억압하지 말고 그 활동을 이해함으로써 명상자가 소멸하는 동시에 비로소 그 탐구가 이루어지는 것입니다. 즉 그 사고의 활동을 이해하는 것이 자기 자신을 이해하는 것입니다.

그래서 명상자는 묻습니다. "이 두뇌가 완전히 정적해질 것인가?", "사고 자체는 없어지지 않고 그 정적상태 속에서 활동하면서도 사고는 완전히 정지할 수 있는 것일까?" 아마 여러분에게는 이것이 대단히 복잡한 것일지도 모르겠습니다. 그러나 아주 간단한 것입니다.

그리고 대단히 주의깊은 마음은 에너지의 단편화를 일으키지 않습니다. 거기에는 에너지의 단편화가 없고 '완전한' 에너지만이 있습니다. 부디 이 점을 깨달아 주십시오. 또한 일을 하고 있는 중일지라도 그 에너지는 단편화하지 않고 활동합니다.

질문 : 아마 참된 이해라는 것은 말의 도움을 받지 않아도 할 수 있는 것이라고 생각됩니다. 그것은 사물과 직접 접촉하는 것입니다. 즉 말 같은 것은 필요가 없습니다. 말은 하나의 도피입니다.

크리슈나무르티 : 그 말씀대로입니다. 그렇지만 말이 방해가 된다면 당신은 말을 사용하지 않고도 서로 전달할 수 있습니까?

질문 : 네.

크리슈나무르티 : 잘 들어주십시오. 에너지를 단편화하지 않고 활동하면서도 대단히 주의깊은 상태에 있는 마음의 특성에 대하여 내가 말을 사용하지 않고도 당신에게 전달할 수 있을까요? 내 질문을 아시겠습니까?

질문 : 네.

크리슈나무르티 : 내가 그것을 말을 사용하지 않고 전달할 수 있을까요? 당신은 어떻게 내가 그렇게 할 수 있다고 생각합니까?

질문 : 저는 당신이면 될 수 있다고 생각합니다.

크리슈나무르티 : 나는 다섯 주일이 가깝도록 여러 가지 것을 정성을 다해서 자세히 이야기해 왔습니다. 당신은 그것을 말로만이라도 충분히 이해했습니까? 지금 당신은 말이 없이 이해하려고 합니다. 그러나 당신의 마음이 동시에 같은 수준과 같은 정열로 나의 마음과 접촉하고 있다면 그것은 될 수 있습니다. 어떻습니까? 자아, 저 기

차 소리를 들어보십시오. 우리는 지금 동시에 같은 정열을 가지고 저 기차 소리를 들었으므로 말을 사용하지 않고도 의사전달이 된 것입니다. 그럴 때에만 직접적인 의사전달이 있을 수 있습니다. 그러나 여러분은 이 문제를 나와 동시에 정열적으로 받아들이고 있을까요? 물론 그렇지 않습니다. 남의 어깨를 끌어안을 때 사람들은 습관에 따라 끌어안습니다. 그러나 두 사람이 정열적일 때에는 어깨만 끌어 안고 말은 사용하지 않고도 의사전달이 되는 수도 있습니다. 그러나 지금 우리는 정열적이지 못합니다.

질문 : 때로는 그렇게 되는 수도 있습니다.

크리슈나무르티 : 잠깐 동안이라는 말은 하지 마십시오.

질문 : 어떻게 알고 있습니까?

크리슈나무르티 : 나는 모릅니다. 그러나 만일 지금 당신이 정열적이라면 '지각적(주의깊은) 상태'라는 의미를 알 것으로 생각합니다. 그렇게 되면 이미 당신은 '안전'을 추구한다든가 단편적인 행동이나 생각을 갖지 않게 됩니다.

그래서 지금까지의 말을 계속 들어온 마음에 무엇이 일어났을까요? 우선 그 마음은 정신적·육체적으로 민감해졌습니다. 담배도 술도 마약도 그만두게 되었습니다. 즉 우리가 '주의'에 대하여 한창 말하고 있는 도중에 우리는 자기의 마음이 이미 아무것도 추구한다든가 주장한다든가 하지 않게 된 것을 깨달은 것입니다. 그런 마음은 안정되어 있으며 또한 완전히 유동적입니다. 그리고 그 안정과 민감한 감수성에 의하여 그 마음은 생활이나 에너지를 단편화하지 않을 수 있게 됩니다. 그러면 그와 같은 마음은 그 행동과 안정에서 무엇을 발견할까요? 인간은 언제나 각자가 생각하는 하느님이나 진리를 추구해왔습니다. 사람들은 공포·행복·실망·혼란 같은 것 때문에 그 하느님이나 진리를 따르려고 노력해 왔습니다. 그들은 그것을 추구하며 또한 그것을 발견했다고 생각해 왔습니다. 그리고 그와 같은 발견이 조직화되었습니다.

 그러나 안정되고 유동적이며 민감한 마음은 아무것도 추구하지 않습니다. 그 마음은 지금까지 발견되지 않은 것을 깨닫고 있습니다. 즉 그와 같은 마음에는 시간 같은 것이 없습니다. 기차 시간이 늦어졌다는 의미는 아닙니다. 거기에는 시간이 존재하지 않는, 믿을 수 없을 정도로 거대한 상태가 있습니다.

 거기까지 탐구한 사람에게는 그것이 가장 훌륭한 것이 됩니다. 나는 그 상태로 될 수가 있습니다. 묘사는 묘사되는 것과 다릅니다. 그것은 여러분이 자신을 관찰하면서 배우는 것입니다. 그것을 가르쳐주는 책이나 선생에 의존한다든가 종교를 믿는다 해도 아무런 소용이 없습니다. 그것은 자기 스스로 배워야 합니다. 그렇게 하면 그 마음은 믿을 수 없는 것을 발견하게 될 것입니다. 그러나 그와 같은 마음은 단편화 대신에 무한한 안정성·민감성·유동성을 갖고 있어야 합니다. 그 마음에는 시간이 없습니다. 따라서 그런 마음을 가진 사람의 삶과 죽음의 개념은 지금까지와는 전혀 다른 의미를 갖게 됩니다.

1970년 8월 9일

부 록

존재하지 않는 것

　　자문자답 : 나는 '사랑'이란 질투나 집착이 없을 때 존재한다는 것을 알고 있다. 그러면 나는 그 질투와 집착으로부터 자유로워질 수 있을까? 나는 나 자신이 사랑하고 있지 않다는 것을 알았다. 그것은 사실이다. 나는 지금 자신을 속이지 않도록 하고 있다. 나는 지금 "사랑하고 있어"라는 등의 말을 하면서 아내를 속이지 않도록 하고 있다. 사랑이란 무엇인지 나로서는 알 수 없다. 나로서 알 수 있는 것은 나 자신이 질투심이 강하다는 것과 집요하게 아내에게 집착하며 의존—— 공포 · 질투 · 걱정 ——하고 있다는 것뿐이다. 나는 의존하고 싶지 않다. 그래도 회사에서 혹사를 당하고 집으로 돌아오면 자기 자신으로부터 도피하고 싶어지고 편안함을 추구한다든가 사람들과 즐겁게 이야기하고 싶어진다. 즉 나는 고독하기 때문에 의지하게 된다. 그러면 어떻게 하면 이 집착으로부터 자유로워질 수 있을까?

　　우선 나는 이 의문점으로부터 도피하려고 한다. (왜냐하면) 어떻게 해야 아내에 대한 집착을 종식시킬 수 있는지 모르기 때문이다. 내가 정말로 그녀로부터 떠나버리면 그녀와의 관계는 변할 것이다. 또는 그녀가 나에게 집착하고 있고, 나는 그녀는 고사하고 어떤 여성에게도 집착하고 있지 않는지도 모른다. 그러나 나는 지금 탐구하고 있다. 나는 '아마 이것이 모든 집착으로부터 완전히 자유롭게 된 상태겠지'라는 자신이 상상한 결과로부터 떨어져 있지 않고 싶다고 생각하고 있다. 나는 사랑에 대해서는 알지 못하지만 단지 명백한 것은 아내에 대한 나의 집착은 질투·소유욕·공포·걱정을 의미하고 있다는 것이다. 그러니만큼 나는 그런 모든 것으로부터 자유로워지고 싶다. 그래서 나는 방법을 찾아내서 그 방법에 얽매이게 된다. "집착에서 떨어질 수 있도록 도와드리지요. 이렇게 하시오. 저렇게 하시오. 이것을 연습하시오"라는 고승(高僧)의 말을 나는 받아들인다. 왜냐하면 자유가 중요하다고 나는 생각하고 있으며 그가 말하는 대로 하면 그 보답이 있을 것이라는 것을 그가 약속해주기 때문이다. 그런데 잠깐, 아아, 나는 보답을 찾고 있지 않은가? 다른 자유를 추구하면서도 보답에 집착하고 있는 미련한 자신을 깨달았다.

 나는 집착하고 싶지 않다. 그리고 나는 '남이나 책이나 방법이 집착으로부터 나를 자유롭게 해준다'는 개념에 집착하고 있는 자신을 깨달았다. 그 보답이 하나의 집착이 된다. 그래서 나는 '지금까지의 나 자신의 행동을 관찰하자. 주의해서. 이런 함정에 빠지지 말자'하고 생각한다. 그것이 여성이든 방법이든 개념이든 집착하는 데는 변함이 없다. 나는 지금 대단히 주의깊게 되었다. 왜냐하면 집착을 어떤 다른 것으로 바꾸더라도 그 역시 집착임에는 틀림없다는 것을 알았기 때문이다.

 집착으로부터 자유로워지려면 어떻게 하면 좋을까? "집착으로부터 자유로워지고 싶다"고 말하는 나의 동기는 무엇일까? 그것은 내가 집착도 공포도 없는 상태에 도달하고 싶다는 것일까? 아아, 동기가 명령을 만들고 그 명령이 나의 자유를 지시하고 있지 않은가? 그러면 왜 동기를 가지고 있는 것일까? 동기란 무엇일까? 동기란 무엇인가를 달성하려고 하는 희망이고 욕구다. 나는 자신이 하나의 동기에 집착하고 있는 것을 깨달았다. 나의 아내나 개념이나 방법에 그치지 않고 나의 동기도 나의 집착이 되는 것이다. 즉 나는 언제나 집착 속에서 움직이고 있는 것이다. '아내'나 '방법'이나 미래에 무엇인가를 성취하고 싶은 '동기' 속에서 언제나 움직이고 있는 것이다. 그 모든 것에 나는 집착하고 있다. '집착으로부터 자유롭다'는 데에는 그런 것이 모두 포함되어 있다는 것을 나는 지금까지 깨닫지 못했다. 이것은 얼마나 복잡한 일일까? 지금 나는 지도에 그려져 있는 큰 길이며 사잇길이며 마을 전체를 보고 있는 것과 같이 명백하게 이것을 깨달았다. 그러면 나는 아내에 대한 집착이나 동기나 또한 그로부터 얻으려고 생각하는 보답으로부터 자유로워질 수 있을까? 나는 그 모든 것에 집착하고 있다. 무엇 때문일까? 자신에게 불만이 많기 때문일까? 혹은 자신이 너무나 고독해서 그 고독감으로부터 도피하기 위하여 마치 무엇엔가 의지하려는 것같이 여성이나 관념이나 동기에 의존하는 것일까? 그렇다. 나는 너무나 고독하기 때문에 무엇엔가 집착함으로써 이 고독감으로부터 도피하려고 하는 것이다.

고독감이 집착심을 일으키는 것은 알았다. 그러면 왜 나는 고독한가? 그 고독감은 나를 집착에 의하여 '이리저리' 도피시키려고 하였다. 즉 자신이 고독한 한, 그 결과는 언제나 고독이다. 고독하다는 것은 어떤 의미일까? 그것은 어떻게 나타나는 것일까? 혹은 내가 지금까지 행한 매일매일의 행동이 가져온 것일까? 만일 그것이 본능적이거나 유전적이라면 그것은 우연한 것이므로 나에게는 아무 책임도 없는 것이다. 그러나 나는 그렇게 받아들이지 않고 그 의문을 그대로 가지고 있다. 나는 관찰하고 있다. 지성적인 해답을 발견하려고 하지 않고 있다. 나는 그 고독감을 향해서 '이렇게 해야 한다'라든가 '고독이란 이런 것이다'라는 등의 말을 하려는 것도 아니다. 나는 그것이 나에게 말해주는 것을 관찰하고 있다. 거기에는 그 고독감을 폭로하기 위한 고독감에 대한 '경계'가 있다. 만일 내가 그 고독감으로부터 도피한다든가 두려워한다든가 반항한다든가 하면 그 고독감은 그 자신을 털어놓지 않을 것이다. 그래서 나는 그것을 관찰한다. 관찰하고 있기 때문에 어떠한 사고도 간섭하지 않는다. 사고의 도입보다 관찰하는 것이 중요하다. 왜냐하면 나의 에너지를 그 고독을 관찰하는 데 모두 쏟고 있는 까닭에 사고 같은 것은 전혀 들어오지 못하기 때문이다. 지금 나의 마음은 도전을 받고 있기 때문에 대답하지 않으면 안 된다. '사고가 도전을 받고 있다'는 것은 그것이 위험상태에 놓여 있다는 것이다. 인간은 위험한 때에는 굉장한 에너지를 가진다. 그리고 그 에너지는 사고의 간섭이 없는 한, 계속된다. 이것은 대답하지 않으면 안 될 도전이다.

나는 자문자답으로 시작했습니다. "이 '사랑'이라는 기묘한 것은 무엇인가?"라고 나는 자신에게 물었습니다. 사람들은 그것에 대하여 말을 하며 그것에 대하여 여러 가지 글을 씁니다. 그러나 그 로맨틱한 시나 그림이나 섹스 같은 것이 사랑의 전부일까요? 즉 내가 말하고 싶은 것은 "사랑이다, 뭐다 하는 것이 있는 것일까?" 하는 것입니다. 질투나 증오나 공포가 있을 때에는 사랑이 존재하지 않는다는 것은 알고 있습니다. 그러므로 지금 나는 자신의 '공포'라든가 '집착'이라든가 하는 '존재하고 있는 것'에만 관심이 있는 것이지 어떠한 사랑에도 관심이 있는 것은 아닙니다. 왜 나는 집착하고 있는 것일까요? 나는 그 이유 중 한 가지만을 알았습니다. '모든 이유'라고는 말하지 않았습니다. 그것은, 나는 참을 수 없을 정도로 고독하다──고독해 있다──는 것입니다. 나이를 먹으면 먹을수록 나는 고독합니다. 그래서 나는 그것을 관찰합니다. 이것은 발견해야 할 도전입니다. 그리고 이것이 도전인 만큼 거기에는 반응하는 에너지 전체가 있습니다. 이것은 간단한 것입니다. 어떤 이변이나 사고가 있으면 그것은 도전이며 나는 그것에 직면할 수 있는 에너지를 가집니다. 그러나 "그 에너지는 어떻게 해서 얻는 것일까?" 하고 물어서는 안 됩니다. 집에 불이 났을 때 사람들은 활동하기 위한 굉장한 에너지를 가집니다. 그때에는 의자에 깊숙이 앉아서 "자아, 에너지를 가져야지"하고 말하며 에너지가 나올 때까지 기다리는 일은 없습니다. 그렇게 하다가는 집은 다 타버릴 것입니다.

그런 이유에서 '왜 이런 고독감이 있는 것일까?'라는 의문에 대답하기 위한 굉장한 에너지를 나는 지금 갖고 있습니다. 나는 '그것은 유전이다, 본능이다'라는 관념이나 추측 또는 견해를 버렸습니다. 그러한 견해는 아무런 의미도 없습니다. 고독감이야말로 '존재하는 것'입니다. 모든 사람이 표면적으로 혹은 근본적으로 느끼고 있는 고독감──그것을 깨달은 사람도 있지만──이것은 왜 있는 것일까요? 왜 이러한 고독감이 일어나는 것일까요? 마음이 그것을 가져오는 역할을 하고 있는 것일까요? 나는 본능이나 유전에 관한 견해를 버리고 나서 이렇게 묻고 있습니다. "마음, 즉 두뇌 자체가 이 고독감(고립 전체)을 가져오는 것일까?"라고. 사고의 움직임이 그렇게 하고 있는 것일까요? 사고가 매일의 생활 속에서 이런 고립감을 만들고 있는 것일까요? 나는 회사에서 훌륭해지려고 하고 있기 때문에 사고가 언제나 그 자신을 고립화시킴으로써 결국 나는 회사에서 자기 자신을 고립화시키고 있는 것입니다. 아아, 사고가 그 자신을 훌륭하게 하려고 언제나 활동하고 있다는 것, 즉 마음은 그 고립에 대항하고 있다는 것을 나는 깨달았습니다.

거기에서 문제는 '왜 사고는 그와 같은 일을 하고 있는가?' 하는 것입니다. 고립을 만드는 것은 사고의 자연적인 성질일까요? 교육은 특정한 출세나 특정한 전문직과 같은 고립을 나에게 갖다줍니다. 교육은 나를 고립시킵니다. 이 고립감은 단편적이고 한정되어 있으며 시간에 묶여 있는 사고가 만든 것입니다. 지금까지 사고는 그 한정된 가운데서 '나는 출세했다', '나는 대학교수다', '나는 이제 완전히 안전하다'라는 '안전'을 발견해 왔습니다. 그러면 왜 사고는 그와 같은 일을 하는 것일까요? 그것은 사고의 자연적인 성질일까요? 사고가 하는 일은 모두 한정되어 있습니다.

사고가 하는 일은 모두 한정되어 있으며 단편적으로 고립되어 있다는 것을 사고 스스로 깨달을 수 있을까요? '사고는 그 자신의 한계를 깨달을 수 있을까요?'라는 의문과, '나는 사고에게 그 한계를 말하고 있는 것일까?'라는 두 가지 의문은 중요한 것입니다. 이 두 가지 의문의 중요성을 나는 깨달았습니다. 만일 사고가 '나는 한정되어 있다'고 그 자신을 깨닫는다면 거기에는 아무런 저항도 투쟁도 없을 것입니다. 그러나 만일 내가 '사고는 한정되어 있다'고 사고에게 말한다면 나는 그 한계로부터 분리되어 결국은 그 한계를 초월하려고 초조해져서 투쟁과 폭력이 일어나게 되며 사랑 같은 것은 얻지 못하게 될 것입니다.

자아, 사고는 그 자신에게 한계가 있다는 것을 깨닫고 있을까요? 나는 발견하지 않으면 안 됩니다. 나는 도전을 받고 있습니다. 도전 받고 있는 나에게는 굉장한 에너지가 있습니다. 바꾸어 말하면 '의식은 그 내용이 그 자신이라는 것을 깨닫고 있는 것일까?'라는 것과, '의식이란 그 내용이다. 그 내용이 의식을 만들고 있는 것이다'라고 남이 말을 해줘서 '과연 그렇다'고 생각하는 것, 이 두 가지는 서로 다르다는 것을 여러분은 아시겠습니까? 후자는 사고에 의하여 ─ '나'의 간섭에 의하여 ─ 만들어진 것입니다. 만일 내가 어떤 사고를 개입시키면 투쟁이 생깁니다. 정치적인 말로 바꾼다면 무엇인가 간섭해 오는 폭군정치 ─ 사고 ─ 를 나는 지금까지 자기 내부에서 만들어왔던 것입니다.

그래서 나는 자신에게 이렇게 묻습니다. '사고는 그 자신의 한계를 깨닫고 있을까? 아니면 사고는 그 자신이 무엇인가 훌륭한 것, 고귀한 것, 그리고 신성한 것이라고 자만하고 있는 것일까?' 그러나 후자의 의문은 무의미합니다. 왜냐하면 사고는 기억에 기인하고 있기 때문입니다. 여기에서 나는 "사고에는 한계가 있다"고 말하면서 사고가 개입해 오는 것과 같은 외부로부터의 영향이 없는 상태가 자기 안에 확립되어 있지 않으면 안 된다는 것을 깨달았습니다. 어떠한 간섭도 없으면 어떠한 투쟁도 없게 됩니다. 사고는 그 자신이 한정되어 있다는 것을 간단하게 깨닫습니다. 하느님을 숭배한다든가 혹은 유럽의 굉장한 교회를 만든 것이 사고였다 할지라도 결국 사고가 하는 일은 한정된 것이고 허위이며 하찮은 것입니다.

이제까지의 자문자답 속에 '고독은 사고에 의하여 만들어진 것이다'라는 발견이 있었습니다. 지금 사고는 그 자신이 한정되어 있기 때문에 고독의 문제를 해결할 수 없다는 것을 깨닫고 있습니다. 고독의 문제는 사고에 의하여 해결될 수 없다는 것을 알았을 때 내 안에 고독이 존재할까요? 사고는 한정된 것이고 단편적이며 분할된 것입니다. 따라서 그 사고가 이 고독감과 공허감을 만들어온 것입니다. 사고가 그것을 깨달았을 때에는 벌써 고독감은 없는 것입니다. 거기에는 집착으로부터의 자유가 있습니다. 나는 지금까지 아무것도 하지 않았습니다. 나는 그저 '집착'이란 어떤 것인가, 그 안에는 무엇이 숨겨져 있는가──탐욕·공포·고독감──하는 것을 관찰하고 있었을 뿐입니다. 나는 그저 그것을 추적하며 관찰했을 뿐이지 분석은 하지 않았습니다. 오직 관찰만 계속하는 가운데서 '사고가 단편적이기 때문에 그 집착을 만들고 있었다'는 발견이 있었습니다. 사고가 그것을 깨닫게 되면 집착은 소멸됩니다. 거기에는 무엇인가를 만들어 내려는 노력도 없습니다. 노력이 있을 때에는 또다시 투쟁이 시작됩니다.

사랑 속에는 집착심이 없습니다. 집착이 있는 곳에 사랑은 없습니다. 지금까지 나는 '존재하지 않는 것'을 부정함으로써, 즉 집착을 부정함으로써 그 주된 요소를 제거해 왔습니다. 나의 아내나 친구나 이웃들이 과거에 나에게 상처를 주었던 일을 일체 생각하지 않는 것이 나의 매일매일의 생활에 어떤 의미를 가져오는가를 나는 알았습니다. 내 아내가 얼마나 우쭐해 있었던가, 아내가 나에게 어떻게 안전감을 주고 있었던가, 내가 그녀로부터 어떻게 쾌락을 얻고 있었던가와 같은 지금까지 사고가 만들어온 여러 가지 이미지에 관한 집착심 같은 것이 지금은 전혀 없습니다. 그런 집착은 소멸해 버렸습니다.

'나는 한 걸음 한 걸음 그렇게 해나가지 않으면 안 되는 것일까?'라는 의문과, '그것이 모두인가?'라는 의문은 전혀 다른 것입니다. 내가 지금 집착에 대하여 탐구했던 것처럼 공포나 쾌락이나 안전에 대한 욕구 같은 것들에 대해서도 하나하나씩 탐구해야 할까요? 아닙니다. 나는 그런 여러 가지 요소에 관한 탐구를 하나하나씩 하고 있어서는 안 된다는 것을 깨달았습니다. 나는 그것을 일순간에 깨달았습니다.

즉 '사랑이 아닌 것'을 부정하고 있을 때 사랑은 존재하는 것입니다. 나는 "사랑이란 무엇인가?"라고 물어서는 안 됩니다. 그것을 추구해서도 안 됩니다. 왜냐하면 그때 내가 추구하고 있는 것은 '사랑'이 아니라 '보답'이기 때문입니다. 요컨대 나는 질문을 하면서도 아무런 왜곡도 없이 또한 아무런 환상도 갖지 않고 서서히, 주의깊게 '존재하지 않는 것'을 모두 부정하며 종결짓고 있었습니다. 그러자 거기에 특별한 것이 존재하고 있었습니다.

1977년 8월 30일 불록우드 파크에서

옮긴이 | 권동수
일본 도쿄대학교 법정대학 법과 졸업.
전북 군산대학교 강사 역임.
아시아 재단 근무.
역서 : 《자기로부터의 혁명②》, 《자기로부터의 혁명③》

자기로부터의 혁명 ②

발행일 초판 1쇄 발행 | 1983년 4월 30일
　　　　 2판 1쇄 발행 | 1992년 12월 20일
　　　　 2판 13쇄 발행 | 2024년 2월 5일

지은이 | 크리슈나무르티　　**옮긴이** | 권동수
펴낸이 | 윤형두　　　　　　**펴낸곳** | 범우사
편 집 | 김지선　　　　　　**인쇄처** | 상지사

등록번호 | 제406-2003-000048호 (1966년 8월 3일)
　　　　　 (10881) 경기도 파주시 광인사길 9-13 (문발동 525-2)
대표전화 | 031-955-6900　　**팩 스** | 031-955-6905
홈페이지 | www.bumwoosa.co.kr　**이메일** | bumwoosa1966@naver.com

ISBN 978-89-08-02024-1 04150
　　 978-89-08-02000-4 (세트)

* 책값은 뒤표지에 있습니다.
* 잘못된 책은 바꾸어드립니다.

범우비평판 세계문학선

범우 비평판 세계문학선이 체계화·고급화를 지향하며 새롭게 다시 태어나고 있습니다.
작가별로 고유번호를 부여하고 완벽하게 보완해 권위와 전문성을 높이고, 미려한 장정으로 정상의 자존심을 지켜갈 것입니다.

(전책 새로운 편집·장정, 크라운 변형판)

❶ 토마스 불핀치 1-1 그리스·로마 신화 최혁순 값 9,000원
　　　　　　　　 1-2 원탁의 기사 한영환 값 10,000원
　　　　　　　　 1-3 샤를마뉴 황제의 전설 이성규 값 8,000원
❷ F. 도스토예프스키 2-1,2 죄와 벌 (상)(하) 이철(외대 노어과 교수) 각권 8,000원
　　　　　　　　 2-3,4,5 카라마조프의 형제 (상)(중)(하)
　　　　　　　　　　　　 김학수(전 고려대 교수) 각권 9,000원
　　　　　　　　 2-6,7,8 백치 (상)(중)(하) 박형규(고려대 교수) 각권 7,000원
　　　　　　　　 2-9,10 악령 (상)(중)(하) 이철(외대 노어과 교수) 각권 9,000원
❸ W. 셰익스피어 3-1 셰익스피어 4대 비극 이태주 (단국대 교수) 값 10,000원
　　　　　　　　 3-2 셰익스피어 4대 희극 이태주 (단국대 교수) 값 9,000원
　　　　　　　　 3-3 셰익스피어 4대 사극 이태주 (단국대 교수) 값 10,000원
　　　　　　　　 3-4 셰익스피어 명언집 이태주 (단국대 교수) 값 10,000원
❹ T. 하디 4-1 테스 김회진(서울시립대 영문과 교수) 값 10,000원
❺ 호메로스 5-1 일리아스 유영(연세대 명예교수) 값 9,000원
　　　　　　 5-2 오디세이아 유영(연세대 명예교수) 값 8,000원
❻ 밀턴 6-1 실낙원 이창배(동국대 교수·영문학 박사) 값 9,000원
❼ L. 톨스토이 7-1,2 부활 (상)(하) 이철(외대 노어과 교수) 각권 7,000원
　　　　　　　 7-3,4 안나 카레니나 (상)(하) 이철(외대 노어과 교수) 각권 12,000원
　　　　　　　 7-5,6,7,8 전쟁과 평화 1.2.3.4
　　　　　　　　　　　　 박형규(전 고려대 노어과 교수) 각권 10,000원
❽ T. 만 8-1 마의 산 (상) 홍경호(한양대 독문과 교수) 값 9,000원
　　　　 8-2 마의 산 (하) 홍경호(한양대 독문과 교수) 값 10,000원
❾ 제임스 조이스 9-1 더블린 사람들·비평문 김종건(고려대 교수) 값 10,000원
　　　　　　　　 9-2,3,4,5 율리시즈 1.2.3.4 김종건(고려대 교수) 각권 10,000원
　　　　　　　　 9-6 젊은 예술가의 초상 김종건(고려대 교수) 값 10,000원
　　　　　　　　 9-7 피네간의 경야·시·에피파니 김종건(고려대 교수) 값 10,000원
❿ 생 텍쥐페리 10-1 전시조종사·어린왕자(외) 염기용·조규철·이정림 값 8,000원
　　　　　　　 10-2 젊은이의 편지(외) 조규철·이정림 값 7,000원
　　　　　　　 10-3 인생의 의미(외) 조규철 값 7,000원
　　　　　　　 10-4,5 성채 (상)(하) 염기용 값 8,000원
　　　　　　　 10-6 야간비행(외) 전채린·신경자 값 8,000원
⓫ 단테 11-1,2 신곡 (상)(하) 최현 값 9,000원
⓬ J. W. 괴테 12-1,2 파우스트 (상)(하) 박환덕(서울대 독문과 교수) 각권 7,000원
⓭ J. 오스틴 13-1 오만과 편견 오화섭(전 연세대 영문과 교수) 값 9,000원
⓮ V. 위고 14-1,2,3,4,5 레미제라블 1~5 방곤(경희대 교수) 각권 8,000원
⓯ 임어당 15-1 생활의 발견 김병철(중앙대 명예교수·문학박사) 값 12,000원
⓰ 루이제 린저 16-1 생의 한가운데 강두식(서울대 교수) 값 7,000원
⓱ 게르만 서사시 17 니벨룽겐의 노래 허창운(서울대 교수) 값 13,000원
⓲ E. 헤밍웨이 18-1 누구를 위하여 종은 울리나 김병철(중앙대 명예교수) 값 10,000원
　　　　　　　 18-2 무기여 잘 있거라(외) 김병철 값 12,000원
⓳ F. 카프카 19-1 城 박환덕(서울대 독문과 교수) 값 9,000원
　　　　　　 19-2 변신·유형지에서(외) 박환덕(서울대 독문과 교수) 값 9,000원
　　　　　　 19-3 심판 박환덕(서울대 독문과 교수) 값 8,000원
　　　　　　 19-4 실종자 박환덕(서울대 독문과 교수) 값 9,000원
⓴ 에밀리 브론테 20-1 폭풍의 언덕 안동민 값 8,000원

범우비평판 세계문학선

범우 비평판 세계문학선은 수많은 국외작가의 역량이 총 결집된 양식의 보고입니다.
대학입시생에게는 논리적 사고를 길러주고 대학생에게는 사회진출의 길을 열어주며, 일반 독자에게는 생활의 지혜를 듬뿍 심어주는 문학시리즈로서 이제 범우비평판은 독자 여러분의 서가에서 오랜 친구로 늘 함께 할 것입니다.

㉑ 마가렛 미첼 21-1,2,3 **바람과 함께 사라지다(상)(중)(하)** 송관식·이병규 각권 10,000원
㉒ 스탕달 22-1 **적과 흑** 김붕구 값 10,000원
㉓ B. 파스테르나크 23-1 **닥터 지바고** 오재국(전 육사 교수) 값 10,000원
㉔ 마크 트웨인 24-1 **톰 소여의 모험** 김병철(중앙대 명예교수·문학박사) 값 7,000원
　　　　　　　24-2 **허클베리 핀의 모험** 김병철(중앙대 명예교수) 값 9,000원
　　　　　　　24-3,4 **마크 트웨인 여행기(상)(하)** 박미선 각권 10,000원
㉕ 조지 오웰 25-1 **동물농장·1984년** 김회진(서울시립대 영문과 교수) 값 10,000원
㉖ 존 스타인벡 26-1,2 **분노의 포도(상)(하)** 전형기(한양대 영문학과 교수) 각권 7,000원
　　　　　　　26-3,4 **에덴의 동쪽(상)(하)** 이성호(한양대 교수) 각권 10,000원
㉗ 우나무노 27-1 **안개** 김현창(서울대 서어 서문학과 교수) 값 6,000원
㉘ C. 브론테 28-1·2 **제인에어(상)(하)** 배영원 각권 8,000원
㉙ 헤르만 헤세 29-1 **知와 사랑·싯다르타** 홍경호 값 9,000원
　　　　　　　29-2 **데미안·크눌프·로스할데**
　　　　　　　　　홍경호(한양대 교수·문학박사) 값 9,000원
　　　　　　　29-3 **페터 카멘친트·게르트루트** 박환덕(서울대 교수) 값 9,000원
　　　　　　　29-4 **유리알 유희** 박환덕(서울대 교수) 값 12,000원
㉚ 알베르 카뮈 30-1 **페스트·이방인** 방 곤(전 경희대 불문과 교수) 값 9,000원
㉛ 올더스 헉슬리 31-1 **멋진 신세계(외)** 이성규·허정애 값 10,000원
㉜ 기 드 모파상 32-1 **여자의 일생·단편선** 이정림(번역문학가) 값 9,000원
㉝ 투르게네프 33-1 **아버지와 아들** 이철(외대 노어과 교수) 값 9,000원
　　　　　　　33-2 **처녀지·루딘** 김학수(전 고려대 노어노문학 교수) 값 10,000원
㉞ 이미륵 34-1 **압록강은 흐른다(외)** 정규화(독문학 박사·성신여대 교수) 값 10,000원
㉟ 디어도어 드라이저 35-1 **시스터 캐리** 전형기(한양대 영문학과 교수) 값 12,000원
　　　　　　　35-2,3 **미국의 비극(상)(하)**
　　　　　　　　　김병철(중앙대 명예교수·영문학) 각권 9,000원
㊱ 세르반떼스 36-1 **돈 끼호떼** 김현창(서울대 서어 서문학과 교수) 값 12,000원
　　　　　　　36-2 **(속)돈 끼호떼** 김현창(서울대 서어 서문학과 교수) 값 13,000원
㊲ 나쓰메 소세키 37-1 **마음·그 후** 서석연(경성대 명예교수) 값 12,000원
㊳ 플루타르코스 38-1~8 **플루타르크 영웅전 1~8**
　　　　　　　　　김병철(중앙대 명예교수·영문학) 각권 8,000원
㊴ 안네 프랑크 39-1 **안네의 일기(외)** 김남석·서석연 값 9,000원
㊵ 강용흘 40-1 **초 당** 장문평 값 9,000원
　　　　　　　40-2 **동양선비 서양에 가시다** 유 영 값 10,000원
㊶ 나관중 41-1~5 **원본 삼국지 1~5** 황병국(중국문학가) 값 9,000원
㊷ 귄터 그라스 42-1 **양철북** 박환덕(서울대 독문학 교수) 값 10,000원
㊸ 아쿠타가와 류노스케 43-1 **아쿠타가와 작품선** 진웅기·김진욱 값 8,000원
㊹ F. 모리악 44-1 **떼레즈 데께루·밤의 종말(외)** 전채린 값 8,000원
㊺ E. 레마르크 45-1 **개선문** 홍경호 값 12,000원
　　　　　　　45-2 **그늘진 낙원** 홍경호·박상배 값 8,000원
　　　　　　　45-3 **서부전선 이상없다** 박환덕 값 12,000원
㊻ 앙드레 말로 46-1 **희 망** 이가형 값 9,000원
㊼ A. J. 크로닌 47-1 **성 채** 공문혜 값 9,000원
㊽ H. 뵐 48-1 **아담, 너는 어디에 있었느냐(외)** 홍경호 값 8,000원
㊾ 시몬느 드 보봐르 49-1 **타인의 피** 전채린 값 8,000원
㊿ 보카치오 50-1,2 **데카메론(상)(하)** 한형곤(외대 교수·문학박사) 각권 11,000원

온고지신(溫故知新)으로 희망찬 21세기를!

현대사회를 보다 새로운 시각으로 종합진단하여
그 처방을 제시해주는

범우사상신서

1 자유에서의 도피 E. 프롬/이상두
2 젊은이여 오늘을 이야기하자 렉스프레스誌/방곤·최혁순
3 소유냐 존재냐 E. 프롬/최혁순
4 불확실성의 시대 J. 갈브레이드/박현채·전철환
5 마르쿠제의 행복론 L. 마르쿠제/황문수
6 너희도 神처럼 되리라 E. 프롬/최혁순
7 의혹과 행동 E. 프롬/최혁순
8 토인비와의 대화 A. 토인비/최혁순
9 역사란 무엇인가 E. 카/김승일
10 시지프의 신화 A. 카뮈/이정림
11 프로이트 심리학 입문 C.S. 홀/안귀여루
12 근대국가에 있어서의 자유 H. 라스키/이상두
13 비극론·인간론(외) K. 야스퍼스/황문수
14 엔트로피 J. 리프킨/최현
15 러셀의 철학노트 B. 페인버그·카스릴스(편)/최혁순
16 나는 믿는다 B. 러셀(외)/최혁순·박상규
17 자유민주주의에 희망은 있는가 C. 맥퍼슨/이상두
18 지식인의 양심 A. 토인비(외)/임현영
19 아웃사이더 C. 윌슨/이성규
20 미학과 문화 H. 마르쿠제/최현·이근영
21 한일합병사 야마베 겐타로/안병무
22 이데올로기의 종언 D. 벨/이상두
23 자기로부터의 혁명 ① J. 크리슈나무르티/권동수
24 자기로부터의 혁명 ② J. 크리슈나무르티/권동수
25 자기로부터의 혁명 ③ J. 크리슈나무르티/권동수
26 잠에서 깨어나라 B. 라즈니시/길연
27 역사학 입문 E. 베른하임/박광순
28 법화경 이야기 박혜경
29 융 심리학 입문 C.S. 홀(외)/최현
30 우연과 필연 J. 모노/김진욱
31 역사의 교훈 W. 듀란트(외)/천희상
32 방관자의 시대 P. 드러커/이상두·최혁순
33 건전한 사회 E. 프롬/김병익
34 미래의 충격 A. 토플러/장을병
35 작은 것이 아름답다 E. 슈마허/김진욱
36 관심의 불꽃 J. 크리슈나무르티/강옥구
37 종교는 필요한가 B. 러셀/이재황
38 불복종에 관하여 E. 프롬/문국주
39 인물로 본 한국민족주의 장을병
40 수탈된 대지 E. 갈레아노/박광순
41 대장정—작은 거인 등소평 H. 솔즈베리/정성호
42 초월의 길 완성의 길 마하리시/이병기
43 정신분석학 입문 S. 프로이트/서석연
44 철학적 인간 종교적 인간 황필호
45 권리를 위한 투쟁(외) R. 예링/심윤종·이주향
46 창조와 용기 R. 메이/안병무
47 꿈의 해석(상·하) S. 프로이트/서석연
48 제3의 물결 A. 토플러/김진욱
49 역사의 연구 ① D. 서머벨 엮음/박광순
50 역사의 연구 ② D. 서머벨 엮음/박광순
51 건건록 무쓰 무네미쓰/김승일
52 가난이야기 가와카미 하지메/서석연
53 새로운 세계사 마르크 페로/박광순
54 근대 한국과 일본 나카스카 아키라/김승일
55 일본 자본주의의 정신 야마모토 시치헤이/김승일·이근원
▶ 계속 펴냅니다

범우사

시대를 초월하여
인간성 구현의 모범으로
삼을 만한 책을 엄선

온고지신(溫故知新)으로 21세기를!

범우고전선

1 유토피아 T. 모어 / 황문수
2 오이디푸스 王(외) 소포클레스 / 황문수
3 명상록·행복론 M. 아우렐리우스·L. 세네카 / 황문수·최현
4 깡디드 볼떼르 / 염기용
5 군주론·전술론(외) N. B. 마키아벨리 / 이상두(외)
6 사회계약론(외) J. J. 루소 / 이태일(외)
7 죽음에 이르는 병 S. A. 키에르케고르 / 박환덕
8 천로역정 J. 버니언 / 이현주
9 소크라테스 회상 크세노폰 / 최혁순
10 길가메시 서사시 N. K. 샌다즈 / 이현주
11 독일 국민에게 고함 J. G. 피히테 / 황문수
12 히페리온 F. 횔덜린 / 홍경호
13 수타니파타 김운학 옮김
14 쇼펜하우어 인생론 A. 쇼펜하우어 / 최현
15 톨스토이 참회록 L. N. 톨스토이 / 박형규
16 존 스튜어트 밀 자서전 J. S. 밀 / 배영원
17 비극의 탄생 F. W. 니체 / 곽복록
18-1 에 밀 (상) J. J. 루소 / 정봉구
18-2 에 밀 (하) J. J. 루소 / 정봉구
19 팡 세 B. 파스칼 / 최현·이정림
20-1 헤로도토스 歷史 (상) 헤로도토스 / 박광순
20-2 헤로도토스 歷史 (하) 헤로도토스 / 박광순
21 성 아우구스티누스 고백록 A. 아우구스티누스 / 김평옥
22 예술이란 무엇인가 L. N. 톨스토이 / 이철
23-1 나의 투쟁 (상) A. 히틀러 / 서석연
23-2 나의 투쟁 (하) A. 히틀러 / 서석연
24 論語 황병국 옮김

25 그리스·로마 희곡선 아리스토파네스(외) / 최현
26 갈리아 戰記 G. J. 카이사르 / 박광순
27 善의 연구 니시다 기타로 / 서석연
28 육도·삼략 하재철 옮김
29 국부론(상) A. 스미스 / 최호진·정해동
30 국부론(하) A. 스미스 / 최호진·정해동
31 펠로폰네소스 전쟁사 (상) 투키디데스 / 박광순
32 펠로폰네소스 전쟁사 (하) 투키디데스 / 박광순
33 孟子 차주환 옮김
34 아방강역고 정약용 / 이민수
35 서구의 몰락 ① 슈펭글러 / 박광순
36 서구의 몰락 ② 슈펭글러 / 박광순
37 서구의 몰락 ③ 슈펭글러 / 박광순
38 명심보감 장기근 옮김
39 월든 H. D. 소로 / 양병석
40 한서열전 반고 / 홍대표
41 참다운 사랑의 기술과 허튼 사랑의 질책 안드레아스 / 김영락
42 종합탈무드 마빈 토케이어(외) / 전풍자
43 백운화상어록 석찬선사 / 박문열
44 조선복식고 이여성
45 불조직지심체요절 백운선사 / 박문열
46 마가렛미드 자서전 마갯 미드 / 최혁순·최인옥
47 조선사회경제사 백남운 / 박광순
48 고전을 보고 세상을 읽는다 모리야 히로시 / 김승일
49 한국통사 박은식 / 김승일
50 콜럼버스 항해록 라스 카사스 / 박광순
▶ 계속 펴냅니다

범우학술·평론·예술

독서의 기술 모티머 J. / 민병덕 옮김
한자 디자인 한편집센터 엮음
한국 정치론 장을병
여론 선전론 이상철
전환기의 한국정치 장을병
사뮤엘슨 경제학 해설 김유송
현대 화학의 세계 일본화학회 엮음
신저작권법 축조개설 허희성
방송저널리즘 신현응
독서와 출판문화론 이정춘·이종국 편저
잡지출판론 안춘근
인쇄커뮤니케이션 입문 오경호 편저
출판물 유통론 윤형두
통합적 마케팅 커뮤니케이션 김광수(외) 옮김
'83~'97 출판학 연구 한국출판학회
자아커뮤니케이션 최창섭
현대신문방송보도론 팽원순
국제출판개발론 미노와 / 안춘근 옮김
민족문학의 모색 윤병로
변혁운동과 문학 임헌영
조선사회경제사 백남운
한국정치의 이해 장을병
조선경제사 탐구 전석담(외)
한국전적인쇄사 천혜봉
한국서지학원론 안춘근
현대매스커뮤니케이션의 제문제 이강수
한국상고사연구 김정학
중국현대문학발전사 황수기
광복전후사의 재인식 I, II 이현희
한국의 고지도 이 찬
하나되는 한국사 고준환
조선후기의 활자와 책 윤병태
신한국사의 탐구 김용덕
독립운동사의 제문제 윤병석(외)
한국현실 한국사회학 한완상

아동문학교육론 B. 화이트헤드
한국의 청동기문화 국립중앙박물관
겸재정선 진경산수화 최완수
한국 서지의 전개과정 안춘근
독일 현대작가와 문학이론 박환덕(외)
정도 600년 서울지도 허영환
신선사상과 도교 도광순(한국도교학회)
언론학 원론 한국언론학회 편
한국방송사 이범경
카프카문학연구 박환덕
한국민족운동사 김창수
비교텔레콤論 질힐 / 금동호 옮김
북한산 역사지리 김윤우
한국회화소사 이동주
출판학원론 범우사 편집부
한국과거제도사 연구 조좌호
독문학과 현대성 정규화교수간행위원회편
겸재진경산수 최완수
한국미술사대요 김용준
한국목활자본 천혜봉
한국금속활자본 천혜봉
한국기독교 청년운동사 전택부
한시로 엮은 한국사 기행 심경호
출판물 판매기술 윤형두
우루과이라운드와 한국의 미래 허신행
기사 취재에서 작성까지 김숙현
세계의 문자 세계문자연구회 / 김승일 옮김
불조직지심체요절 백운선사 / 박문열 옮김
임시정부와 이시영 이은우
매스미디어와 여성 김선남
눈으로 보는 책의 역사 안춘근·윤형두 편저
현대노어학 개론 조남신
교양 언론학 강좌 최창섭(외)
통합 데이타베이스 마케팅 시스템 김정수
문화간 커뮤니케이션의 이해 최윤희·김숙현

범우사

범우비평판세계문학 41-❶❷❸❹❺

이 책이 서울대 선정도서인 나관중의 '원본 삼국지'다

나관중 / 중국문학가 황병국 옮김

전 **5** 권
각권 9,000원

원작의 순수함을 그대로 간직한 삼국지!

**원작의 광대함과 박진감을 그대로 담고 있어
독자로 하여금 읽는 즐거움을 느끼게 합니다.**

이 책은 편역하거나 윤문한 삼국지가 아니라 중국
삼민서국과 문원서국판을 대본으로 하여 원전에
가장 충실하게 옮긴 '원본 삼국지'입니다. 한시(漢詩)
원문, 주요 전도(戰圖), 출사표(出師表) 등 각종 부록을
대거 수록한 '99년 신개정판.

- 작품 해설: 장기근(서울대 명예교수, 한문학 박사)
- 전5권/각 478~502면 이내 · 크라운변형판

 범우사

책 속에 영웅의 길이 있다…!!

프랑스의 루소가 되풀이하여 읽고, 나폴레옹과 베토벤, 괴테가
평생 곁에 두고 애독한 그리스·로마의 영웅열전(英雄列傳)!
영웅들의 성격과 인물 됨됨이를 사실적으로 묘사한 영웅 보감!

플루타르크 영웅전

범우비평판세계문학 38-1

플루타르코스 / 김병철 옮김
* 새로운 편집 장정 / 전8권
크라운 변형판 / 각권 8,000원

국내 최초 완역, 99년 개정판 출간!

❝지금 전세계의 도서관에 불이 났다면
나는 우선 그 불속에 뛰어들어가 '셰익스피어 전집'과
'플루타르크 영웅전'을 건지는데 내 몸을 바치겠다.❞
— 美 사상가·시인 에머슨의 말 —

〈플루타르크 영웅전〉은 세계의 선각자들에게 극찬과 사랑을 받아온 명저입니다.

 범우사